도시의 세계사
World History Of Cities

GLOBAL JIDAI NO HISSU KYOUYOU 'TOSHI' NO SEKAISHI

도시의 세계사

데구치 하루아키 **지음** | 김수지 **옮김**

문학사상

왜 도시의 역사를 배워야 하는가?

약 20만 년 전에 동아프리카의 사바나에서 탄생한 현생 인류(호모사피엔스)는 처음엔 수렵·채집 생활을 하며 살았다. 말하자면 다른 육식동물과 마찬가지로 원시인들도 사냥을 하면서 세계의 여러 곳을 옮겨 다니며 살았던 셈이다.

그러다가 약 1만 2천 년에서 1만 3천 년 전부터 농경을 시작하게 되었는데, 이때부터 사람들은 부모와 자녀를 중심으로 한 현재의 가족과 비슷한 형태로 자신들의 농지 주변에서 정착하며 생활하게 되었다. 수렵·채집을 하든, 농경·목축을 하든 당시 사람들은 처음에는 한곳에 집단으로 모여 살 필요를 느끼지 못했다. 농산물의 수확량이 늘어나 잉여생산물이 생기고 그것을 사유화하는 사람들이 등장하자 서서히 '도시'가 생성되어 발전해왔다.

한편 직접 일을 하지 않아도 되고 부와 권력까지 가진 사람들은, 사냥감이 있는 숲 주변이나 전원지대에서 생활할 필요가 없었다. 오히려 사유재산인 잉여생산물이 도둑맞지 않을 만한 곳에서 생활하는 편이 안전하고 편리했다. 이에 따라 일정 지역을 성벽으로 둘러싸고, 그 안에서 재산을 관리하며 생산자를 자신들과 가까운 곳에서 살도록 하는 형태가 만들어지게 된 것이다.

도시는 이렇게 탄생했다. 인류 최초의 도시는 지금으로부터 약 5,500년 전 메소포타미아 남부에 형성되었던 수메르인데, 바로 이곳에서 고대문명이 탄생했다. 여기서는 계급사회가 만들어지고 여유롭게 사는 부유층과 그렇지 못한 빈민층이 생기면서 빈부의 격차가 발생했다. 또한 지적 활동의 산물인 문명이 탄생했다. 그래서 도시의 역사를 알면 문명의 역사를 알 수 있는 것이다.

나는 도시의 역사에 반영된 여러 문명의 발자취를 더듬어 가보고 싶다는 생각이 간절했다. 그런데 먼 옛날 고대도시 수메르를 통해서가 아니라, 지금도 세계 도시의 민낯 여기저기에 도도히 살아 숨 쉬고 있는 역사의 흔적을 통해서 그 발자취를 따라가 보고 싶었다. 그 소망이 이 책을 쓰게 된 동기가 되었다.

현대를 대표하는 세계 3대 도시는 뉴욕, 도쿄, 런던이다. 뉴욕은 GDP 세계 1위의 경제 대국인 미국의 경제 도시이고, 도쿄는 GDP 세계 2위인 일본을 대표하는 도시이며, 런던은 미국에 필적하는 경제 규모를 자랑하는 유럽의 금융 수도다.

그렇다면 기원후 1000년 당시의 세계 3대 도시는 어디였을까? 인구로 보면 코르도바, 카이펑, 콘스탄티노플이다. 코르도바는 후기 우마이야왕조의 수도일 때 군신인 알 만수르의 통치 아래, 북아프리카 일부와 이베리아반도의 대부분을 정복하면서 전성기를 누렸다. 카이펑은 송나라의 수도로, 〈청명상하도淸明上河圖〉와 〈동경몽화록東京夢華錄〉을 보면 알 수 있듯이 도시문명이 무르익은 곳이어서 장사를 하기 위해 모인 유대인들까지 마을을 이루고 살았다. 콘스탄티노플은 마케도니아왕조의 명군名君 바실리우스 2세가 통치하면서 로마제국이 다시 세계 최대 면적의 영토를 확보했던 시기에 해당한다.

이렇게 대표적인 도시를 둘러보는 것만으로도 그 당시의 세계가 어떤 모습이었는지를 알 수 있다. 이 책의 구성에 대해 말하자면, 세계에서 가장 오랜 세월에 걸쳐 왕좌를 차지했던 이스탄불(제2의 로마)에서 시작하여 아시아, 아메리카, 유럽을 돌아 영원한 수도 로마에 다다를 것이다.

머릿속으로 유럽 군주의 왕관을 떠올려 보았으면 한다. 왕관의 요철은 성벽과 망루를 의미한다. 왜냐하면 성의 지주는 곧 도시의 지배자였기 때문이다.

로마의 거리를 걷다 보면 맨홀 뚜껑에 'SPQR'이라고 새겨져 있는 것을 볼 수 있다. 'SPQR'은 'Senatus Populusque Romanus'의 약자로, '로마의 원로원과 시민'이라는 뜻이다. BC 509년경 로마가 왕정에서 공화정 체제로 전환한 이후 사용되었던 호칭이었다.

이런 사실을 알게 되면 거리를 거니는 것도 한결 즐거워진다. 나는 어디를 가나 '사람, 책, 여행'을 강조한다. 많은 사람을 만나고, 많은 책을 읽고, 책상 앞에 앉아만 있지 말고 여러 지역을 돌아다니며 몸소 체험하는 여행을 해야 사람은 비로소 현명해질 수 있다고 생각하기 때문이다. 이 책에는 그러한 요소를 듬뿍 담았다.

국경이 사라져 가고 있는 오늘날, 우리는 세계를 대표하는 도시의 민낯을 있는 그대로 깊이 있게 알아둘 필요가 있다. 그 여정에 이 책이 조금이나마 도움이 될 수 있기를 바란다.

이 책에서 중점 소개할 세계 10대 도시

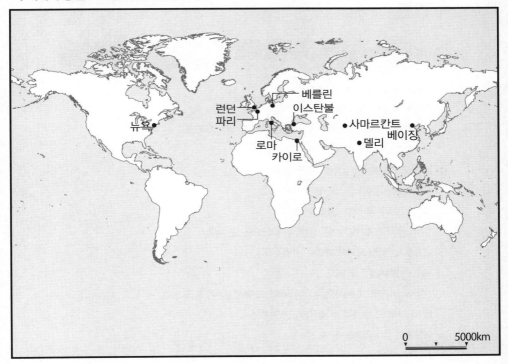

차례

제7장 상인과 의회의 도시 런던 • 211

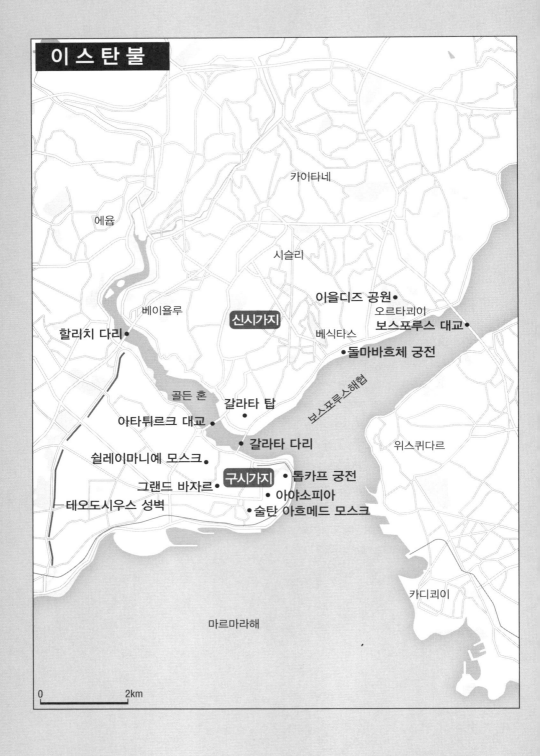

이스탄불

카이타네

에윱

시슬리

이을디즈 공원 •

베이욜루

오르타쾨이

신시가지

베식타스

보스포루스 대교 •

할리치 다리 •

• 돌마바흐체 궁전

보스포루스해협

골든 혼

갈라타 탑
•

아타튀르크 대교 •

위스퀴다르

• 갈라타 다리

쉴레이마니예 모스크 •

구시가지 • 톱카프 궁전

그랜드 바자르 •

• 아야소피아

—테오도시우스 성벽

• 술탄 아흐메드 모스크

카디쾨이

마르마라해

0   2km

제1장

세계제국의 도시
이스탄불

고대 때부터 1,700년간 이 도시는 계속 세계의 주인공이었다.

최초의 이름은 '비잔티움'이었다

아나톨리아반도는 터키공화국에서도 아시아 쪽에 가까워 소아시아라고도 불린다. 이곳 반도의 서쪽 끝과 유럽 쪽 발칸반도 동쪽 끝 사이에 보스포루스해협이 있다. 길이는 남북으로 30킬로미터, 폭은 가장 넓은 곳이 3,700미터, 가장 좁은 곳이 800미터다. 해협 북쪽으로 빠지면 흑해로 나갈 수 있고, 남쪽으로 빠지면 마르마라해에서 다르다넬스해협을 지나 에게해에서 지중해로 나갈 수 있다.

이 해협을 기준으로 소아시아 쪽 땅이 위스퀴다르, 유럽 쪽 땅이 이스탄불이다. 터키공화국의 행정구역상으로는 해협의 동안과 서안 모두 이스탄불시市이지만, 서쪽의 남서쪽 부분에는 구시가지라고 할 수 있는 지역이 있다. 이곳에서는 콘스탄티누스 시대에 세워진 콘스탄티노플 대궁전의 유적, 오스만제국의 군주인 술탄(이슬람교 지배자의 칭호)이 살았던 톱카프 궁전 등을 볼 수 있다. 구시가지 전체가 세계문화유산에 등재될 정도로, 역사적으로 귀중한 건축물과 문화유산이 많이 남아 있다.

21세기인 오늘날, 매년 약 700만 명 이상의 외국인 관광객이 이곳을 찾는

다. 이스탄불의 역사에 대해 이야기할 때 구시가지와 보스포루스해협을 빼놓을 수 없다.

기원전 7세기경 그리스 아테네에서 서쪽으로 약간 치우친 곳에 '메가라'라는 도시국가가 있었다. 메가라인들은 주로 흑해와 지중해를 잇는 교역의 중개 상인으로 활동했다.

이 무렵 중국은 주나라 왕실의 세력이 약해지면서 많은 제후국이 패권을 다투는 춘추 시대로 접어들었다. 중국에서 훗날 소그드인으로 대표되는 중앙유라시아에서 활약한 교역 상인들이, 이때 비단 등의 사치품을 모아서 몽골고원의 서쪽에 있는 초원지대를 거쳐 유럽으로 운반했다. 동쪽에서 서쪽으로 이어지는 이 길을 '초원의 길'이라고 부른다.

훗날 많은 유목민이 이 길을 통해 서쪽으로 이동했다. 이 초원의 길에서 유럽으로 빠져나가는 지점이 흑해의 북안인 크림반도 부근이다. 동방에서 말을 타고 찾아온 상인들 중에는 여기에서 잠시 휴식을 취한 뒤 서쪽으로 더 가서 헝가리 쪽으로 향하는 사람도 있었고 이 지역에서 교역을 하는 사람도 있었다. 주로 중국 상품과 중동·그리스의 교역 상품(포도 가공품이나 양털 등)을 교환했는데, 그 교역의 중심에는 메가라인들이 있었다. 그들은 중국의 교역 상품을 배에 싣고 흑해에서 보스포루스해협, 마르마라해에서 다르다넬스해협을 지나 에게해 연안과 지중해의 도시국가·부족국가를 찾아가 교역 활동을 했다.

메가라를 비롯한 그리스인은 어업에 능한 해양 민족이다. 해양 교역이라면 식은 죽 먹기였던 것이다. 메가라인들은 계속 흑해에서 교역을 했고, 그러면서 흑해와 좀 더 가까운 곳을 근거지로 삼고 싶다는 생각을 하게 되었다. 왜냐하면 메가라의 동쪽에는 아테네라는 강력한 라이벌이 있었기 때문이다.

흑해를 경유하는 교역을 독점하려면 지리적으로 유리한 곳에 식민지를

오스만제국의 전성기를 상징하는 톱카프 궁전

이스탄불의 구시가지 끝자락, 보스포루스해협과 골든 혼이 내려다보이는 언덕 위에 세워진 오스만제국의 궁전. 15세기 중반, 7대째인 술탄 메흐메드 2세 때 완공되었다. 이후 19세기 중반에 돌마바흐체 궁전으로 옮기기까지 오스만제국의 군주가 살았던 곳이다.

조성해야 했다. 그래서 눈여겨본 곳이 보스포루스해협의 서쪽이었다. 그곳에는 교역을 하기에 안성맞춤인, 훗날 골든 혼'금각만'이라고도 함'이라 불리는 굽이진 바닷길이 있었기 때문이다. 메가라인들은 이곳에 상륙한 뒤 작은 마을을 만들어 식민지로 삼았다. 이 시기가 기원전 660년경이었던 것으로 전해진다. 그들은 해협이 한눈에 들어오는 이 마을에 '비잔티움'이라는 이름을 붙였다.

메가라인들은 이곳을 거점으로 해협을 따라 행해지는 교역을 독점해서 번성해 나갔다. 나중에는 흑해를 건너 크림반도에 이르기까지 그리스인들의 거류지를 확장했다.

하지만 얼마 지나지 않아 아테네와 스파르타가 간섭하기 시작하면서 아테네가 비잔티움을 지배했다. 기원전 5세기에는 아케메네스왕조의 다리우스 1세가 비잔티움을 점령했다. 아케메네스왕조는 고대 오리엔트 전역 대부분을 지배한 페르시아인의 왕국이다.

페르시아에 본거지를 둔 다리우스가 비잔티움을 친 이유가 무엇이었을까? 그것은 바로 북쪽에 있는 강대한 유목민 국가 스키타이를 칠 때 비잔티움을 전진 기지로 활용하려는 계산이 있었기 때문이다.

다리우스는 해협에 배 여러 척을 한 줄로 엮어 다리를 만들었고, 그 주교舟橋를 이용해 페르시아에서 온 대군단을 유럽 쪽 땅에 상륙시켰다. 비잔티움을 본거지로 삼은 것을 시작으로 루마니아에서 북쪽으로 나아가 러시아의 대평원까지 진격하여 스키타이 군대를 추격했다.

하지만 스키타이군은 교전을 하는가 싶더니 바로 초원을 태워 초토로 만든 후 대륙 안쪽으로 도망갔다. 이 초토화 작전은 러시아 대평원에 사는 민족의 전통적인 전술이다. 그들이 후퇴하는 줄 알고 기세 좋게 쫓아갔다가는 모든 것이 다 타버린 황야에서 역공을 당하기 십상이다. 훗날 나폴레옹도 이 전술에 걸려든다. 하지만 다리우스는 이 작전을 간파하고 스키타이군에 막대한 피해를 입힌 뒤 비잔티움으로 돌아왔다.

훗날 발발한 페르시아전쟁으로 비잔티움은 그리스 영토가 되었지만, 아테네가 몰락하면서 다시 아케메네스왕조에 귀속되었다. 그리고 기원전 330년 아케메네스왕조가 알렉산더 대왕의 손에 멸망한 후 다시 그리스 땅이 되었다. 이윽고 지금의 이탈리아 땅에 로마가 건국되면서 기원후 73년부터 로마제국이 비잔티움을 지배하게 되었다.

'비잔티움'에서 '콘스탄티노플'로

330년, 로마의 황제 콘스탄티누스 1세는 로마에서 비잔티움으로 수도를 옮겼다. 그러고는 자신의 이름을 따서 콘스탄티노플이라는 이름을 붙였다. 대제국의 수도를 동쪽으로 옮기는 엄청난 규모의 사업은 다음과 같은 경위로 일어났다.

　지구는 2세기 무렵부터 추위지기 시작했다. 그래서 유라시아 대륙 북쪽으로 펼쳐진 초원지대에서 살던 부족 대부분은 남쪽으로 옮겨가기 시작했다. 제일 북쪽에 있는 부족부터 차례대로 남쪽으로 이동했으니 그야말로 파도가 밀려오듯 연쇄적으로 일어난 대이동이었다.

　남쪽으로 내려가던 부족들은 톈산산맥에 맞닥뜨리자 각각 동쪽과 서쪽으로 흩어졌다. 동쪽으로 간 집단은 중국에서 오호십육국五胡十六國이라 불리는 국가들을 발흥시키기도 하고 멸망시키기도 했다. 서쪽으로 향한 집단에 대해서는 이른바 '게르만 민족 대이동'이라는 이름으로 역사 교과서에도 실려 있다. 하지만 최근 연구를 통해 그 부족들 중에는 게르만족과 공통점이 없는 부족도 있었다는 사실이 밝혀지면서 '부족 대이동'이라고 부르는 학자가 늘고 있다.

　로마제국의 광대한 영토는 이 '부족 대이동'으로 인해 극심한 혼란에 빠지게 되었다. 당시 로마제국의 영토는 동쪽으로는 시리아, 북쪽으로는 흑해에서부터 도나우강과 라인강, 서쪽으로는 도버해협에서 이베리아반도, 남쪽으로는 이집트와 북아프리카 연안에 이르렀다. 이 광대한 제국에 들이닥치는 부족들을 다 막아내기란 역부족이었다.

　디오클레티아누스 황제(재위 284~305년)는 이러한 상황을 타개하기 위해 제국을 나누어 통치함으로써 영토를 지키려 했다. 아드리아해를 기준으로 동쪽은 자신이 관할하고 서쪽은 막시미아누스가 다스리게 한 것이다. 이후 이 두 황제가 다시 각각 구역을 나눈 뒤 부황제副皇帝를 두게 되었다. '테트라키(사분통치)'라고 불리는 이 정책의 목적은 로마제국을 지키는 것이었다. 특히 최우선으로 지키려 했던 지역은 동쪽이었다. 동쪽에 있는 이집트는 당시 로마제국의 곡창이었는데, 나일강 유역의 비옥한 토양이 생산해내는 밀을 알렉산드리아항을 통해 로마로 운반하고 있었다. 초대 황제인 아우구스투스가 로마 시민들에게 저렴하게 빵을 제공하기도 하고, 서커스를 보여주고 박수갈채를 받았던 것도 이집트가 있기에 가능한 일이었다.

하지만 이탈리아반도로 밀고 들어오는 부족들의 기세를 감당할 수 없게 되자 이집트에서 가져오는 밀을 빼앗길지도 모른다는 우려가 커졌다. 그리고 제국의 동쪽과 서쪽을 비교했을 때 현실적으로 서쪽은 가난하고 동쪽은 부유했기 때문에 동쪽을 지키려고 한 것도 하나의 큰 이유였다.

동쪽에는 시리아에서 팔레스타인, 이집트, 메소포타미아에 이르기까지 풍요로운 토지와 고대 때부터 발달한 문명이 있었다. 그에 비해 서쪽에는 삼림과 황야가 많은 탓에 토양이 제대로 개발되지 못했다. 그 광대한 땅은 무한한 가능성을 지니고 있었지만 당시 현실은 '서쪽은 가난하다'는 것이었다. 매년 기온이 떨어져 추위가 계속되는 가운데 다른 부족들도 동쪽을 지켜야 한다는 데 의견을 같이했다. 디오클레티아누스는 로마제국을 지키려면 나라의 중심을 동쪽으로 옮겨야 한다고 생각한 것이다. 그래서 그는 동쪽의 황제가 되었다. 그리고 수도를 니코메디아Nicomedia로 정했다. 이 작은 도시는 보스포루스해협의 동쪽, 아나톨리아반도의 마르마라해 끝자락에 있었기 때문에 배를 타면 이집트까지 거의 일직선으로 갈 수 있었다.

디오클레티아누스의 테트라키는 293년에 시행되었지만 이 제도가 잘 시행되지는 않았다. 제국을 네 구역으로 나눈다는 것은 곧 네 명의 황제가 생긴다는 뜻이었기 때문이다.

305년, 디오클레티아누스가 지병으로 황제 자리에서 물러나자 테트라키 체제도 붕괴되었다. 그리고 네 명의 황제가 서로 패권을 차지하기 위해 분쟁하는 양상을 띠게 되었다. 이 혼란을 제압한 인물이 서쪽 황제였던 콘스탄티누스 1세(재위 306~337년)다.

당시 그는 갈리아(Gallia, 지금의 프랑스와 독일의 라인강 서쪽에 해당)를 지배하고 있었다. 거점은 독일의 트리어Trier에 두고 있었지만 갈리아에서 군사를

콘스탄티누스 1세

제국을 재통일하고 수도를 비잔티움으로 옮긴 후 콘스탄티노플로 이름을 변경했다. 기독교를 공인했다.

일으켜 동쪽을 향해 진군했고, 라이벌 군대를 진압하면서 로마제국의 패권을 쥐게 되었다. 그리고 그는 제국의 새로운 수도를 비잔티움으로 정했다.

그는 로마제국의 서쪽을 버린 것이나 다름없었다. 보스포루스해협을 동쪽의 해자垓子. 적의 침입을 막기 위해 성 둘레를 파서 도랑으로 만든 곳로 삼고, 소아시아 동쪽에서 세력을 확대하기 시작한 사산조 페르시아를 견제하려고도 했다. 이윽고 골든 혼과 이집트의 알렉산드리아항을 밀의 수송 경로로 정한 후 비잔티움이라는 지명을 콘스탄티노플로 변경하면서 대대적인 도시 건설을 시작했다(330년). 그는 콘스탄티노플을 제2의 로마로 키워내려 한 것이다. 그 위업을 달성하기 위한 첫 단계로서 비잔티움 전체를 성벽으로 에워싸고 새로운 궁전을 지었다. 그리고 로마에 남아 있던 원로원 귀족들을 모두 콘스탄티노플로 불러 들였다.

이뿐만이 아니었다. 콘스탄티누스는 갈리아에서 전쟁을 일으키기 전에 뛰어난 전사들을 선별했고, 전쟁에 필요한 식량 보급 및 작전 수립을 원활하게 하기 위해 우수한 관료도 대거 동원했다. 그렇게 군인들과 관료들은 모두 콘스탄티노플에서 살게 되었다.

결국 갈리아 지방에는 막강한 군대와 뛰어난 지도자가 사라져버렸고, 머지않아 불운이 닥쳤다. 콘스탄티누스가 동쪽을 정벌한 지 불과 30년 후에 파리와 그 주변을 통치하던 율리아누스가 반기를 들더니 콘스탄티노플을 치기 위해 동쪽으로 진격한 것이다.

율리아누스는 콘스탄티누스의 조카다. 그는 기구한 운명에도 갈리아의 통치자가 되었는데, 당시 로마제국 내에서 융성하기 시작한 기독교 세력이 나라에 도움이 되지 않는다고 판단했다. 그래서 고대 그리스 · 로마 시대의 전통 종교인 다신교를 부활시키려 했다. 이 때문에 기독교인들에게는 '배교자背敎者 율리아누스'라고 불렸다. 그는 콘스탄티누스 1세와 콘스탄티우스 2세의 뒤를 이어 황제가 되었다(재위 361~363년).

그가 군사를 일으키자 갈리아에 있던 군인과 관료들이 또다시 콘스탄티노플로 떠나갔다. 이렇게 인재를 잃은 갈리아 땅에 북쪽에서 내려온 부족들이 들이닥쳤다. 지금의 독일과 프랑스의 원형이 갖추어지기 시작한 것이다. 귀족들이 콘스탄티노플로 떠나버리고 횅댕그렁해진 이탈리아반도를 게르만 민족이 차지하면서 로마도 작은 시골 마을이 되어버렸다.

이렇게 로마제국은 콘스탄티노플로 천도하면서 새로운 역사를 써 내려가기 시작한다. 이 무렵의 콘스탄티노플을 훌륭하게 그려낸 소설이 있다. 쓰지 구니오가 쓴《배교자 율리아누스》가 그것이다. 이 소설은 새벽빛이 부옇게 밝아 오는 시간, 안개가 자욱한 보스포루스해협이 내려다보이는 궁전 발코니에서 율리아누스의 어머니가 사색에 잠기는 장면으로 시작된다.

사산조와 이슬람제국으로부터 끊임없는 공격을 받은 로마제국

로마제국은 콘스탄티노플을 수도로 정한 이후부터 '동로마제국' 또는 '비잔티움제국'이라는 이름으로 세계사 교과서에 실려 있다. 로마가 수도였던 로마제국과 구별하기 위해서 붙여진 이름이다. 이 호칭은 콘스탄티노플이 그리스와 가깝고 훗날 궁정과 행정상 공용어가 그리스어로 바뀌었다는 점, 동방문화와 그리스문화가 융합된 형태로 문화가 발전하면서 고대 로마문화와는 명확히 구분되는 양상을 띠게 되었다는 점에서 학문 용어로 사용되었다. 하지만 당시 로마제국은 자신들의 국가를 일관적으로 'SPQR(Senatus Populusque Romanus, 로마의 원로원과 대중)'이라 칭했다.

이러한 이유로 이 책에서는 콘스탄티노플을 수도로 정한 이후의 명칭도 '로마제국'으로 통일해서 부르기로 한다.

다시 본론으로 돌아가면, 가난한 서쪽을 버리고 동쪽을 통일한 로마제국은 안정기를 맞이하게 되었다. 밀도 이집트에서 콘스탄티노플까지 안전하게 수송되었다. 그리고 이 평화의 시대는 4세기~5세기까지 이어졌다. 하지만 이내 본인의 능력에 비해 큰 포부를 가진 황제가 등장했다. 그는 바로 유스티니아누스(재위 527~565년)였다. 이 황제는 기독교 장려 활동의 일환으로 아테네 학문의 전당인 아카데메이아를 폐쇄한 인물이기도 하다. 기독교인들은 기뻐하며 그를 대제大帝라고 불렀다. 이스탄불의 상징인 아야소피아 Ayasofya 성당은 그가 통치하던 시절 재건된 것이다.

그는 동쪽에서 지내며 부강해진 제국을 통치했지만 아직 무언가가 부족하다는 생각을 하기 시작했다.

'역시 로마제국은 지중해 전역을 지배해야 한다. 로마는 세계를 아우르는 제국이어야 한다.'

그는 살아남기 위해 버렸던 서쪽 땅을 되찾고자 대규모 군단을 파견했다. 하지만 이미 지중해 연안 지대에는 반달, 동고트, 서고트 등의 부족들이 자신들의 국가를 건설한 상태였다. 이렇게 수십 년에 걸친 전쟁이 시작되었는데, 최종 승자는 로마제국이었다. 막강한 힘을 지녔던 로마제국이 지중해 연안 지방을 되찾은 것이다. 하지만 이 전쟁으로 다수의 병력과 막대한 재산을 잃게 되면서 순식간에 국력이 약해져버렸다.

설상가상으로 이때 사산조 페르시아가 전성기를 맞이하고 있었다. 사산조 페르시아는 3세기 메소포타미아에 건국된 왕조다. 명군이라 불린 호스로

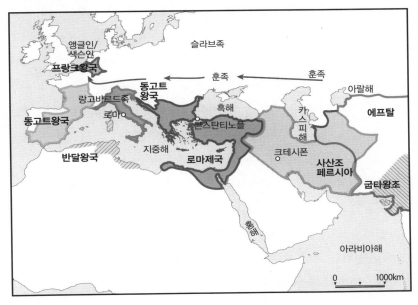

우 1세(재위 531~579년)와 호스로우 2세(재위 590~628년)가 등장하여 영토를 확장하고 있었으니, 서방 원정으로 인해 국력을 잃은 로마제국을 그냥 지나칠 리가 없었다. 사산조가 대공세를 펼치던 가운데 565년 유스티니아누스가 사망하자 로마제국은 혼란에 빠졌고, 결국 곡창인 시리아와 이집트를 사산조에 빼앗기고 말았다.

이러한 위기 상황을 틈타 카르타고의 총독이었던 헤라클리우스가 들고 일어났고 콘스탄티노플에 입성한 후 권력을 쥐었다. 그리고 혼란을 수습하며 황제 자리에 올랐다(재위 610~641년). 뛰어난 군략가였던 헤라클리우스는 사산조 페르시아를 공격하여 시리아와 이집트를 탈환했다. 하지만 호스로우 2세도 당하고만 있지는 않았다. 이 두 강대국의 지도자는 엎치락뒤치락하며 끝없이 싸웠다. 그리고 양쪽 다 기진맥진했을 때쯤 아라비아에 무함마드(Muhammad, 570~632년)가 등장했다.

이슬람교의 창시자인 무함마드는 원래 평범한 가정에서 자란 상인이었다. 그랬던 그가 창시한 이슬람교의 교리는 알기 쉽고 단순했기 때문에 교도가 눈 깜짝할 사이에 늘어났다. 그와 그의 동료들이 이끄는 아랍군은 매우 강한 결속력을 자랑하며 아라비아반도에서 메소포타미아, 시리아까지 틈을 주지 않고 쳐들어갔다. 사산조 페르시아와 로마제국은 헤라클리우스와 호스로우 2세의 기나긴 전투로 인해 몹시 쇠약해져 있었다. 결국 651년, 사산조 페르시아는 아랍군 손에 멸망하고 말았다.

로마제국은 아랍군 측에 시리아와 이집트를 빼앗겼다. 뿐만 아니라 콘스탄티노플도 몇 번이나 포위되었다. 하지만 해군까지 총동원하여 가까스로 지켜냈다. '그리스 불Greek Fire'이라 불린 화염 무기도 위력을 발휘했지만, 콘스탄티노플에는 뭐니 뭐니 해도 테오도시우스 2세(재위 408~450년)가 건설한 난공불락의 대성벽이 있었다.

콘스탄티노플의 번영과 첫 함락

8세기 초 이슬람제국에서는 우마이야왕조가 힘을 잃어가기 시작했다. 우마이야왕조는 무함마드와 그의 동지들이 사망한 후에 그 권력을 이어받은 왕조였다. 이를 계기로 로마제국도 한숨 돌리며 체제를 재정비하기 시작했다. 레오 3세(재위 717~741년)는 먼저 성상聖像 숭배 금지령, 즉 이코노클래즘iconoclasm을 내렸다. 이코노클래즘은 기독교를 표현한 성상(이콘icon)을 파괴하는 운동이었다.

레오 3세는 같은 신을 섬기는 기독교도와 이슬람교도가 전쟁을 할 때마다 왜 매번 이슬람교도인 아랍군이 승리하는 것인지 이해할 수가 없었다. 그러다 그는 '이슬람교는 교리를 순수하게 따르는 데 비해 기독교는 화려하게 만들어진 예수 조각상과 그림만 숭배하기 때문'이라는 결론을 내렸다. 우상을 숭배하지 말라고 했던 모세의 십계명을 떠올린 것이다.

'이슬람 교리는 우상을 부정한다. 그렇기 때문에 이슬람교도는 우상을 받들지 않는다. 그래서 그들은 승리하고 기독교도는 패배를 거듭하는 것이다.' 레오 3세는 이러한 생각에 따라 예수의 조각상을 파괴했고 교회 자금을 몰수했다.

하지만 사실 그것은 명분일 뿐 이코노클래즘의 진짜 목적은 전쟁 비용을 조달하는 것이었다. 레오 3세는 로마제국이 이슬람제국을 상대로 고전을 하며 국고가 바닥나고 있었지만 교회는 세금도 내지 않으면서 호의호식한다며 탐탁지 않게 여기고 있었다. 그래서 그들의 돈을 빼앗아버려야겠다고 생각했던 것이다. 결과적으로 제국에 극심한 분열을 초래한 이코노클래즘은 실패하고 말았다.

그로부터 상당한 시간이 흐른 뒤 마케도니아(그리스 북부) 출신의 강력한 황제가 등장했다. 바실리우스 1세(재위 867~886년)와 바실리우스 2세(재위 963~1025년)였다. 이들 시대 때 국력은 다시 강해졌고, 이집트를 탈환하지는 못했지만 발칸반도 전역과 남이탈리아, 캅카스산맥의 남쪽까지 아우르는 대제국을 재현했다. 훗날 이때가 동로마제국의 황금기였다고 평가될 정도로 엄청난 영화를 누렸다. 책머리에서 언급했던 것처럼 서기 1000년 당시 세계 3대 도시는 코르도바(후기 우마이야왕조), 카이펑, 콘스탄티노플이었다. 동방에 있는 국가들이 서구를 제압했던 것이다.

하지만 동방에서 투르크멘족Turkmen族, 이슬람교를 믿는 터키계 유목민이 셀주크왕조를 세우고 나서 1071년 동아나톨리아의 만지케르트에서 로마군과 전투를 벌였다. 로마군은 패배했고 로마노스 4세는 포로 신세로 전락했다. 이렇게 투르크멘족이 아나톨리아반도로 밀어닥치면서 지방 정권인 룸 셀주크왕조를 건설했고, 터키인은 아나톨리아 서쪽 끝에 있는 도시 니케아까지 진출하게 되었다. 위기의식을 느낀 알렉시오스 1세(재위 1081~1118년)는 로마 교황과 서방국가들에게 용병을 파견해줄 것을 부탁했다. 이때가 1081년이었다. 하지만 로마 교황청을 비롯한 그 어느 국가도 이 요청에 응하지 않았다.

14년 후인 1095년, 당시 교황이었던 우르바노 2세가 프랑스 클레르몽페랑에서 동방 원정을 선언했다. 이렇게 제1회 십자군이 편성되면서 1096년에 대군단이 동방으로 향했다. 마침 셀주크왕조는 내분에 시달리던 중이라 십자군에 대항할 결속력이 없었다. 십자군은 예루살렘을 비롯하여 시리아, 팔레스타인에서 이슬람 세력을 몰아낸 후 새롭게 십자군 국가를 건설했다. 콘스탄티노플을 코앞에 두고 있던 룸 셀주크군도 십자군에 니케아를 빼앗긴 채 아나톨리아반도의 동쪽으로 쫓겨났다.

이리하여 콘스탄티노플의 불안감은 해소되었고 한동안 평화로운 시대가 이어졌다. 하지만 약 100년 후 그 십자군이 엄청난 사건을 일으킨다.

1202년에 제4회 십자군이 결성되었는데, 믿을 수 없게도 콘스탄티노플을 습격한 것이다. 그 파괴와 약탈은 이루 말할 수 없을 만큼 가혹했고, 영화를 누리던 콘스탄티노플의 대궁전도 십자군의 손에 함락되었다. 그리고 십자군 국가인 라틴제국이 세워졌다. 살아남은 로마 황제 일족은 소아시아 쪽에 있는 니케아로 도망가서 그곳에 니케아제국을 건설했다.

이 라틴제국은 57년 만인 1261년에 멸망했고 로마제국은 그해에 콘스탄티노플을 되찾았다. 하지만 이미 국력은 약해질 대로 약해져서 콘스탄티노플 주변을 간신히 지킬 수 있을 뿐인 작은 국가가 되어버렸다. 그러다 결국 1453년, 오스만제국의 손에 멸망했다. 지금부터는 십자군이 왜 기독교를 국교로 삼고 있는 로마제국의 수도를 습격했는지 그 이유를 알아보기로 하자.

로마 교회와 콘스탄티노플 교회의 충돌

다시 시간을 거슬러 올라가 보자. 테오도시우스 1세(재위 379~395년)는 기독교를 국교화하고 다른 종교의 신앙과 제사 의식(고대 올림픽 등)을 금지한 황제로 역사에 이름을 남겼는데, 그 배경에는 다음과 같은 이유가 있었다.

로마제국은 광대한 영토 전체에 도로망을 깔아서 국가를 효율적으로 통치하려 했다. 하지만 다른 부족의 침입을 피해 동쪽으로 천도한 후에는 이 도로망과 통치 구조를 유지하기란 사실상 불가능한 일이었다.

한편, 기독교는 이 시기에 로마제국 전역에서 신도를 계속해서 늘려갔다. 중앙정부가 나라 전체를 지배하기 위해 지방 조직을 두는 것처럼 종교 단체 또한 자신들의 교단을 확대하고 교리를 지키기 위한 네트워크가 필요했다. 로마제국의 지배 기구가 무너져가는 것과는 대조적으로 기독교의 네트워크는 계속해서 확장되어 갔다.

테오도시우스는 교회 네트워크를 국가의 통치 기구로 활용해야겠다는 생각을 했다. 그는 밀라노 사교司敎인 암브로시우스와 협상하여 교회 네트워크를 국가 기구로 이용하기로 했다. 대신 기독교를 국교로 인정하고, 다른 종교를 금지하라는 칙령을 내렸다. 이렇듯 테오도시우스가 기독교를 국교화한 이유가 신앙 때문이 아니라 제국을 유지하기 위해서였다는 설이 최근에 유력하게 제기되고 있다. 그런데 기독교가 국교가 된 후 기독교 세계에서는 다음과 같은 사태가 일어났다.

예로부터 기독교에는 5대 교회(로마, 콘스탄티노플, 안티오키아, 알렉산드리아, 예루살렘)가 있었다. 각 교회의 수장은 '대주교'이지만 로마와 알렉산드리아의 수장은 전통적으로 '교황'이라 불렸다. 이 5대 교회 중 로마 교회는 기독교의 첫 제자인 베드로의 무덤 위에 세워졌다는 이유로 엄청난 위세를 떨쳤다. 그런데 기독교가 국교로 지정되자 거의 자동적으로 로마 황제가 기독교의 대리인이 되었다. 그에 비해 로마 교황은 베드로의 대리인 수준에 그치게 되어 황제가 교황 위에 군림하는 형태로 서열이 정해졌다.

콘스탄티노플로 수도를 옮기고 기독교를 국교화하면서부터는 콘스탄티노플 교회가 교회로서의 최고 권위를 누리게 되었다. 어찌됐든 황제가 기독교의 최고 권위자가 되었으니 당연한 일이기도 했다. 콘스탄티노플 교회는 토지가 비옥하고 문명이 발달한 동쪽에서 명성을 떨치게 되었다. 반면 로마 교회는 황제도 없고 궁벽한 시골이 된 로마에서 가난하고 문화 수준도 낮은 다른 부족을 상대로 필사적으로 포교 활동을 하는 것 외에는 살아남을 길이 없어져버렸다.

이런 상황에서 한 사건이 일어났으니, 그것이 바로 레오 3세가 추진했던 이코노클래즘이었다. 금지 대상에는 성상뿐만 아니라 그림도 포함되었다. 로마 교회는 곤혹스러울 수밖에 없었다. 콘스탄티노플 교회 구역 사람들은 지적 수준이 높기 때문에 글로 포교 활동을 해도 전달될 확률이 높았다. 하지만 아직 미개한 땅이었던 서쪽에는 글을 읽지 못하는 사람이 많았다. 그래서 로마 교회는 그림 연극을 보여주는 등 포교 활동에 그림을 적극적으로 이용하고 있었다. 그러니 이런 활동이 금지되면 막대한 타격을 입을 것은 자명한 일이었다.

이렇게 5대 교회의 권위 문제에 이코노클래즘까지 겹치자, 로마 교회는 콘스탄티노플 교회에 강한 반발심을 품게 되었다. 한편, 콘스탄티노플 교회는 황제와 가까운 자신들에게 로마 교회가 건방지게 군다고 생각했다.

이렇게 로마 교회와 콘스탄티노플 교회 사이에는 점점 균열이 생기기 시작했다. 로마 교회는 서유럽에서 조금씩 포교 실적을 쌓았고, 8세기가 되자 프랑크왕국의 카롤링거왕조를 같은 편으로 끌어들였다. 마침 카롤링거왕조는 메로빙거왕조를 찬탈한 후 정통성을 보증받기를 원하던 참이었다. 즉, 로마 교회는 주군을 로마 황제가 아닌 프랑크 왕으로 삼은 것이다. 프랑크의 왕 피핀은 그 대가로 토지를 양도했다. 이것이 바로 '피핀의 기증'이라고 불리는 사건이다. 이를 통해 로마 교회는 이탈리아 중앙부에 넓은 영토를 소유한 세속적인 군주가 되었다.

그리고 마침내 1054년, 두 교회는 사소한 일로 부딪히다가 서로가 서로를 종파에서 내쫓고 갈라서게 된다. 즉, 두 교회는 같은 기독교이면서도 다른 존재가 되어간 것이다. (이를 '동서 교회 분열'이라 하는데 여기에서 동쪽은 콘스탄티노플 교회, 서쪽은 로마 교회를 말한다.) 서쪽은 자신들을 '가톨릭 교회'라 칭했고 동쪽은 자신들을 '동방 정교회(또는 그리스 정교회)'라 칭했다. '가톨릭'은 '보편적'이라는 뜻이고 '정正'은 '정통파'를 의미한다. 즉, 서로 스스로가 본가라고 주장한 것이다. 나는 일반적인 호칭으로는 '로마 교회'와 '동방 교회'를 쓰는 것이 타당하다고 본다.

여하튼 이러한 경위를 되짚어보면, 십자군이 공격했을 때 로마 교회와 콘스탄티노플 교회는 신앙상의 이유로 서로 도울 만한 사이가 아니었다. 그렇다면 로마 교황은 왜 십자군을 파견한 것일까? 거기에도 이유가 있었다.

10세기 후반부터 지구의 기온이 상승하여 따뜻해지자 식량도 증산되고 인구도 늘었다. 그 결과 독일과 프랑스에서는 토지가 부족해지고 사람들이 구직난에 시달리기 시작했다. 즉, 청년층이 급증한 것이다.

로마 교황인 우르바노 2세는 신도들에게 땅과 직업을 주어 그들을 돕고 싶다는 생각을 했다. 그 생각이 십자군 파견으로 이어진 것이다. '동쪽에는 비옥한 토지가 있고 문화도 있다. 그 땅에 이교도 정벌을 구실삼아 쳐들어가면 새로운 운명을 개척할 수 있을 것이고 우리 영토를 넓힐 수도 있을 것이다……' 교황은 귀족과 기사들을 불러 모아 연설을 했다. 표면적인 이유는 이교도를 박멸한다는 것이었다. 하지만 가장 달콤한 미끼는 풍요로운 동방을 치면 토지와 재화를 얻을 수 있다는 말이었다. 심지어 이 거룩한 전쟁에서 전사하면 반드시 천국에 갈 수 있다는 면죄부까지 발행했다. 이리하여 교황의 연설은 대성공을 거두었고 10만 명 남짓한 십자군이 성지로 향하게 되었다. 그들은 이슬람교도를 무참히 살육하고 재산과 보물을 강탈했다.

십자군이 다시 파견된 가장 큰 이유는 노골적으로 표현하자면 '부를 얻기 위해서'였다. 그러니 같은 기독교 국가라도 얼마든지 공격할 수 있었던 것이다. 게다가 제4회 십자군이 콘스탄티노플을 급습한 이유는 한 가지가 더 있었다.

십자군의 본래 목적지는 콘스탄티노플이 아닌 이집트였다. 당시 이탈리아의 해양 국가인 베네치아와 콘스탄티노플이 흑해 교역의 이권을 둘러싸고 분쟁 중이었는데, 십자군의 수송을 담당하던 베네치아가 십자군을 구슬려서 콘스탄티노플을 치게끔 유도했던 것이다. 또한 콘스탄티노플 쪽에도 권력을 둘러싼 집안싸움이 있었기 때문에 내통하는 세력이 있었던 것으로 전해진다.

제4회 십자군의 콘스탄티노플 약탈은 처참하기 그지없었다. 베네치아의 산 마르코 대성당에 있던 네 마리의 청동말 조각상은 그때의 전리품이다. 움베르트 에코의《바우돌리노》는 이 무렵의 콘스탄티노플을 무대로 한 훌륭한 소설이다. 이 소설을 읽어보면 당시 콘스탄티노플이 율리아누스 때와는 상당히 많이 달라졌다는 것을 느낄 수 있을 것이다.

오스만제국의 수도 '이스탄불'

다시 본론으로 돌아가 보자. 1453년에 콘스탄티노플을 함락시킨 나라는 오스만제국이다.

오스만제국도 이슬람교도인 투르크멘족이 건설한 국가다. 그래서 오스만 튀르크제국이라 부르기도 한다. 그들이 신천지를 꿈꾸며 동쪽에서 아나톨리아반도까지 찾아왔을 때, 그곳에는 이미 룸 셀주크왕조를 비롯한 동족계 국가들이 있었다. 그래서 어쩔 수 없이 바다를 건너 발칸반도에 뿌리를 내렸다. 그리고 세력을 확장하면서 4세기에 콘스탄티노플 서북부에 있는 도시 에디르네(옛 이름은 아드리아노플)에 진출했고 그곳을 첫 수도로 정했다.

그들은 국력을 더 키워서 1453년, 7대 술탄인 메흐메드 2세 때 이슬람교도가 '이스탄불'이라고 부르던 콘스탄티노플을 정복한 후 황폐해진 환경을

콘스탄티노플의 함락

1453년, 메흐메드 2세의 오스만제국군이 콘스탄티노플을 포위하고 함락시켰다. 이로 인해 로마제국은 멸망했고 이스탄불이 탄생되었다.

정비하여 수도로 삼았다. 그리고 보스포루스해협과 골든 혼이 내려다보이는 언덕 위에 톱카프 궁전을 세웠다. 톱카프 궁전은 이후 4백년간 정치와 문화의 중심지가 되었다.

술레이만 1세 때 전성기를 맞이하다

이스탄불을 정비한 오스만제국은 예니체리yeniçeri라 불리던 당시 최강의 최정예 보병 군단의 전력을 활용해 9대 술탄 셀림 1세(재위 1512~1520년) 때 영토를 더욱 확장했고 세계를 아우르는 제국이 되었다. 셀림 1세는 이라크, 시리아, 팔레스타인을 정복한 후 이집트까지 제압했다. 뿐만 아니라 아라비아반도를 지배하며 그때까지 이집트의 맘루크왕조가 차지했던 이슬람의 성지, 메카와 메디나Medina, '알 마디나'라고도 한다의 보호자 지위를 획득했다.

이어서 10대 술탄 술레이만 1세(재위 1520~1566년)는 유럽으로 눈을 돌려 발칸반도 전역에서 헝가리까지 제패했다. 특히 1529년에는 12만 병력을 동원해 빈을 포위하면서 함락 직전까지 몰아붙였지만, 혹독한 겨울 추위 때문에 도중에서 포기했다.

술래이만 1세는 그의 생애 동안 열세 차례의 세계 원정을 했다. 그는 가장 넓은 영토를 확보했을 뿐만 아니라 이스탄불 발전에도 힘을 기울였다. 모스크는 이슬람교의 예배당을 뜻하지만 실제로는 사회적인 기능도 겸비한 시설이었다. 도서관, 학교, 병원, 빈민 구제원, 대상隊商들이 이용하는 큰 여관과 공중목욕탕까지 갖추고 있었기 때문이다. 즉, 모스크는 시민들에게 삶의 공간이기도 했다. 술레이만 1세는 여러 채의 모스크를 이스탄불에 건설했다. 그는 당시 터키 최고의 건축가로 평가받았던 미마르 시난에게 모스크를 지을 것을 명령했다. 대표적인 모스크로는 쉴레이마니예 모스크를 들 수 있다. 이스탄불을 소개하는 책을 보면 마르마라해가 내려다보이는 언덕 위로 우뚝 솟은 돔과 첨탑을 거느린 모스크의 사진이 자주 등장하는데, 그 경관은 술레이만 1세 때 완성된 것이다.

1. 술레이만 1세의 유연한 정책이 이스탄불에 사람을 불러들이다

'술레이만 1세'에서 '술레이만'은 고대 헤브라이왕국의 황금기를 만들었다는 평가를 받는 왕인 '솔로몬'의 아랍식 이름이다. 술레이만 1세는 무수한 업적을 남겼다.

먼저 종교적인 관대함을 들 수 있다. 이것은 오스만제국 자체의 특징이기도 했다.

오스만제국이 콘스탄티노플을 점령했을 때 그곳에는 동방 교회의 대본산大本山, 가장 중심이 되는 곳이 있었다. 술레이만 1세는 그들을 추방하지 않았고 존속을 인정했다. 물론 세금을 납부할 것과 반항하지 않는다는 것을 조건으로 내걸기는 했다. 그 명맥이 이어진 덕분인지 지금도 동방 교회의 본거지는 이스탄불이다. 15세기 후반은 스페인을 비롯한 유럽에서 이단을 심문하기 위한 종교재판이 악명을 떨치던 때라 추방당하는 유대인이 많았는데, 오스만제국은 이들을 받아들였다. 특히 술레이만 1세는 유대인들을 더욱 적극적으로 수용했다. 그 배경에는 인재를 등용하려는 생각도 있었다.

술레이만 1세는 유대인의 뛰어난 장사 재주를 활용해 오스만제국을 발전시키려 했던 것이다. 참고로 20세기에는 나치즘 때문에 뉴욕으로 도망간 유대인이 미국 경제에 큰 공헌을 했는데, 그때 미국도 술레이만 1세와 같은 발상을 했다고 볼 수 있다.

술레이만 1세는 지중해 서쪽에서 기독교 국가의 선단船團을 습격했던 베르베르인ㅅ 대해적, 바르바로스 하이렛딘 파샤Barbaros Hay-reddin Pasa를 귀순시켜 해군 제독으로 등용했다. 오스만제국의 육군은 막강했지만 해군은 약했기 때문이다. 무척이나 대담한 인재 등용이었는데, 이 보강 작전을 통해 해군의 전투력도 배가되었다.

16세기 전반 유럽에서는 프랑스 왕인 프랑수아 1세와 독일 · 스페인의 합스부르크 왕가 출신 카를 5세가 끊임없이 전쟁을 치르고 있었다. 합스부르크 왕가의 본관은 오스트리아였다. 따라서 프랑수아 1세 입장에서 보면, 오스트리아 빈을 노리

술레이만 1세

열세 차례나 세계 원정을 나서서 가장 넓은 영토를 확보했으며 이스탄불의 사회적 · 문화적 발전에도 힘을 쏟았다.

던 술레이만 1세는 적의 적이니 동지와 마찬가지였다. 그리하여 양국은 동맹을 맺게 되었다. 1536년의 일이었다.

이렇게 양국은 협력하는 관계가 되었는데, 당시 국력으로는 오스만제국이 압도적인 우위에 있었다. 그래서 술레이만 1세는 가난한 나라인 프랑스측에 치외법권이라는 외교상의 특권을 부여했다. 오스만제국 안에서 지내는 사람이라 해도 프랑스인의 재판은 프랑스인에게 맡긴다는 영사 재판권, 제국 내에서의 통상 및 거주의 자유, 그리고 관세까지 프랑스에 맡기는 통상특권 등을 준 것이다. 술레이만 1세가 강국의 군주로서 약소국에게 온정을 베푸는 의미로 부여한 최혜국 대우였다.

이윽고 이 사실을 알게 된 잉글랜드와 네덜란드 등 다른 나라들도 오스만제국에 최혜국 대우를 해달라고 요청했다. "가난한 저희에게도 부디 관용을 베풀어 주시옵소서"라고 한 것이었다.

오스만제국은 대국답게 너그러이 그 요청을 받아들였다. 그리고 이 조약을 잘 활용하면 엄청난 이득을 보겠다고 판단한 서구 열강은 치외법권을 전 세계로 확산시켜 나갔다. 일본이 막부 말기에 서구의 국가들과 맺은 불평등 조약도 치외법권 협정의 한 예였다.

2. 이스탄불의 커피숍

치외법권은 훗날 터키 스스로의 발등을 찍게 된다. 이 치외법권 덕분에 술레이만 1세 때부터 많은 국가가 이스탄불에 통상의 거점을 만들었다. 여기에 유대인 수용까지 맞물려 다양한 민족이 이스탄불에서 생활하게 되면서 인구가 급증했다.

이 무렵 이스탄불에는 커피숍이 많이 생겨났다. 이는 곧 에티오피아의 커피가 남아라비아를 거쳐 이 도시에 정착했다는 것을 의미한다.

술레이만 1세가 오스트리아 빈을 포위했다가 철수하면서 남기고 온 군수품 커피가 비엔나커피의 유래인 것으로 전해진다.

이쯤에서 이스탄불을 무대로 한 유명한 소설 두 작품을 소개한다. 우밍의 《알타이》와 오르한 파묵의 《내 이름은 빨강》이 그것이다. 각각 시대는 조금 다르지만 두 작품 모두 이스탄불의 커피숍과 번화가를 배경으로 펼쳐지는, 유대인과 다양한 민족이 자아내는 드라마를 멋지게 그려냈다.

17세기에서 18세기로, 기울어지기 시작하는 오스만제국

16세기 술레이만 1세 시대를 정점으로 오스만제국의 국력은 서서히 약해 지기 시작했다. 황금기를 지탱해주던 중앙집권 체제가 흐트러졌기 때문이 다. 중앙 관료들은 뇌물과 연줄로 얼룩져 부패했고, 그 영향은 지방으로 퍼 져 나가면서 '생선은 머리부터 썩는다'는 터키의 속담을 그대로 재현했다. 국력이 쇠퇴한 또 다른 이유는 지나치게 넓어진 영토를 통치하기가 힘들어 졌기 때문이었다.

뿐만 아니라 1492년 제노바의 선원이었던 콜럼버스가 신대륙에 도달하 자 서방국가들이 앞다퉈 신대륙으로 진출했다. 새로운 시대의 패권을 두고 치열하게 경쟁하기 시작한 것이다. 이렇게 교역의 무대가 지중해에서 대서 양으로 옮겨간 것이 오스만제국의 쇠퇴를 부추긴 원인이기도 했다. 서방국 가들이 보았을 때 오스만제국은 너무나도 광활하고 풍요로웠기 때문에 선 망의 대상인 동시에 정복의 대상이었다.

다음으로 오스만제국이 몰락한 과정에 대해 간단히 정리해보겠다.

1. 오스만제국에 공세를 퍼부은 러시아

술레이만 1세가 빈 포위에 실패한 때로부터 약 150년이 지난 후, 오스만 제국은 다시 빈을 포위했다(1683년). 하지만 작전은 실패로 끝나고 말았다. 그리고 패전의 대가로 오스트리아에는 헝가리와 루마니아 북서 지역을, 베네치아에는 아드리아해 연안에 있는 크로아티아와 그리스 남부의 펠로폰네소스반도를 각각 쪼개서 양도했다. 이것은 오스만제국이 처음으로 경험한 영토 할양割讓이었다.

오스만제국의 패배가 절호의 찬스라고 생각한 국가는 바로 러시아였다. 이 북방의 대국은 항상 자유롭게 바다로 나갈 수 있는, 즉 겨울에도 얼지 않는 부동항不凍港을 갈구하고 있었다. 크림반도가 있는 흑해는 그 표적 중 하나였다.

당시 황제였던 표트르 대제(재위 1682~1725년)는 때를 놓치지 않고 흑해 북부의 안쪽 바다인 아조프해를 강제로 점령해버렸다. 그리고 예카테리나 2세(재위 1762~1796년)는 오스만제국을 상대로 두 차례에 걸친 전쟁을 벌였다. 이 전쟁의 결과로 흑해의 '자유통행권'을 탈취했고, 흑해 북안의 땅과 크

오스만제국의 황금기(16세기)

림반도를 빼앗았다.

2. 나폴레옹의 이집트 원정과 메흐메드 알리의 등장

유럽에서는 1789년에 프랑스혁명이 성공한 후 실세가 된 나폴레옹이 이집트를 점령했다. 이집트는 오스만제국의 영토로, 총독이 통치하고 있었다. 나폴레옹은 카이로를 차지했던 시기도 있었지만 영국 해군의 활약과 카이로 시민의 완강한 저항을 이기지 못하고 점령을 포기했다. 나폴레옹이 떠난 후, 오스만제국이 파견한 알바니아인ㅅ 용병 대장이었던 메흐메드 알리라는 남자가 이집트를 지배했고, 이는 마침내 이집트·터키전쟁으로까지 번지게 되었다.

메흐메드 알리에 대한 자세한 이야기는 제3장에서 카이로를 다룰 때 하겠지만, 이때 오스만제국은 그리스에 이어 이집트까지 잃게 되었다. 마흐무드 2세(재위 1808~1839년)는 메흐메드 알리에게 농락당하면서도 전쟁을 계속했다. 그는 한편으로는 오스만제국의 개혁에도 앞장선 술탄이었다.

마흐무드 2세의 서구화 개혁이 난항을 겪다

30대 술탄인 마흐무드 2세가 국정 개혁을 단행한 계기가 있었다. 28대 술탄인 셀림 3세(재위 1789~1807년)가 서구식 징병제 군단을 창설하려 할 때 세금을 걷는 역할을 했던 예니체리 부대가 반란을 일으켜서 그를 폐위시켰기 때문이다.

마흐무드 2세의 국정 개혁은 예니체리 부대를 폐지하는 것에서부터 시작되었다. 전통적으로 오스만제국을 받들어 온 예니체리 부대는 오스만제국의 기나긴 번영 속에서 이권을 지키는 보수파의 아성으로 변질되었고, 국가를 재정비하기 위한 정치 개혁에 앞장서서 반대했다.

마흐무드 2세는 이스탄불 시민의 지지를 등에 업고 이 예니체리 부대를 폐지한 것이다. 그리고 세제 개혁, 징병제 군대 창설, 교육제도 정비 등 부국 강병을 위한 다양한 정책을 실시했다. 그는 이러한 정책들을 통해 점점 강해지는 서구 열강의 압력으로부터 오스만제국을 지키려 했다. 이 정책은 다음 술탄인 압둘메지드 1세(재위 1839~1861년) 때까지 이어졌다.

마흐무드 2세의 서구화 개혁은 이집트에서 메흐메드 알리가 추진한 개혁의 영향을 받은 것이었다. 일본의 메이지 유신 또한 같은 목적으로 마흐무드 2세의 개혁이 있은 지 약 30년 후에 시작되었다.

하지만 이러한 개혁들은 서구 열강과의 불평등 조약, 그리고 경제력과 군사력을 갖춘 열강의 심한 간섭으로 인해 순조롭게 진행되지 못했다.

압둘메지드 1세가 보스포루스해협이 내려다보이는 언덕 위에 돌마바흐체 궁전을 세운 것은 이 시기였다. 몹시 웅장하고 호화로운 궁전이었는데, 넓은 홀(Muayede Salonu)에는 7.5킬로그램의 샹들리에가 찬란한 빛을 내뿜었다. 점점 쇠약해져 가는 오스만제국에도 그 정도의 재력은 있었던 것이다.

'유럽의 병자'가 된 노대국

노대국老大國 지금은 형세가 기울어졌지만 한때 강했던 큰 나라이 된 오스만제국은 마흐무드 2세와 압둘메지드 1세에 걸쳐 필사적인 근대화 정책을 펼쳤다. 그 당시 서구 열강은 오스만제국을 '유럽의 병자'라고 칭했다. 하지만 어느 누구도 그 숨통을 끊으려고 하지는 않았다. 병이 들기는 했지만 여전히 풍요로운 이 노대국을 누군가가 쓰러뜨려버릴 경우, 열강들이 치열한 이권 다툼을 벌일 것이 불 보듯 뻔했기 때문이다.

"살리지도 죽이지도 말고 단물만 빨아먹자."

이것이 기독교 국가였던 열강들의 암묵적인 룰이었으리라 짐작된다.

이 균형을 망가뜨린 이가 있었으니, 그는 마치 '권력을 쥔 돈키호테' 같았던 러시아의 황제 니콜라이 1세(재위 1825~1855년)였다.

잠시 이야기가 옆으로 새긴 하지만, 그 배경에는 다음과 같은 스토리가 있었다.

1453년 콘스탄티노플의 함락과 함께 로마제국이 멸망한 후, 러시아 모스크바대공국의 군주(이반 3세)는 로마 마지막 황제의 조카딸과 결혼했다. 그리고 그는 "나는 로마제국의 황제 계보를 이었으니 모스크바는 제3의 로마가, 나는 차르(황제)가 되었다"라고 선언했다. 물론 당시 유럽 국가들은 한낱 벽촌에 불과했던 모스크바대공국 군주의 발언을 진지하게 듣지 않았다. 그후 모스크바는 16세기 말에 총대주교로 승격되면서(이로써 네 명의 동방 교회 주교들—콘스탄티노플, 안티오키아, 예루살렘, 알렉산드리아—이 다섯 번째 총대주교 자리를 부여하게 된다) 동방 교회의 수호자임을 자처하기 시작했다. 마침내 로마노프왕조가 세워지고 표트르 대제가 스스로를 '차르'라 칭하면서(1722년), 모스크바대공국은 러시아제국으로서의 존재감을 드러내기 시작했다.

니콜라이 1세는 강권적인 전제군주로 알려져 있지만 동방 교회의 수호자로서 커다란 자부심을 가지고 있었다.

그런데 프랑스혁명 후 예루살렘의 성묘 교회에서 한 사건이 일어났다.

성묘 교회는 예수의 무덤 위에 세워졌는데, 교회들이 분열하면서부터는 로마 교회·동방 교회·아르메니아 교회가 각각 나눠서 보유하는 형태로 운영되었다. 아르메니아 교회는 세계 최초로 국교화가 된 교회이기도 하다(아르메니아가 301년에 세계 최초로 기독교를 국교로 공인했다). 예루살렘이 오스만제국의 지배를 받게 되자 오스만제국은 로마 교회의 수호자를 자처하는 프랑스 측에 성묘 교회의 관리 권한을 부여했다.

하지만 프랑스혁명으로 인해 프랑스가 혼돈을 겪자 동방 교회가 그 틈을 노리고 관리 권한을 빼앗아버렸다. 그런데 1852년, 프랑스 제2공화정의 황제가 된 나폴레옹 3세는 자국의 명예를 되찾기 위해 오스만제국 정부(포르테 Porte라고 불렸다)와 협상하여 동방 교회가 가지고 있던 교회 관리권을 다시 빼앗았다.

이에 분노한 니콜라이 1세가 오스만제국 영토 내에 있는 동방 교회의 신도들을 보호한다는 명목으로 1853년 오스만제국에 전쟁을 선포한 것이다.

그러자 프랑스와 영국이 각자 나름대로의 의도를 숨기고 오스만제국 편에 서서 러시아에 선전포고를 했다. 이리하여 크림전쟁이라 불리는 격전이 시작되었다(1852~1856년).

크림전쟁은 러시아의 패배로 막을 내렸다. 러시아는 흑해 연안의 군사 시설을 철거해야 했으며 흑해 주항권도 잃고 말았다. 러시아의 남하 정책이 좌절된 것이다. 크림전쟁은 최초의 근대식 전쟁이라 불리며 적십자의 탄생 등 무수한 화젯거리를 낳았다. 하지만 가장 강조하고 싶은 것은 이 전쟁에서 전통이 있는 이스탄불 거리가 거의 피해를 입지 않았다는 사실이다. 이 전쟁에 대해서는 올란도 파이지스의 《크림전쟁》에 생생하게 묘사되어 있다.

기울어 가는 오스만제국의 수도에 오리엔트 특급열차가 달리다

오스만제국은 서구 열강의 원조를 받아 크림전쟁에 승리했다. 하지만 술탄의 주도로 근대화 정책이 추진되어도 외국 자본과 유착된 일부 지배자층만 이익을 볼 뿐 시민들은 가난해지기만 했다. 그럼에도 근대화 정책을 통해 민족 독립과 입헌주의 사상이 뿌리내리면서 많은 지식인·관료·군인이 인도적인 사상과 문화에 눈뜨기 시작했다. 그들은 헌법 제정과 입헌 정치의 실현을 요구하며 개혁 운동을 벌였다. 그 중심에는 재상인 미드하트 파샤(Midhat Pasha, 1822~1884년)가 있었다.

그는 술탄을 설득해서 보수파의 압력을 배제했고, 1876년 민주주의적인 헌법을 제정했다. 그리고 이듬해인 1877년에 의회를 개최했다.

그런데 1877년 어느 날, 불가리아 지배를 둘러싸고 제2차 러시아·튀르크 전쟁이 발발했다. 의회가 급진화할지도 모른다는 점을 우려하던 술탄 압둘하미드 2세(재위 1876~1909년)는 이 전쟁을 빌미로 의회를 폐쇄했고, 헌법을 개정하여 미드하트 파샤를 추방했다.

압둘하미드 2세는 이렇게 전제정치 체제를 회복하고 러시아와 싸웠지만 패배하고 말았다. 그 결과 오스만제국은 루마니아와 불가리아 쪽 영토의 대부분을 잃게 되었다.

러시아의 침략과 서구 열강의 교묘한 식민지화 정책 때문에 날로 쇠약해져 가는 오스만제국이었지만, 오랜 수도인 이스탄불은 켜켜이 쌓인 전통을 잘 유지하고 있어서 충분히 아름다웠다. 유럽의 부르주아 및 문화인들은 이스탄불의 동양적인 매력에 푹 빠졌다. 그리고 1888년, 벨기에 국제침대차회사의 특급침대열차Pullman wagon-lit가 파리에서 출발한 지 6일 만에 이 수도에 도착했다. 오리엔트 급행 제1호차였다. 여담이지만 반세기 후인 1934년에 '추리소설의 여왕'이라 불리는 아가사 크리스티가 이 열차를 무대로 한 소설 《오리엔트 특급 살인》을 발표했다.

제1차 세계대전에 휘말려 패배한 오스만제국

이탈리아에서는 나폴리에서 시작된 독립 운동(카르보나리)이 한계에 맞닥뜨리자 1830년대 들어 '청년 이탈리아'라는 결사가 공화제와 민족 통일을 주장했고, 이 움직임은 이탈리아 전역으로 확산되었다. 이 운동은 터키에도 영향을 미쳐서 궁정 주도로는 진정한 민족 독립을 할 수가 없다는 것을 깨달은 젊은이들이 '청년터키당'을 결성했다. 그리고 청년 장교들의 지지를 받아 미드하트 헌법의 부활을 내걸고 봉기했다. 술탄 압둘하미드 2세는 그들을 받아들일 수밖에 없었고, 그가 정권에서 물러나면서 입헌 정치가 부활했다. 1908년에 일어난 이 사건은 술탄의 목숨을 앗아가지는 않았지만 '청년터키당혁명'이라 불렸다.

오스만제국의 지배 체제가 동요하는 것을 본 이탈리아는 북아프리카에서 오스만 영토인 트리폴리에 진출하여 오스만군을 내쫓고 자국의 영토로 삼았다. 그리고 발칸반도에서는 세르비아·불가리아·몬테네그로·그리스가 각각 자국의 이익을 요구하며 발칸 동맹을 결성했고, 오스만제국과의 전쟁을 시작했다(1912년 발칸전쟁). 이 발칸 동맹 봉기의 배후에는 발칸반도에 거주하는 슬라브족을 보호할 것을 주장하는 러시아, 발칸반도와 아드리아해에 많은 기득권을 보유한 오스트리아, 그리고 신흥 강국인 독일제국도 얽혀 있었다.

게다가 발칸반도에는 다양한 민족이 뒤섞여서 국가를 형성하고 있었던 터라 민족 독립의 폭풍이 휘몰아치고 있었다. 그 때문에 이 반도는 '유럽의 화약고'라고 불리게 되었다.

두 차례에 걸친 발칸전쟁은 1913년에 종결되었다. 오스만제국은 발칸반도의 영토 대부분을 잃었다. 그리고 이듬해인 1914년에 '유럽의 화약고'에서 제1차 세계대전이 시작되었다. 오스만제국은 중앙동맹국제1차 세계대전에서 연합국의 반대 진영에 있던 국가—독일 오스트리아—를 가리키는 용어 편에 서서 참전했지만 패배했다.

대제국의 수도 역할을 끝내다

연합국 측은 이스탄불을 점령하고 술탄에게 강화조약을 제시했다. 국토 양도, 치외법권, 재정 간섭이 포함된 굴욕적인 내용이었다. 하지만 술탄은 너무나도 순순히 조약에 응했다.

이렇게 소극적인 술탄과는 대조적으로 조국 해방 운동의 도화선에 불을 댕긴 남자가 있었다. 뛰어난 군사령관이자 열렬한 애국주의자였던 무스타파 케말(Mustafa Kemal, 1881~1938)이 바로 그 주인공이었다. 그는 아나톨리아반도의 앙카라에서 대국민회의를 소집했다(1920년). 그리고 영국·프랑스·이탈리아·미국의 지원을 받는 이스탄불 정부군과의 전쟁에 돌입했다.

케말은 남다른 지도력으로 이 전쟁을 승리로 이끌었다(1923년).

연합국은 철수했고 터키공화국이 탄생하면서 케말은 초대 대통령에 취임했다. 그는 오스만제국의 지도자가 지니고 있던 '술탄·칼리프'라는 호칭과 권력을 부정했고 이슬람 법정도 폐지했다. 그리고 주권재민主權在民, 나라의 주권이 국민에게 있다는 뜻과 의회 제도에 입각한 새로운 헌법을 제정하여 국가의 제도를 세속화했다. 쉽게 말해서 종교에 속박되지 않는 자유로운 국가로 발돋움시킨 것이다. 대국민회의는 이러한 케말의 업적을 기려 그에게 터키의 국부라는 뜻인 '아타튀르크'라는 칭호를 수여했다.

터키는 케말 아타튀르크가 개척한 길을 걸으며 제2차 세계대전에서는 중립을 지켰다. 그리고 오늘날에는 EU의 일원이 되기 위해 협상을 추진하고

이스탄불(콘스탄티노플)의 인구 추이와 세계 순위

연도	순위	추정 인구	비 고 란
361	1	300,000	황제 율리아누스. 2위 도시 크테시폰
500	1	400,000	황제 아나스타시우스 1세. 2위 도시 크테시폰
900	3	300,000	황제 레오 6세. 1위 도시 바그다드
1000	3	300,000	황제 바실리우스 2세. 1위 도시 코르도바
1250	12	100,000	제4회 십자군의 침략을 받은 라틴제국 시대. 1위 도시 황저우
1450	26위 이하	?	오스만제국이 로마제국을 쓰러뜨리기 3년 전. 1위 도시 베이징
1500	6	200,000	이스탄불이 오스만제국의 수도가 된 지 47년. 1위 도시 베이징
1550	2	660,000	술레이만 1세. 1위 도시 베이징, 4위 도시 카이로, 6위 도시 파리
1650	1	700,000	메흐메드 4세. (1650년, 1655년, 1700년 이스탄불 1위) 2위 도시 에도, 3위 도시 베이징
1850	5	785,000	크림전쟁(1853~1856년) 발발 3년 전. 1위 도시 런던, 2위 도시 베이징, 3위 도시 파리
1914	21	1,125,000	제1차 세계대전. 1위 도시 런던, 2위 도시 뉴욕, 3위 도시 파리
2010	(참고)	13,256,000	

출처 : 테르티우스 챈들러,
《도시 성장의 4천 년 : 역사적 인구 조사Four Thousand Years of Urban Growth: An Historical Census》

있다.

이스탄불은 수도의 자리를 앙카라에 내주었지만 지금까지도 터키 최대의 경제 도시로서 호황을 누리고 있다. 풍부한 문화유산과 역사 유물, 예나 지금이나 변함없이 다양한 국적의 외국인들이 이국적인 정취를 자아내는 갈라타 지구, 그리고 프랑스·중국과 함께 세계 3대 요리로 불리는 터키 요리 등 이스탄불은 외국인 관광객들에게 깊은 추억을 선사해주는 도시다.

보스포루스해협을 건너는 연락선은 흑해에서부터 빠른 속도로 흐르는 조류를 가로지르며 하루 수차례씩 운행되고 있다.

나는 이스탄불을 찾을 때마다 해가 질 무렵이 되면 연락선(바푸르)에 올라타 몇 번이고 물길을 오가곤 했다. 태양이 저물기 시작하면 역광 속에서 이스탄불의 언덕 위로 블루 모스크와 쉴레이마니예 모스크의 우뚝 솟은 돔과 첨탑이 떠오른다. 그러다 이내 검은 실루엣을 그려간다. 그렇게 어둠이 내려앉고 나면 왠지 보스포루스해협의 파도 소리가 더 크게 들리는 기분이 든다.

이스탄불 관련 연표

서기(연도)	사 건
기원전 660년경	그리스 도시국가 메가라가 식민지로 삼으며 비잔티움이라 이름 붙임
기원전 5세기	아케메네스왕조의 다리우스 1세가 비잔티움을 점령
73	로마제국의 지배하에 들어감
330	로마제국의 수도가 되면서 콘스탄티노플이라는 이름으로 바뀜
408	테오도시우스 2세가 황제에 취임(~450년)한 후 콘스탄티노플에 대성벽을 쌓음
1000	이 무렵 콘스탄티노플, 스페인의 코르도바, 중국의 카이펑과 함께 세계 3대 도시로 번영함
1054	교황(로마)과 대주교(콘스탄티노플)의 상호 파문
1204	제4회 십자군이 콘스탄티노플을 습격. 십자군 국가인 라틴 국가를 건설(~1261년)
1453	오스만제국의 메흐메드 2세, 콘스탄티노플을 함락시키고 이스탄불이라는 이름을 붙여 수도로 삼음
1520	술레이만 1세가 즉위(~1566년), 오스만제국의 황금기를 맞이함
1808	마흐무드 2세가 즉위(~1839년), 국정 개혁을 단행하며 예니체리 부대를 폐지함
1853	오스만제국은 영국 · 프랑스의 도움을 받아 크림전쟁에서 러시아를 격퇴함(~1856년)
1876	미드하트 헌법이 제정됨
1888	이스탄불에 오리엔트 특급열차가 개설됨
1908	청년터키당혁명을 계기로 잠시 폐지되었던 미드하트 헌법이 부활
1912	발칸전쟁(~1913년). 오스만제국, 발칸반도 영토의 대부분을 잃음
1914	제1차 세계대전 발발(~1918년). 오스만제국은 독일 · 오스트리아의 중앙동맹국 측에 서서 참전함
1920	연합군이 이스탄불을 점거(~1923년). 무스타파 케말의 주도로 앙카라에서 터키 대국민회의가 발족
1922	대국민회의, 술탄제(군주제)를 부정. 오스만제국이 멸망함
1923	터키공화국이 출범하며 무스타파 케말이 초대 대통령에 취임함

- **이스탄불의 세계문화유산(구조물)**
  톱카프 궁전 / 아야소피아 / 탁심 광장 / 술탄 아흐메드 모스크 / 지하 궁전(예레바탄 사라이) /
  쉴레이마니예 모스크 / 제이렉 모스크 / 테오도시우스 성벽 / 카리에 박물관

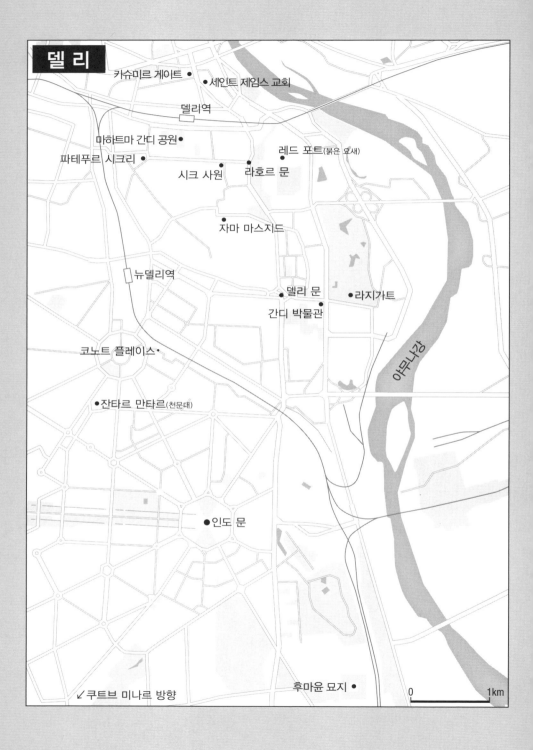

델 리

카슈미르 게이트 ● ● 세인트 제임스 교회

델리역

마하트마 간디 공원 ●

파테푸르 시크리 ● 레드 포트 (붉은 요새)

시크 사원 라호르 문

자마 마스지드

뉴델리역 델리 문 ● 라지가트

간디 박물관

코노트 플레이스 ●

잔타르 만타르 (천문대)

야무나강

● 인도 문

↙ 쿠트브 미나르 방향 후마윤 묘지 ●

0   1km

제2장

인도를 비추는 도시
델리

길고도 복잡한 역사와 다민족문화가 지금까지도 살아 숨 쉬는 도시

'인도'라는 나라가 가지고 있는 두 가지 지리적 조건

오늘날 인도를 대표하는 대도시를 꼽는다면 동쪽의 벵골만에 접한 콜카타(옛 명칭 캘커타), 남쪽 첸나이(옛 명칭 마드라스), 서쪽 아라비아해에 면한 뭄바이(옛 명칭 봄베이), 데칸고원 남부에 있는 벵갈루루(옛 이름 방갈로르), 그리고 인도 서북부에 있는 델리다.

이 다섯 도시 중 콜카타 · 첸나이 · 뭄바이는 인도가 영국의 식민지였던 시절에 거점 도시였다. 지금은 대규모 상공업 도시로 발전했는데, 특히 뭄바이는 인도 최대의 상공업 중심지로 거듭났다. 또한 벵갈루루는 인도의 실리콘밸리라 불리는 IT산업의 중심지로서 세계의 주목을 받고 있는 도시다. 그리고 가장 많은 인구가 살고 있는 델리는, 단절된 적이 있기는 하지만 중세 때부터 지금까지 줄곧 '정치 수도'의 역할을 다해 왔다. 덕분에 지금도 유적이 많이 남아 있어서 시내에는 세계문화유산이 세 개나 있다.

델리와 관련이 있는 왕조나 군주의 업적과 행동을 살펴보고 있으면 이 도시가 인도를 비추는 거울이라는 것을 느끼게 된다. 그렇다면 이 도시를 통해 아시아 2위 대국의 기나긴 역사와 미래의 가능성을 만나볼 수 있지 않을까 하는 생각에 델리를 다루게 되었다.

델리를 이야기하기 전에 인도에 대해서 두 가지(인도 아대륙의 특징과 침략)를 알아두었으면 한다. 세계지도를 살펴보면 금방 이해할 수 있는 단순한 내용이다.

우선 아대륙이라 불리는 거대한 인도반도는 남북으로 길게 뻗어 있다는 것을 알 수 있다. 여행을 할 때는 남북으로 이동하는 것보다 동서로 이동하는 것이 더 좋다. 기후의 변화가 적기 때문이다. 동서로 펼쳐진 유라시아의 대초원지대가 민족이동의 대동맥(초원의 길)이 되었던 것도 그러한 이유 때문이었다. 그리고 북서에서 동북으로 펼쳐지는 평원지대의 남쪽에 사막과 고원이 포개져 있어서 이동하기가 더욱 어렵다. 덧붙이자면 동쪽의 벵골만, 서쪽의 아라비아해의 해안선을 따라 동서로 고츠산맥이 뻗어 있다. 이 때문에 예로부터 이 아대륙에는 북부의 평원, 중앙부의 고원, 동부와 서부의 해안선, 이렇게 네 지역이 제각각 독자적인 역사를 만들어왔다. 인도를 통일한 왕조가 좀처럼 등장하지 않았던 것도 바로 이 때문이다. 앞에서 언급했던 콜카타, 첸나이, 뭄바이, 벵갈루루, 델리, 이 다섯 도시가 거의 같은 간격을 두고 동서남북으로 떨어져 있는 것도 우연이 아닌 듯하다(첸나이와 가까운 벵갈루루 제외). 그리고 각각의 지역에서 다양한 부족들이 독자적인 문화를 발전시켰기 때문에 인도에서는 지금도 두 개의 언어를 가르친다. 인도 정부가 발행하는 지폐에도 열일곱 개의 언어가 깨알처럼 적혀 있다.

다음으로 들 수 있는 특징은 외부에서 침입할 수 있을 만한 곳이 매우 적다는 것이다. 이 사실을 가장 상징적으로 드러내는 곳이 인도반도 북부의 서쪽에서 동쪽까지 뒤덮은 것처럼 이어지는 카라코람산맥과 히말라야산맥이다. 이곳은 '세계의 지붕'이라 불린다. 이렇게 인도는 육지임에도 고립된 섬처럼 폐쇄되어 있는데, 많지는 않지만 어엿한 교통의 거점이 존재한다. 서쪽 국경선 북부에 있는 카이바르 고개가 그것이다. 이 고개를 넘으면 인더스강

인도의 지형도

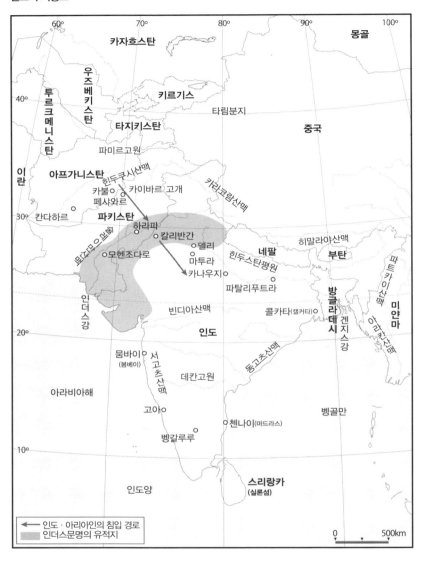

상류의 펀자브가 풍요로운 평원을 드러낸다.

지금까지가 미리 알아두면 좋은 인도에 관한 내용이었다.

그러면 이제 델리가 세계 무대에 등장하기까지 인도의 역사를 살펴보자.

훗날 인도를 대표하는 민족이 되는 아리아인이 카이바르 고개를 넘어 이 지역에 자리 잡은 때는 기원전 1500년경이었다. 그들은 원래 펀자브 지방에서 살고 있었는데, 기원전 1000년경부터 동쪽으로 옮겨가기 시작하여 갠지스강 상류 지대로 세력을 확장했다. 이 무렵부터 브라만교(힌두교의 모체)를 중심으로 한 문화를 발전시키면서 아리아인의 2대 서사시 〈마하바라타Magabharata〉와 〈라마야나Rāmāyana〉의 원형이 만들어졌다.

아리아인은 갠지스강 동쪽으로 더 나아가 지금의 비하르주Bihar州까지 세력을 넓혔다. 이 갠지스강의 중류에서부터 하류와 가까운 지역에는 동남아시아계 주민들이 먼저 부락을 형성해서 살고 있었는데, 아리아인은 그들을 정복하거나 동화시키면서 인도 북방 전체를 지배하는 민족이 되어 갔다.

기원전 6세기에는 페르시아의 아케메네스왕조가 침략했고 기원전 4세기에는 마케도니아의 왕인 알렉산더 대왕이 습격하는 등 많은 민족으로부터 공격을 받았다. 이후에 불교를 부흥시킨 마우리아왕조(Maurya, 기원전 317~기원전 180년경)와 규모가 다소 작은 굽타왕조(Gupta, 320~550년경) 등 통일 왕조가 등장한 시절도 있었다. 하지만 대부분은 아리아인들이 갠지스강 상류와 중류 지역을 기반으로 삼아 크고 작은 왕조를 세우면서 모였다 흩어졌다를 반복했다. 그 과정에서 흥망의 중심지가 갠지스강의 상류 지역, 즉 지금의 델리 주변이 된 것이다.

카나우지 트라이앵글의 패권 쟁탈전과 이슬람 군단의 침입

델리의 동남부에는 카나우지Kannauj라는 도시가 있다. 7세기 초에 하르샤바르다나라는 사람이 그곳을 수도로 삼고 왕조를 열었다. 통치자라고는 그

혼자에 불과하고 약 40년간 이어진 짧은 왕조였지만, 현장玄奘 당나라의 승려이 방문했다는 것으로 유명해져 역사 속에 이름을 남겼다. 8세기에 들어서자 이 카나우지를 둘러싸고 세 국가가 쟁탈전을 벌이기 시작했다. 삼국 시대라 불렸던 때이기도 하다.

삼국 중 첫 번째 왕조는 프라티하라왕조(Pratihāra, 750~1018년)였다. 인도 북서쪽에 있는 라자스탄 지방에서 진출했으며, 갠지스강 상류와 중류 지역을 장악해서 카나우지를 지배했다. 이 왕조는 라지푸트족의 왕조였다. 라지푸트는 인도의 사회계층 제도인 카스트 계급 중 하나로서 크샤트리아귀족과 무사 계급 계층 사람들이다. 북인도의 토착 세력인 그들은 흥미롭게도 자신들의 선조가 태양과 달에서 내려왔다고 믿었다. 프라티하라왕조 사람들은 자신들이 달의 일족이라고 주장했다.

두 번째 왕조는 팔라왕조(Pāla, 750~1174년)였다. 이 왕조는 카나우지에서 동남쪽에 있는 갠지스강 중류와 하류 지역을 지배했다. 카나우지를 점령한 적도 있어서 북인도 최대 세력을 자랑하기도 했다. 이 왕조는 불교 국가로, 밀교密敎계 불교를 발전시켜서 비하르주의 갠지스강 하류 지역에 비크라마실라대학이라는 대규모 불교 대학을 설립했다.

세 번째 왕조는 라슈트라쿠타왕조(Rashtrakuta, 753~973년)였다. 이 왕조는 데칸고원 남서부에 거점을 두고 서북 인도에 진출한 힌두교 국가였다. 지금도 유명한 유적인 엘로라 석굴Ellora Caves은 이 왕조 때 만들어진 것이다.

이 카나우지 트라이앵글이라 불린 삼국들이 카나우지를 뺏고 빼앗기며 벌인 공방전은 총 300년 가까이 계속되었다. 그 결과 삼국 모두 국력이 약해지는 바람에 인도 북서부에 권력의 공백 상태가 발생하고 말았다. 가즈니왕조의 군대가 이 틈을 노리고 카이바르 고개를 넘어 습격했다.

가즈니왕조는 아프가니스탄의 왕조로, 카이바르 고개와 가까운 가즈니를 본거지로 삼고 있었다. 투르크멘왕조로서 초대 군주는 맘루크 출신이다. 맘

가즈니왕조의 습격과 카나우지 트라이앵글(10세기 후반)

루크에 대해서는 나중에 다시 다루기로 하겠다. 1018년, 가즈니왕조는 당시 카나우지를 지배하던 프라티하라왕조를 공격하고 이 도시를 약탈한 후 가즈니의 거성으로 돌아갔다.

　카나우지를 함락시킨 가즈니왕조의 군주는 마흐무드(Maḥmūd, 재위 998~1030년)였다. 그는 인도에 거성을 짓지는 않았지만 약탈을 하기 위해 수차례에 걸쳐 인도를 침공했다. 1024년에는 힌두교의 성지인 솜나트를 습격하여 사원을 불태워버렸다. 솜나트는 인도의 북서쪽 아라비아해에서 남서 방향으로 돌출된 카티아와르반도에 있다.

　마흐무드는 이슬람교도였기 때문에 힌두교의 우상숭배를 인정하지 않았다. 20세기 들어 힌두교 지상주의를 표방하는 인도인민당이 이곳에 힌두교 사원을 재건했다.

인도 입장에서는 역귀와도 같았던 마흐무드지만, 그 능력은 탁월하여 지금의 이란 중앙부에서 중앙아시아의 아무다리야강 유역까지 지배했다. 이슬람 세계의 지도자를 의미하는 호칭인 '술탄'을 처음 사용한 것도 마흐무드였다. 또한 그는 페르시아의 문화도 존중했다.

당시 페르시아에는 지금도 이란인들에게 존경받고 있는 국민적인 시인인 피르다우시가 있었다. 그는 대서사시 〈샤나메Shāh-nāmeh〉('왕의 책'이라는 뜻)를 완성하여 이것을 군주 마흐무드에게 바쳤다. 페르시아까지 지배한 그의 위대함을 칭송하기 위해서였을 것이다. 이와는 대조적으로, 인도 역사 속에서 마흐무드는 최초로 인도를 침략한 이슬람 군단의 군주로 기록되어 있다.

수도 델리의 탄생과 함께 델리왕조 시대가 시작되다
가즈니왕조는 마흐무드가 죽은 후에도 카나우지를 타깃으로 삼아 인도 침략과 수탈을 계속했다.

하지만 마흐무드의 사망 후 아프가니스탄 중앙부의 고르 지방에서 반란의 불길이 솟아올랐고, 그 기세는 이란 동부까지 확장되어 이슬람제국인 셀주크왕조의 위협까지 받기 시작했다. 결국 가즈니왕조는 인도를 침략하기보다 자국 영토를 지키는 것에 집중할 수밖에 없게 되었다.

이 무렵 라자스탄 지방에서는 프라티하라왕조의 지배를 받던 작은 라지푸트족의 왕조인 차하마나왕조가 독립을 했다. 차하마나왕조의 군주는 프라티하라왕조와 마찬가지로 갠지스강 상류 지역에 거점을 두기를 원했는데, 가즈니왕조의 습격을 끊임없이 받고 있던 카나우지는 고려 대상 밖이었다.

차하마나왕조의 군주가 선택한 곳은 카나우지에서 북서쪽으로 더 떨어져 있는 지금의 델리가 있는 곳이었다. 카나우지는 동쪽에 갠지스강이 흐르는 것을 제외하면 삼면이 평탄한 전원지대였다. 하지만 그에 비해 델리는 전체적으로 지대가 높았다. 동쪽으로는 갠지스강의 샛강인 야무나강이 흐르고,

서쪽으로는 구릉지대가 있었으며, 남쪽으로는 언덕이 여기저기 흩어져 있
는 높은 평지가 있었던 것이다. 거대한 삼각형을 이루고 있는 지형이라서 델
리 삼각지라고도 불린다. 차하마나왕조는 이 지역의 최남단에 성벽을 쌓아
요새 도시(성벽 도시)를 만들어 거점으로 삼았다.

　델리라는 도시는 이렇게 역사에 등장했는데, 12세기 후반의 일이었다. 하
지만 이 왕조는 오래가지 못했다.

　아프가니스탄에서 가즈니왕조에 반기를 든 고르왕조가 1186년에 가즈
니왕조를 타도한 것이다. 그리고 가즈니왕조가 그랬던 것처럼 인도를 침략
하기 시작했다. 1192년, 고르왕조 군단은 라지푸트 군대가 지키고 있던 델
리의 성을 함락시켰다. 라지푸트 군대는 차하마나왕조가 주축이 되어 꾸린
군대였다. 가즈니왕조와 달리 고르왕조는 약탈한 후에도 군대를 돌리지 않

인도 이슬람왕조의 변천

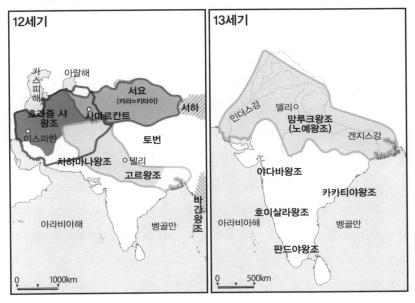

왔다. 풍요로운 인도 북부의 토지를 점령할 속셈이었는지 델리에 파수꾼 역할을 할 대관을 남겨둔 것이다.

남겨진 인물은 쿠트브 웃 딘 아이바크 장군이었다. 그는 러시아 서부의 초원지대 출신으로, 킵차크인이라고 불린 투르크멘의 일족이었다. 그 또한 맘루크(노예) 출신이었다. 하지만 델리에서 아이바크가 보초를 서고 있는 동안 본국 고르왕조에서는 커다란 정변이 일어났다. 셀주크왕조에서 독립한 호라즘 샤왕조라는 맘루크왕조의 공격을 받아 술탄이 사망한 것이다. 고르왕조의 명운도 풍전등화의 처지에 놓이고 말았다.

이 소식을 들은 아이바크는 고민했다.

'본국에서 술탄이 죽어버렸다. 이제 인도에는 아무도 오지 않을 것이다. 군사를 일으켜서 이 비옥한 북인도를 차지하자.'

그렇게 결심한 그는 1206년, 델리에 자신의 왕조를 세웠다. 아이바크의 왕조는 그가 맘루크 출신이었기 때문에 노예왕조라고 불린다. 이 왕조 이후에 델리를 수도로 하여 300여 년간 다섯 개의 이슬람계 왕조가 이어졌고 이를 통틀어 델리왕조, 또는 델리 술탄 시대Delhi Sultanate라고 한다. 이 다섯 왕조 중 네 왕조가 투르크멘왕조다. 다섯 왕조의 변천을 델리라는 도시와의 관계를 중심으로 살펴보기 전에 먼저 맘루크와 투르크멘에 대해서 짚어보기로 하자.

투르크멘, 그리고 지력과 무력이 뛰어났던 맘루크

몽골고원은 유목민들의 고향 중 하나다. 지금의 몽골을 기준으로 말하자면 동쪽은 대싱안링산맥, 남쪽은 고비사막과 인산산맥, 서쪽은 알타이산맥, 북쪽은 시베리아의 남쪽 끝과 맞닿아 있어 가늠하기 어려울 정도로 광대한 지역이다. 유목민이라고 하면 몽골계 사람들이 떠오르지만 튀르크계, 즉 터키계 유목민도 역사 속에 그 존재감을 드러내고 있다.

6세기 중반에는 돌궐이라는 대大유목국가가 탄생했다. 돌궐은 552년에 몽골고원에서 유연柔然이라는 몽골계 유목국가를 쓰러뜨리고 고원의 지배자가 되었다. 돌궐은 Türk(튀르크 또는 터키)의 중국식 음역으로 오늘날 터키의 시조가 된 사람들이다. 현재 터키공화국에서는 돌궐이 몽골고원의 패권을 쥐었던 552년을 건국 기념 연도로 친다.

돌궐은 약 200년 동안 몽골고원을 지배했지만 같은 튀르크계인 위구르족에 패배했다. 이 위구르는 100년 정도 지속되다가 키르기스Kirgiz에 자리를 내어주었다. 하지만 키르기스는 국가를 수립하지 못했고, 몽골고원에서 유목민들 사이에 패권 쟁탈전이 반복되면서 군웅할거 상태가 되었다. 이때 전쟁에서 패배한 부족들은 차례차례 서쪽을 향해 이동했다. 그들이 떠난 후 몽골고원에 등장한 부족이 키타이족, 그리고 칭기즈칸을 배출한 몽골족인 것이다.

참고로 수만 명 규모의 집단을 이루어 서쪽으로 나아갔던 튀르크계 부족의 수는 약 20개에 달했다고 전해진다.

그들은 몽골고원을 넘어 지금의 키르기스공화국에서 타슈켄트와 사마르칸트를 거쳐 카스피해 동쪽 지역으로 들어갔다. 이 루트를 따라 존재했던 도시들은 모두 동서 교역으로 번창했다. 그리고 이 중앙아시아에서는 이미 이슬람교가 압도적인 영향력을 행사하고 있었다. 아직 원시적인 신앙심밖에 없었던 튀르크계 유목민들은 긴 여정을 겪는 과정에서 단순하고 명료한 이슬람의 교리에 감화되어 신자가 되었다.

이렇게 무슬림(이슬람교 신자)이 된 튀르크계 유목민을 '투르크멘'이라고 부른다. 투르크멘 중에서도 가장 큰 힘을 가지고 있었던 부족은 오구즈족이었다. 셀주크왕조와 오스만제국을 세운 것도 이 오구즈족이다.

투르크멘 집단이 사마르칸트 근처까지 온 9세기 후반, 이곳은 이슬람왕조인 사만왕조가 지배하고 있었다. 이 왕조는 물밀듯이 유입되는 투르크멘들을 보고 그들의 뛰어난 전투 능력을 활용할 방안이 없을지 궁리했다.

유목민은 승마에 능숙하다. 그리고 말 위에서 활을 쏘는 기술도 탁월하다. 말을 타고 전력으로 달리면서 두 다리로 말의 몸뚱이를 꽉 잡고 활을 쏘는 것이다. 이 전법에는 정말이지 당해낼 자가 없었다. 그들이 최강의 기마 군단이라고 불린 이유는 이 전술을 자유자재로 구사했기 때문이다. 철포가 등장하기까지 투르크멘의 기사 군단을 무찌르는 이는 아무도 없었다. 물론 투르크멘은 검도 잘 다뤘으며 용기와 배포 또한 남달랐다.

사만왕조는 이 용맹한 투르크멘과 비즈니스를 시작했다. 자녀를 많이 둔 부모에게 사례금을 지불하고 건장한 남자아이를 데려와서는 무술 훈련과 교육을 실시하여 우수한 청년으로 키워낸 것이다. 그리고 중앙아시아 및 중동·근동 지역의 이슬람왕조에 지력과 무력을 겸비한 근위병으로서 그들을 팔았다. 지배자의 근위병으로 판 것이다. 이 비즈니스는 성공적이었다. 이런 식으로 수가 늘어난 투르크멘의 병사들을 '맘루크'라고 부른다.

맘루크는 '노예 군인'이라고 번역되기도 하는데, 목화 재배만 하면서 미래에 대한 희망을 갖기 힘들었던 신대륙의 노예와는 달리 맘루크는 능력만 있으면 출세도 할 수 있었다. 왕태자의 가정교사가 되기도 했고 스스로 왕조를 수립하는 인물도 등장했다. 앞서 언급했던 가즈니왕조를 창시한 인물도 사만왕조의 맘루크 출신이었다. 이렇게 셀주크왕조처럼 투르크멘왕조가 역사 무대에 등장하면서 맘루크의 지위가 높아졌다.

참고로 제1장에 등장한 오스만제국도 오구즈계 투르크멘왕조다. 하지만 오스만제국의 예니체리 부대는 유목민이 아닌 보병이었다. 오스만제국은 발칸반도까지 세력을 확장했는데, 그곳에는 대초원이 없고 유목민도 없었기 때문에 투르크멘의 기본 전력인 기사 군단을 만들 수가 없었다. 주위에는 기독교를 믿는 농민들밖에 없었다. 상황이 그렇다 보니 오스만제국은 남자 기독교인을 징용해서 이슬람교로 개종시킨 후, 군사 훈련과 교육을 통해 관리와 군인으로 육성하는 제도를 고안했다. 이 제도를 데브쉬르메Devshirme라고 하며, 이렇게 육성된 병사를 예니체리라고 한다. 오스만제국은 그들을 보병 군단으로 키워냈다. 그리고 당시 최신 화기였던 철포를 쓰게 했다.

전쟁과 무기의 역사를 살펴보면 중장 보병에서 채리엇(chariot, 2륜 전차), 기마 군단, 보병과 총, 탱크(전차) 순으로 변천했다고 볼 수 있는데, 근대 이전을 리드한 군단이 바로 투르크멘이었다.

그러면 이제 델리 이야기로 다시 돌아가 보자.

후세에 업적을 남긴 델리왕조는 모두 단명했다

1. 노예왕조(1206~1290년), 델리에 아름다운 첨탑을 남기다

노예왕조를 건국한 아이바크는 인도에 최초로 탄생한 이슬람왕조의 수도를 장엄하게 건설하고 싶다는 생각으로 훌륭한 모스크와 아름다운 첨탑을 건설했다. 이슬람교도는 하루에 다섯 번 성지인 메카를 향해 기도하는데 그 시간을 알리는 역할을 하는 사람이 따로 있었다. 기도 시간이 되면 그는 높은 첨탑에 올라가서 주민들에게 기도 시간이 되었다고 노래하듯 알렸다. 이 높은 첨탑을 미너렛minaret이라고 부른다. 아이바크가 세운 첨탑의 높이는 무려 72.5미터로, 세계에서 가장 높고 아름다운 첨탑으로 세계문화유산에 등재되어 있다. 이 유적의 이름은 '쿠트브 미나르Qutb Minar'인데 여기에서 '쿠트브'는 아이바크의 이름(쿠트브 웃 딘 아이바크)이다.

한편, 아이바크는 인도 불교의 명맥을 끊은 인물로도 유명하다.

카나우지 트라이앵글에서 패권을 두고 싸웠던 팔라왕조는 갠지스강 하류 지역에 대규모 불교 사원인 비크라마실라대학을 세웠는데, 아이바크의 부하가 이 사원을 무참히 파괴했다. 지금도 그 폐허가 남아 있다.

앞부분에서 가즈니왕조의 마흐무드가 힌두교 성지를 파괴했다는 이야기

아이바크가 건설한 쿠트브 미나르

미너렛은 예배 시간을 알리기 위한 탑이고 쿠트브는 아이바크의 이름이다. 쿠와트 알 이슬람 모스크에 세워진 이 미너렛은 세계에서 가장 높고 장려하다. 델리에 있는 세계문화유산이다.

를 했는데, 아이바크 또한 불교 사원을 많이 파괴했다. 이슬람 세력이 불교 사원을 파괴한 표면적인 이유는 우상숭배의 대상인 불상 때문이었지만 사실 또 다른 이유도 있었다. 불교 신자 중에는 도시에 사는 재력가나 지성인들이 많아서 사원이란 사원은 죄다 유복하고 화려했기 때문이다. 대다수의 가난한 민중들은 브라만교에서 발전하여 민족 종교로 자리 잡기 시작했던 힌두교를 믿고 있었다.

이슬람 세력은 재물을 수탈하기 위해 불교 사원을 습격했고, 그런 와중에 호화롭게 살던 승려들까지도 추방하거나 살해했다.

이렇게 사원이 파괴되고 승려도 추방되자, 일반 대중들 중에는 신도가 전무했던 인도 불교는 거의 소멸되어버렸다. 인도 불교의 뿌리를 잘라낸 이유는 인도에서 이슬람교의 영향력을 강화하기 위해서이기도 했다.

아이바크는 왕조를 세운 지 약 4년 만에 사망했다. 그의 아들이 뒤를 이었지만, 아이바크의 딸과 결혼한 일투트미시Iltutmish가 왕위를 찬탈하고 3대 술탄이 되었다(재위 1211~1236년).

왕위를 찬탈한 이유는 명확히 알려지지 않았지만 일투트미시 시대는 참으로 다사다난했다. 그가 즉위하기 수년 전, 아이바크가 왕조를 세운 1206년은 몽골고원에서 칭기즈칸이 즉위하여 대제국을 완성하기 위해 첫 발을 내디딘 해였기 때문이다. 칭기즈칸은 건국 후 곧장 서쪽으로 세력을 확장해 나가기 시작했다.

같은 시기에 중앙아시아의 카스피해 동쪽에는 호라즘 샤왕조가 발흥하여 해가 떠오르는 듯한 기세로 영토를 넓히고 있었다. 이 왕조도 셀주크왕조의 맘루크가 건설한 국가였다. '샤'란 페르시아어로 '왕'을 뜻한다. 서쪽의 호라즘 샤왕조는 페르시아를 정복하고 아프가니스탄까지도 지배했다. 동쪽의 칭기즈칸도 놀랄 만한 속도로 중앙아시아를 정벌하며 서쪽으로 나아갔다.

그리고 마침내 그 두 나라가 맞붙었다. 13세기 초에 있었던 일이다. 동쪽과 서쪽에서 떠오른 두 태양의 전쟁이라고도 불린 이 전쟁은 호라즘 샤왕조가 작전 수립에 실패한 것도 있어서 칭기즈칸의 압승으로 끝났다. 호라즘 샤왕조는 이렇게 점점 기울어 갔다. 전쟁 중에 호라즘 샤왕조의 왕자가 일투트미시에게 의지하기 위해 델리까지 도망간 일이 있었다. 왕자를 숨겨주었다가는 몽골제국을 적으로 돌리는 꼴이 된다는 것을 잘 아는 일투트미시는 여러 이유를 대며 왕자를 돌려보냈다.

일투트미시는 격정의 시대 속에서도 이렇다 할 오점을 남기지 않고 인도를 통치했다. 하지만 대를 이어야 하는 아들이 여간 바보가 아니어서 걱정이 이만저만이 아니었다. 반면 딸인 라지아는 총명하고 용감하여 스스로 무장한 채로 전장에 나갈 정도였다. 일투트미시는 여러 현자들과 논의한 후 죽기 전에 라지아에게 왕위를 물려주었다. 하지만 그때는 1200년대 초였다. 시대가 시대이니만큼 여성 술탄을 인정하려 들지 않는 대신들의 반발이 극심했다. 결국 여러 논의 끝에 어딘가 모자라 보이는 아들이 4대 술탄 자리에 올랐다.

다부진 성격이었던 라지아는 그 사실을 받아들이지 않고 실력으로 그를 퇴위시킨 뒤 세계 최초의 여성 술탄이 되었다(1236년). 하지만 역시 시대의 벽을 넘기는 어려웠는지 배반하는 부하들이 속출했고, 4년 후 전쟁에서 생을 마감했다.

그녀는 다음 장에서 이야기할 여성 술탄인 샤자르보다 10년이나 앞서서 여성 통치자가 되었다. 13세기의 이슬람 여성은 늠름했던 것이다.

2. 할지왕조(1290~1330년), 세계 최대의 다이아몬드를 손에 넣다

할지왕조는 쇠약해진 맘루크를 무너뜨리고 세워졌다. 이 역시 투르크멘인 할지족이 건국한 왕조였다. 이 왕조 때는 2대 술탄인 알라 웃딘이라는 영웅이 국경을 몇 번이나 넘어온 몽골제국의 강력한 군단을 물리쳤다.

그는 투르크멘, 즉 터키인이다. 터키와 몽골이 격돌할 당시 무적이었던 몽골군을 이기는 위대한 공적을 세운 것이다. 그는 자신을 천재적인 전략가였던 알렉산더 대왕에 빗대며 제2의 알렉산더라고 자칭했다. 또한 조세 제도 개혁을 비롯해 내정에도 훌륭한 업적을 남겼다.

하지만 그와 관련된 이야기 중에서도 가장 세속적인 흥미를 돋우는 것은 세계에서 가장 큰 다이아몬드를 손에 넣었다는 것이다. 이 보석은 아리아인이 인도에 정착했을 때부터 존재했던 것으로 전해지며 민족 서사시 〈마하바라다Mahābhārata〉에도 등장한다. 그 이름은 '코이누르Koh-I-Noor', 빛의 산이라는 뜻이다. 이 보석은 알라 웃딘이 입수한 이후 대대로 인도의 군주에게 넘겨졌고, 인도의 황제를 겸한 대영제국의 여왕이었던 빅토리아가 코이누르의 마지막 주인이 되었다. 지금은 런던탑에 전시되어 있으며 크기는 105캐럿(21.6그램)이라고 한다.

할지왕조는 알라 웃딘이 사망한 후 권력을 둘러싸고 혼란이 계속되다 결국 멸망했다.

3. 투글루크왕조(1320~1413년), 수도를 델리에서 데칸고원으로 옮기다

이 왕조는 투르크멘 장군이 할지왕조 말기의 혼란을 틈타서 세웠다. 그 장군은 할지왕조 때 몽골군 격퇴에 공을 세운 사람이었다. 그리고 2대 술탄인 무함마드 빈 투글루크 또한 매우 뛰어난 장군이었다. 동인도에서 데칸고원에 이르기까지 인도의 거의 모든 땅을 영토로 삼았을 정도로 그의 활약은 대단했다. 모로코 태생의 탐험가인 이븐 바투타Ibn Battuta가 6년 동안 그를 섬겼다는 사실 또한 유명하다.

무함마드는 수도를 델리에서 데칸고원의 다울라타바드로 옮겼다. 그는 인도 전체를 지배하려면 북쪽에 치우쳐 있는 델리보다 데칸고원에 거점을 두는 게 낫다고 판단한 것이다. 그가 수도로 삼은 다울라타바드는 엘롤라 석굴·아잔타 석굴과 가까운 지역이었다.

그곳은 시골구석의 고원지대로, 석산 위에 펼쳐진 땅이었다. 일본으로 치면 도쿄에 있다가 산간 고원지대로 이사한 셈이니 도시 생활에 익숙해진 왕족·귀족·관료들의 불평은 이만저만이 아니었다. 찻집도 술집도 없이 그저 아름다운 별과 하늘만 있을 뿐이었다. 결국 그들은 7년 만에 다시 델리로 돌아오게 되었다.

하지만 결과적으로는 그의 강제적인 천도 덕분에 길도 제대로 나 있지 않았던 북인도와 남인도 사이에 넓은 길이 생겼다. 천도하려면 각종 물자를 운반해야 했으니 견고한 도로가 필요했던 것이다. 훗날 무굴제국이 인도 전역을 제패할 때 그가 뚫은 길이 중요한 인프라로 작용했다.

투글루크왕조는 이 천도 프로젝트에 막대한 비용을 쏟아부으며 동부와 남부 점령에 집중하다가 국력이 쇠퇴해버렸다.

그 틈을 비집고 성난 파도처럼 카이바르 고개를 넘어 침입한 이들이 있었으니, 그들은 바로 티무르 군단이었다(1398년). 티무르제국은 중앙아시아·아프가니스탄·이란·이라크를 지배한 천재적인 군략가인 티무르

(1336~1405년)가 건국한 몽골·터키계 이슬람왕조다.

티무르는 델리 지방을 철저히 약탈했지만 군단을 주류시키지는 않고 동쪽에 있는 명나라로 향했다. 하지만 그는 그 도중에 병사하고 말았다. 그가 죽으면서 티무르제국도 완전히 피폐해져버렸다.

4. 사이이드왕조(1414~1451년), 델리 삼각지대의 작은 왕국으로 막을 내리다

투글루크왕조는 티무르의 침략을 받고 약해질 대로 약해졌다. 이 왕조를 마치 고목 쓰러뜨리듯 멸망시킨 장군이 있었다. 티무르제국을 섬겼던 히즈르 칸이라는 사람이었다.

그는 스스로에게 '사이이드sayyid'라는 이름을 붙이고 투글루크왕조의 델리성을 탈취했다. 사이이드는 현대 아랍에서도 많이 볼 수 있는 이름인데 본래 의미는 '예언자 무함마드의 피를 이어받은 사람'이다.

히즈르 칸은 투르크멘족이었던 것으로 추측되며 권위를 지키기 위해 그러한 이름을 사용한 듯하다. 이름은 거창했으나 지배 영역은 델리 삼각지대에 그쳤다. 그리고 약소했던 이 정권은 아프간인의 손에 무너졌다.

5. 로디왕조(1451~1526년), 아그라를 제2의 수도로 만들다

약소 정권이었던 사이이드왕조는 인접한 아프간 부족 연합 세력에 의해 멸망했다. 그 세력의 중심인물이었던 바룰 로디가 초대 술탄이 되었다. 예로부터 아프간인은 스위스인과 마찬가지로 산에 살았는데, 힘이 세고 싸움을 잘하는 것으로 유명했다.

바룰 로디의 아들인 시칸다르 로디는 중앙집권적인 지배 체제를 구축하기 위해 정치 개혁을 추진했다. 그중 하나가 척도법을 제정한 것이었다. 길이와 용량과 무게의 단위를 통일한 것이다. 시장에서 거래를 할 때 세금을 부과하는 것도 금지했다. 일본으로 치면 오다 노부나가의 낙시낙좌樂市樂座,

즉 자릿세만 내면 누구나 장사를 할 수 있게끔 자유 시장을 개설한 것과 마찬가지였다. 뿐만 아니라 그는 토지대장도 만들었다. 세금을 안정적으로 징수하고 국민의 실태를 정확하게 파악하기 위함이었다.

시칸다르는 델리의 성이 비좁아졌다는 것과 더위를 피한다는 것을 이유로 동남쪽에 있는 아그라를 새로운 수도로 삼았다. 이 수도는 다음 왕조인 무굴제국 때 중요한 역할을 하는 도시로 성장한다.

시칸다르라는 호칭은 페르시아어 '이스칸다르'에서 유래했다. 이스칸다르는 알렉산더 대왕의 이름이다. 그가 시칸다르라 불린 이유는 용감하고 지혜로운 무인이었기 때문이다.

한때는 융성을 자랑했던 로디왕조도 시칸다르가 죽고 난 후 티무르제국의 피를 이어받은 바부르의 손에 함락되었다. 이로써 델리왕조(1206~1526년)의 300년 역사가 막을 내렸다.

무굴제국의 탄생에서 아크바르의 아그라 천도까지

1. '바부르'라는 남자

로디왕국을 멸망시킨 바부르(1483~1530년)는 티무르의 5대 직계 후손이다. 그는 티무르제국이 킵차크 칸국계 우즈베크족 손에 넘어간 후 아프가니스탄으로 피신했고 카불을 거점으로 삼았다. 그리고 티무르제국의 수도인 사마르칸트를 탈환할 목적으로 우즈베크족과 몇 차례나 전투를 벌였지만 승리를 거두지는 못했다. 결국 그는 중앙아시아를 포기한 채 인도로 눈을 돌렸고, 1526년 파니파트 전투에서 로디왕국을 정복했다.

바부르는 인도에 건국한 자신의 왕조(무굴제국)를 두고, 티무르제국을 부활시켰다고 생각했던 듯하다. 그래서 이 왕조를 제2의 티무르제국이라 부르는 역사학자도 있다. 어찌됐든 바부르 본인은 어디까지나 티무르제국을 재건한 것이었으며 그 인식은 후대 황제로까지 이어졌다.

한편, 인도에 사는 사람들은 바부르 군단을 몽골족의 피를 이어받은 사람들이라고 생각했다. 몇 차례나 칭기즈칸 군대의 침략을 받은 경험이 있었기 때문이다. 그래서 그들을 '무굴'이라고 불렀다. 무굴은 힌두어로 '몽골'이라는 뜻이다.

여기에서 파니파트 전투에 대해 살펴보기로 하자. 델리 근교에 위치한 파니파트는 세 차례의 커다란 전투가 벌어졌던 곳이다. 그 시작은 바부르가 벌인 전쟁이었다. 이 전투에서 병력을 비교하면 바부르군은 1만~2만 명, 로디왕국군은 5만~10만 명이었다고 한다. 병력이 적었던 바부르군이 승리한 배경에는 철포가 있었다.

파니파트 전투가 있기 12년 전, 즉 1514년에 있었던 일이다. 오스만제국의 보병과 철포 군대가 찰디란 전투에서 무적을 자랑했던 이란 사파비왕조의 기마 군단을 격파했다. 이때 오스만제국의 군대가 철포의 위력을 눈앞에서 보여준 것이다. 바부르는 이 전투에서 교훈을 얻어 철포를 자신들의 주력무기로 삼았다. 여담이지만 일본에서 오다 노부나가의 철포 부대가 다케다가쓰요리 기마 군단의 코를 납작하게 해주었던 나가시노 전투는 1575년에 있었던 일이다(하지만 이 전투는 철포보다 병력 차이 때문에 승부가 판가름 났다).

이리하여 바부르는 자신의 정권을 델리 땅에 수립했지만 건국 4년 만에 사망했다. 그는 《바부르나마Baburnama》라고 불리는 자서전을 남겼다. '바부르의 책'이라는 뜻의 이 책은 15~16세기 중앙아시아와 인도의 실상을 꼼꼼하게 그려낸 귀중한 문헌이다. 위정자가 직접 적은 책으로는 율리우스 카이사르의 《갈리아 전기》와 어깨를 나란히 하는 걸작이라 할 수 있다. 《바부르나마》는 인도에 이슬람대제국을 창시한 인물의 저서인데, 돌이켜 보면 과거에 인도를 최초로 침략한 것 또한 이슬람왕조인 가즈니왕조였다. 기묘하게도 당시 가즈니왕조의 군주였던 마흐무드 때 〈샤나메〉가 집필되었다. 〈샤나메)는 페르시아의 시인 파르다우시가 마흐무드에게 바친 대서사시였지만 말이다.

2. 군인은 터키인, 관료는 페르시아인, 시민은 인도인

셀주크왕조를 비롯하여 투르크멘이 유라시아의 중앙부에 세운 정권에서 대부분의 장군과 부하 군인은 투르크멘, 즉 터키인이었다. 그리고 그 나라를 실무적으로 운영하는 관료 중에는 페르시아인이 많았다.

페르시아는 아케메네스왕조 때부터 대제국을 형성했다. 이 때문에 관료 경험이 풍부한 가문도 많았다. 그리고 아랍의 아바스왕조도 페르시아인 관료를 등용했다. 아랍과 터키의 군인 집단, 그리고 페르시아인 관료 집단이 제휴를 맺은 셈이다. 이 구도는 맘루크제국이 인도에 세워졌을 때에도 계속되었고, 무굴제국 시대 때 한층 더 발전했다. 지금도 이 전통은 형태가 바뀐채로 남아 있다. 참고로 인도의 표준어는 힌디어와 우르두어인데 우르두어는 힌디어와 페르시아어가 섞여서 만들어진 언어다.

하지만 어찌됐든 인도에서는 터키인도 페르시아인도 침략자인지라 압도적으로 그 수가 적었다. 대부분은 힌디어를 사용하는 인도인(아리아인)이었다. 지배자 입장에서 이 사실은 언제나 골칫거리였다.

3. 무굴제국을 덮친 셰르 샤의 탁월한 정치

무굴제국에서는 바부르가 죽은 후 장남인 후마윤이 왕위를 계승했다 (1530년). 하지만 10년 후에 셰르 샤에게 정권을 빼앗겼다. 아프가니스탄 사람인 셰르 샤는 로디왕국의 지배자 중 한 명이었고, 바부르가 집권하던 시절에는 동북부에 있는 비하르주의 영주를 지냈다. 그는 후마윤을 델리에서 내쫓고 순식간에 북부 인도 전역에서 아프가니스탄까지 지배했다. 이 왕조는 수르왕조라고도 불린다.

셰르 샤의 업적은 오늘날까지도 영향을 끼치고 있다.

우선 그는 그랜드 트렁크 로드(Grand Trunk Road, 왕의 길)라 불리는 대간 선도로를 완성시켰다. 동쪽 벵골만 지역에서 출발해서 아그라와 델리를 통과해 서쪽으로 계속 가면 카이바르 고개가 나오고, 이 고개를 넘으면 아프가니스탄의 카불에 다다른다. 즉, 인도 북부의 요지를 관통하는 아주 긴 도로를 건설한 것이다.

또한 그는 지금도 인도의 행정 구분 단위로 사용되고 있는 주州를 만들어 지방 행정을 안정시켰으며 은화도 만들었다. 지금의 인도 통화인 루피가 바로 그것이다. 이에 그치지 않고 로디왕국의 명군인 시칸다르가 실시했던 세제 개혁을 보다 체계적으로 완성시켰고, 토지 측량 제도 및 역전제驛傳制, 일정 거리마다 숙소, 말 등을 준비하여 교통 편의를 제공한 제도도 개선했다.

셰르 샤(재위 1539~1545년)는 인도 역사를 통틀어 최고의 왕 중 한 명으로 꼽힐 정도의 명군이었지만, 재위 기간은 6년으로 매우 짧았다. 전장에서 사고사했기 때문이다. 그는 한나라와 당나라 번영의 기반을 닦은 시황제와 문제(文帝, 수나라의 초대 황제)의 역할을 혼자서 다 해냈다고도 할 수 있다.

4. 2대 황제 후마윤의 불운

황제 자리에서 쫓겨난 후마윤은 아프가니스탄에서 페르시아로 도망갔다. 페르시아에서는 시아파 중에서도 특히 과격한 12이맘파를 국교로 삼고 있는 이슬람제국인 사다피왕조가 권력을 쥐고 있었다. 시아파는 이슬람교의 반反주류파이고 수니파는 주류파다. 무굴제국은 수니파 국가였다. 지금도 유명한 이 두 종파는 모두 같은 경전인 코란을 사용하고 있기 때문에 서로 심하게 적대하는 사이는 아니다. 대립이 격화되어 전쟁으로까지 이어진 적도 있었지만, 그 대부분은 타국이 개입해서 두 파를 이간질한 경우였다.

이러한 연유로 사다피왕조는 후마윤을 따뜻하게 받아들여주었다. 지금도 이란에 가면 사다피왕조의 군주와 후마윤이 함께 술잔을 기울이거나 즐거운 시간을 보냈던 모습이 그림으로 남겨져 있다.

셰르 샤가 사망한 후 후마윤은 그의 뒤를 이을 아들이 그다지 인망이 없어 보인다고 판단했다. 그리하여 사다피왕조에게서 군대와 자금을 빌려 수르왕조에 재도전했고, 마침내 승리를 거두면서 무굴제국을 부활시켰다. 하지만 그에게는 운이 따라주지 않았던 듯하다. 그로부터 1년이 채 지나지 않아 서고의 책장에서 책을 꺼내려고 올라갔던 사다리에서 발을 헛디뎌 실족사하고 말았다. 델리에 있는 후마윤의 무덤은 아름다운 이슬람 건축의 걸작으로, 세계문화유산에 등재되어 있다. 그가 죽은 후 그의 아들인 아크바르가 열세 살의 나이에 3대 황제(재위 1556~1605년)가 되었다.

무굴제국의 2대 황제의 영묘인 후마윤 무덤

무굴제국의 무덤 중에는 가장 오래되었다. 왕비인 하지 베굼이 죽은 남편 후마윤을 기리기 위해 만들었다. 델리의 세계문화유산이다.

5. 3대 황제 아크바르가 수도를 델리에서 아그라로 옮기다

아크바르는 소년일 때 황제가 되었는데, 사망한 셰르 샤의 잔당이 인도 북부에서 명맥을 유지하다가 반기를 들었다. 소년 황제 아크바르를 얕보고 공격을 감행한 것이다. 이것이 바로 제2차 파니파트 전투다(1556년).

하지만 이미 군인으로서도 뛰어난 재능을 보였던 소년 아크바르는 셰르 샤의 잔당을 보기 좋게 물리쳤다. 제2차 파니파트 전투에서 아프가니스탄인 군단은 궤멸했다. 이들은 로디왕조 및 셰르 샤의 수르왕조를 형성했던 자들이었다. 무굴제국은 아크바르의 치세를 통해 황금기를 맞이하게 되었다.

아크바르는 긴 재위 기간 동안 뛰어난 업적을 많이 남겼다. 뼈대는 셰르 샤의 대개혁을 완성시키는 것이었지만, 그 외에도 힌두교에 대한 융화 정책을 적극적으로 펼쳤다. 무슬림이 아닌 다른 교도에게 부과되었던 인두세(지즈야jizyah)를 폐지하고 힌두교도 호족들(예를 들면 라지푸트족)을 정부의 요직에 등용한 것이다.

이러한 그의 개방적인 정책은 서북 인도에 평화를 가져다주었다. 그리고 그는 수도를 델리에서 아그라로 옮겼다. 정확히 말하면 그는 황제 자리에 오른 후 아그라, 파테푸르 시크리, 라호르, 그리고 다시 아그라로 수도를 여러 차례 옮겼다. 이 지명을 잘 살펴보면 모두 수르왕조의 셰르 샤가 완성시킨 그랜드 트렁크 로드(왕의 길)를 따라간다는 것을 알 수 있다. 파테푸르 시크리는 아그라에서 서쪽으로 약 40킬로미터 떨어진 곳에, 라호르는 델리 북서쪽에 있는 인더스강 상류에 있다. 모두 전략적인 요충지다.

그는 최종적으로 아그라에 정착했는데, 그 이유를 추측해보자면 이상적인 대국의 수도를 찾아다녔던 것이 아닌가 싶다. 뛰어난 군주는 국가를 확실히 통치하기 위해 중앙집권 체제를 다지려고 한다. 그러려면 무게 중심을 잡아줄 수도가 매우 중요하다. 국민이 살기 좋으면서도 교통이 편리한 곳이어야 하기 때문이다.

서북 인도에서는 이 요충지가 델리와 아그라였던 것이다. 로디왕조의 시칸다르는 아그라로 수도를 옮기고 부흥을 시도한 바 있다. 즉위한 지 4년이 되던 해에 사망한 무굴제국의 창시자 바부르도 아그라를 수도로 삼으려는 생각을 했었다. 반면 바부르의 아들인 후마윤과 수르왕조의 셰르 샤는 수도로 델리를 고집했다. 하지만 바부르의 손자인 아크바르는 델리를 피했다. 아마도 아버지인 후마윤이 델리에서 많은 고생을 겪고 사고사했기 때문이지 않았을까 하는 생각이 든다.

한편, 파테쿠르 시크리는 아크바르가 건설한 도시다. 14년 정도밖에 사용되지 않았지만 벽 없이 기둥으로만 이루어진 5층 건물과 호화로운 모스크 등 적사암赤砂岩 건축물이 다수 남아 있어 세계문화유산에도 등재되어 있다.

샤자한, 델리로 천도하다

3대 황제 아크바르 때, 그리고 그의 아들이자 4대 황제인 자항기르(재위 1605~1627년) 때 무굴제국의 수도는 아그라였다. 그동안 델리는 쇠퇴해버렸다. 하지만 5대 황제인 샤자한(재위 1628~1658년)은 1648년에 델리로 수도를 옮겼다.

그는 그가 가장 사랑한 부인이었던 뭄타즈 마할이 아이를 낳다가 사망하자 아그라의 야무나강 인근에 그녀의 무덤을 만들었다. 그 무덤이 바로 타지마할이다. 이 순백의 대리석 건물은 세계적으로도 매우 유명하다. 사실 샤자한은 타지마할과 꼭 닮은 자신의 무덤을 야무나강 건너편에 만들 생각이었다. 하지만 이는 그의 셋째 아들이자 다음 황제가 된 아우랑제브에 의해 저지되었다. 그의 관은 지금도 부인의 무덤인 타지마할 한쪽에 고요히 안치되어 있다.

이 사실에서 유추해보면 그는 델리를 수도로, 아그라를 제2의 수도로 삼으려 했던 것인지도 모르겠다.

샤자한이 세운 타지마할

아그라에서 델리로 수도를 옮긴 샤자한이 부인이었던 뭄타즈 마할을 위해 아그라 야무나강 인근에 세운 대리석
무덤. 인도·이슬람문화를 대표하는 건축물로 세계문화유산에 등재되어 있다.

샤자한이 만든 마을 '올드 델리'

이쯤에서 시대를 거슬러 올라가 델리왕조 시대 이후의 델리에 대해서 이
야기해보고자 한다.

델리 삼각지라 불린, 높은 곳에 펼쳐진 드넓은 대지의 남단에서 델리가 탄
생했다는 사실은 앞부분에서도 언급했다. 일정 면적을 성벽으로 에워싼 도
시를 성벽 도시라고 하는데, 델리왕조의 군주들은 제각각 자신들의 실력에
걸맞은 성벽 도시를 건설했다. 원칙적으로 선대 지배자가 썼던 성곽은 사용
하지 않았다. 토지가 넓은 인도이기에 가능했던 일인지도 모르겠다. 그 결과
델리 남부의 광대한 토지 여기저기에는 오늘날까지도 각 왕조의 유적이 남
아 있다. 쿠트브 미나르의 높고 아름다운 첨탑도 그 풍경 속에 우뚝 서서 태
양빛을 받고 있다.

샤자한이 건설한 델리도 성벽 도시의 형태를 띠었다. 하지만 무굴제국

의 전성기에 건설되었기 때문에 그만큼 호화스러웠다. 그 편린은 지금도 남아 있다. 건설지는 델리 지구의 최북단인 야무나강 서쪽이었다. 그 지역을 6.4킬로미터에 걸쳐서 감싼 후 내부의 동쪽에 남북 930미터, 동서 500미터 넓이의 성벽으로 둘러싼 성을 세웠다. 인도에서 생산되는 적사암으로 만들어졌기 때문에 레드 포트(붉은 요새)라 불린다. 그 장대한 위용은 세계문화유산으로 선정되기에 충분하다. 또한 성 정문에서 성벽 서쪽으로 이어지는 '찬드니 초크(은의 거리)'라 불리는 넓은 거리는 지금도 매일같이 북적이는 관광 명소로 유명하다.

샤자한이 건설한 델리는 '샤자하나바드(샤자한의 거리)'라는 이름도 가지고 있다. 지금은 올드 델리로도 불린다. 올드 델리가 있는 북부와 델리왕조의 수도가 있었던 남부, 이 두 지역은 상당히 멀리 떨어져 있다. 훗날 인도를 식민지로 삼은 대영제국이 그 중간 지대에 새로운 도시를 건설하게 되는데, 그

샤자한이 건설한 요새 레드 포트

성문과 성벽을 적사암으로 만들어서 '레드 포트'라는 이름이 붙여졌다. 델리의 세계문화유산이다.

도시가 뉴델리다. 뉴델리에 대해서는 나중에 다시 이야기하기로 하자.

참고로 수르왕조와 무굴제국 초기에 델리에 세운 고성(요새)은 지금도 뉴델리 동쪽에서 볼 수 있다.

아우랑제브의 편협함이 인도를 쇠퇴시키다

샤자한의 셋째 아들인 아우랑제브는 두 형을 쓰러뜨리고 아버지를 가둔 뒤 6대 황제(재위 1658~1707년)에 즉위했다.

열광적인 무슬림인 그에게 코란의 가르침은 절대적이었다. 그래서 그는 교리를 통해 인도를 통치하는 것이 곧 정의라고 확신했다. 따라서 무굴제국에 공전의 평화를 가져다주었던 증조부 아크바르 때부터 아버지 샤자한 때까지 펼쳐졌던 힌두교 관용 정책을 용납하지 못했다.

그는 황제가 된 후 데칸고원의 힌두교 국가를 공격했다. 그리고 인두세도 부활시켰다. 뿐만 아니라 힌두교 국가를 더 수월하게 공격하기 위해 데칸고원에 제2의 수도까지 건설했다. 그 수도의 이름이 아우랑가바드다.

이 광기에 가까운 전투를 통해 무굴제국은 인도 남부까지 진출했으며, 무굴제국 사상 최대의 영토를 얻게 되었다. 하지만 잇따른 전쟁으로 인해 아크바르 때부터 3대에 걸쳐 채워왔던 국고가 비어버렸고 정치 상황도 혼돈을 겪기 시작했다. 게다가 그는 데칸고원에서 군사력을 동원하여 힌두교도들을 제압했기 때문에 게릴라적인 저항이 빈발했다. 결국 아우랑제브는 델리로 돌아오지 못하고 데칸고원에서 사망했다.

아우랑제브가 죽은 후 무굴제국은 데칸고원의 힌두교도 봉기, 그때까지 얌전히 있었던 라지푸트족의 반란, 신흥 종교인 시크교도들의 투쟁 등으로 극심한 혼란 상태에 빠졌다. 데칸고원에 제2의 수도를 두기는커녕 델리를 지키기에 급급한 상황이 되면서 결국 무굴제국의 대신들은 델리에서 국가를 재정비하기 위해 새 황제와 함께 델리를 수도로 고정했다(1707년).

하지만 1739년, 후세에 '페르시아의 나폴레옹'이라 불린 천재 군인 나디르 샤가 델리를 습격했다. 나디르 샤는 사다피왕조의 숨통을 끊은 남자였다. 그는 투르크멘계 아프샤르족 왕조인 아프샤르왕조를 건국했지만 부하에게 암살당했다(재위 1736~1747년).

살아생전 그의 약탈은 그야말로 가혹하고 격렬했다. 수만 명을 살해했을 뿐만 아니라 세상에서 가장 호화로운 것으로 유명했던 공작새 모양의 옥좌(공작좌)도 빼앗았다. 이 옥좌의 등받이 장식은 공작이 커다란 날개를 펼친 것 같은 형태를 띠고 있으며, 다이아몬드 · 루비 등 수많은 보석이 하늘의 별처럼 아로새겨져 있다(이 공작좌는 지금도 테헤란에 전시되어 있다).

그 후 델리는 다른 침략자의 손에 넘어갔다. 그 침략자는 나디르 샤의 부하였던 아프가니스탄 군인 아흐마드 샤 두라니였다. 그는 나디르가 암살당한 틈을 노려 아프가니스탄을 통일한 후 델리를 공격하여 레드 포트를 함락시켰다. 때는 1757년이었다. 무굴제국은 저항했지만 상황이 너무나도 열악했기에 바람 앞의 등불 신세가 되었다.

이때 무굴제국을 돕고자 들고 일어난 이들이 있었으니, 그들이 바로 데칸고원의 마라타 동맹이었다.

마라타 동맹의 분투에도 불구하고 영국 손에 스러지다

중세 시대 데칸고원에는 마라타족이라는 크샤트리아카스트 제도의 제2 계급으로, 귀족과 무사를 일컬음가 세력을 확장하고 있었다. 17세기에 들어선 후에는 시바지라는 영웅이 등장하여 마라타왕국을 건설했다(재위 1674~1680년).

시바지와 그의 아버지는 데칸고원에서 아우랑제브와 격렬한 전투를 벌였는데, 그 싸움은 그의 아들 때까지도 이어졌다. 결국 마라타왕조는 기울었지만 힘 있는 제후들이 동맹 조직을 결성해 데칸고원을 다스리면서 무굴제국과 계속해서 싸웠다. 이 동맹 조직이 마라타 동맹이다.

하지만 마라타 동맹은 아프가니스탄의 세력에 위기감을 느끼기 시작했다. 숙적 아우랑제브가 사망한 후 무굴제국이 쇠약해지자 두라니왕조가 쳐들어가서 델리를 함락시켰다는 소식을 들은 것이다. 그들은 두라니왕조의 야망이 데칸고원까지 뻗쳐 올지도 모른다는 생각에 두려워했다. 그래서 무굴제국 편에 서서 두라니왕조를 물리쳐야겠다고 결심했다.

이리하여 두 군단은 1761년, 델리 외곽에 있는 파니파트에서 격돌했다. 후세에 제3차 파니파트 전투라고 불린 전투였다. 이 전쟁은 두라니왕조의 압승으로 막을 내렸다.

여담이지만 파니파트는 아프가니스탄과 묘한 연이 있는 곳이다. 바부르 군이 아프가니스탄인 로디왕조를 제압한 것도(1526년), 아크바르가 아프가니스탄계 수르왕조의 잔당을 물리친 것도(1556년), 그리고 마라타 동맹이 아프가니스탄의 두라니왕조에 진 것도 파니파트에서 있었던 일이다.

마라타 동맹이 패배하면서 무굴제국도 멸망하는 듯했다. 그런데 1772년에 두라니가 사망하자 두라니왕조의 군단은 델리를 버리고 자신들의 땅인 아프가니스탄으로 돌아갔고, 수도도 칸다하르에서 카불로 옮겼다. 그들이 내분을 겪으면서 천도를 했던 것으로 보인다.

이리하여 델리는 다시 무굴제국 품으로 돌아갔는데, 델리의 새로운 성주가 되어 이곳을 관할한 이들이 마라타 동맹의 신디아 가문이었다. 무굴제국에 황제가 있기는 했지만 이미 권력을 잃고 이름만 간신히 유지 중인 상징과도 같은 존재가 되어 있었다.

그런데 신디아 가문의 델리 입성에 제동을 건 나라가 있었다. 영국이었다. 영국은 교묘하게 인도 호족의 환심을 사면서 남인도에서는 첸나이, 서인도에서는 뭄바이, 북인도에서는 콜카타를 거점으로 인도 전역에 영향력을 확대해가고 있었다. 델리는 영국이 눈독 들이고 있는 내륙부의 요충지였다.

"영국이 무굴제국을 보호할 테니 맡겨만 주십시오."

"당치도 않는 소리. 다른 나라에 맡길 수는 없다."

이런 설왕설래 끝에 영국과 마라타 동맹은 1775년부터 교전 상태에 들어 갔다. 수차례에 걸쳐 충돌이 있었는데, 영국이 마라타 동맹의 제후들을 부추 겨서 내분을 일으키면서 결국 승리를 거두었다(1817년).

그 결과, 델리 및 아그라, 그 주변의 비옥한 토지, 그리고 데칸고원 북서쪽 땅은 영국의 식민지가 되었다.

무굴제국의 멸망과 델리의 쇠퇴

영국에서 인도 지배권을 쥐고 있는 곳은 동인도회사였다. 1600년에 엘리 자베스 1세의 특허를 받아 설립된 이 회사는 군사 · 외교권까지도 보유하고 있었다. 영국군은 동인도회사를 통해 인도인 용병을 고용하는 일에 주력했 다. 영국의 군인은 지도층에만 두고, 부하들을 인도인 용병으로 채운 것이다. 그들을 세포이라고 하는데 그들과 백인 장교 사이에는 극심한 신분 및 인종 차별이 있었다.

1857년에 있었던 일이다. 북인도 군대에 총포가 새로 지급되었는데, 그 총포에는 그들이 종교적으로 신성시하는 소와 돼지의 기름이 칠해져 있었 다. 이를 계기로 세포이들의 불만이 폭발했다. 그들은 눈 깜짝할 사이에 대 규모 집단을 이뤄 델리를 침입했고, 당시 나이가 많았던 무굴 황제를 옹립하 며 대반란을 일으켰다.

이 반란에는 영국의 식민지 지배로 인해 지위와 권리를 박탈당하거나 토 지를 빼앗긴 여러 계급의 인도인이 동참했다. 이것이 세포이의 항쟁이다. 이 렇게 사태는 반영反英을 내건 민족 해방 전쟁의 양상을 띠었다. 하지만 세포 이 항쟁은 강력한 통일 지도 조직을 가지지 못했고, 수뇌부가 분열되면서 결 국 진압되고 말았다. 반영의 상징으로 내세웠던 무굴제국은 결국 멸망했고, 330년 남짓한 역사에 마침표를 찍었다(1858년).

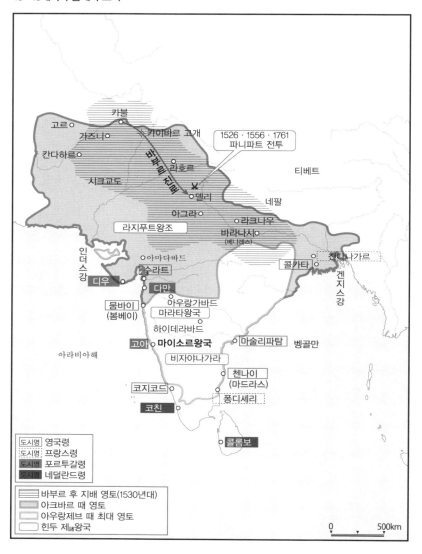

카불
고르 ○
가즈니 ○
칸다하르 ○
카이바르 고개
바부르 진로
라호르 ○
시크교도
1526 · 1556 · 1761
파니파트 전투
티베트
델리 ○
아그라 ○
네팔
라크나우 ○
라지푸트왕조
바라나시
(베나레스) ○
인더스강
아마다바드 ○
찬다나가르
콜카타
겐지스강
수라트 ○
디우
다만
아우랑가바드
뭄바이
(봄베이)
마라타왕국
하이데라바드
고아 마이소르왕국
마술리파탐
벵골만
아라비아해
비자야나가라
코지코드 ○
첸나이
(마드라스) ○
코친
퐁디셰리
콜롬보 ○

도시명 영국령
도시명 프랑스령
도시명 포르투갈령
도시명 네덜란드령

바부르 후 지배 영토(1530년대)
아크바르 때 영토
아우랑제브 때 최대 영토
힌두 제왕국

0   500km

영국 쪽도 이 사건을 계기로 동인도회사를 통한 인도 지배를 그만두고 국왕이 직접 지배하는 형태로 변경했다. 이렇게 인도라는 나라는 명실상부하게 대영제국이 되었다.

델리는 형태를 갖추고는 있었지만 무굴제국이 사라진 후 급속도로 쇠퇴해갔다. 당시 대영제국이 인도의 수도로 결정한 곳은 콜카타였기 때문이다. 그러다 대영제국이 인도에 철로를 깔았는데 이것이 델리에는 호재로 작용했다. 인도 전역에 철로를 깔고 보니 역시 인도의 교통 요충지를 수도로 삼아야겠다는 생각이 들었던 것이다. 콜카타의 위치는 동쪽 끝에 치우쳐 있었다. 이러한 경위로 대영제국은 인도의 수도를 델리로 정했다(1911년).

대영제국 인도의 수도 '뉴델리'가 탄생하다

다시 수도가 된 델리(올드 델리)로 찾아온 대영제국 사람들은 도저히 여기에서는 못살겠다고 생각했다. 무굴제국의 국교는 이슬람교였다. 예로부터 이슬람교도들은 길을 미로처럼 만들었다. 외부자의 침입을 막기 위함이었다. 샤자한이 설계한 올드 델리도 예외는 아니었기 때문에 레드 포트의 정문 부근을 벗어나면 구불구불하고 혼잡한 길이 나왔다.

이 때문에 에드윈 루티엔스Edwin Landseer Lutyens라는 영국인의 설계로 새로운 도시 '뉴델리'가 탄생했다. 앞부분에서 샤자한이 만든 북부의 올드 델리, 그리고 델리왕조의 성벽 도시 유적이 있는 남부 사이에 뉴델리가 있다고 말한 바 있다.

뉴델리에는 런던처럼 공원이 많고, 광장을 중심으로 직선 도로가 방사형으로 뻗어 있다. 입법부 및 행정부를 비롯한 관청과 외국 대사관도 있다. 제2차 세계대전이 끝나고 인도가 독립한 후에도 뉴델리는 정치 중심지의 역할을 다하고 있다.

세 개의 세계문화유산, 큼지막한 열대 꽃이 흐드러지게 피어 있는 공원,

도로를 오가는 소들. 이곳을 걷다 보면 어느새 과거로 시간 여행을 온 것만 같다. 델리는 신비로운 매력으로 가득한 도시다.

인도의 정식 국명은 왜 '바라트'인가?

인도를 건설한 민족은 아리아인이다. 카스피해 북쪽에서 내려오다가 동쪽으로 간 사람들은 인도인, 서쪽으로 간 사람들은 이란인이 되었다고 알려져 있다. 동쪽으로 온 아리아인의 대부분은 바라타족이었다. 지금도 인도의 정식 국명을 힌두어로 '바라트Barat'라고 한다. 인도의 2대 서사시 중 하나인 〈마하바라다〉는 바라타족의 이야기를 담고 있다.

그러면 아리아인이 어떤 사람들인지 살펴보자. 지금의 아프가니스탄에서 이란에 이르는 지역을 그리스어로 '아리아나'라고 하며, 그곳에 사는 사람들을 아리아인이라고 불렀다. 그러한 연유로 카이바르 고개를 넘어 아프가니스탄에서 인도로 침입한 사람들을 모두 아리아인이라고 부르게 되었다. 그 아리아나가 '이란'이 되었다. 히틀러는 자신들이 아리아 민족이라며 그 우월성을 부르짖었지만, 실제로 그런 민족이 존재했던 것은 아니다.

바라트는 1947년, 영국의 지배에서 벗어나 독립했다. 이제 델리는 아시아 제2의 대국이 된 이 나라의 수도로서 세계의 주목을 받고 있다.

참고로 현재 델리는 도쿄=요코하마, 자카르타의 뒤를 잇는 인구 세계 3위의 대도시권이다.

델리 관련 연표

서기(연도)	사 건
기원전 1500년 경	인도에 아리아인이 들어섬. BC 1000년경, 갠지스강 유역(훗날 델리 주변을 포함)으로 세력을 확장
8~10세기	삼국 시대(카나우지 트라이앵글)
1018	가즈니왕조의 마흐무드, 카나우지를 함락시킴
12세기 후반	차하마나왕조가 델리를 건설하고 거점으로 삼음
1192	고르왕조, 델리를 함락시킴
1206	아이바크, 델리를 수도로 삼고 노예왕조를 건국. 델리왕조의 시작
13세기 초	칭기즈칸이 중앙아시아를 침공, 호라즘 샤왕조를 쓰러뜨림. 인도까지 위협함
1290	할지왕조 건국, 2대 째인 알라 웃딘이 몽골군을 수차례 격퇴
1320	투글루크왕조 건국. 한때 수도를 다울라타바드로 옮겼다가 다시 델리로 돌아옴
1398	티무르가 델리를 점령함
1414	사이이드왕조 건국
1451	델리왕조의 마지막인 로디왕조(아프간 계열) 건국. 아그라에 새로운 수도를 건설
1526	바부르가 로디왕조를 쓰러뜨리고(제1차 파니파트 전투), 델리를 수도로 삼아 무굴제국을 건국
1556	무굴제국의 3대 황제인 아크바르, 아프간계 잔당을 제압하고(제2차 파니파트 전투) 수도를 아그라로 옮김
1648	무굴제국 4대 황제인 샤자한, 수도를 다시 델리로 옮김
1707	데칸고원에 제2의 수도를 세운 아우랑제브가 죽은 후 델리로 수도를 고정함
1739	페르시아의 나디르 샤가 델리를 약탈. 공작좌 등을 빼앗음
1759	아프가니스탄의 두라니왕조가 델리를 침공, 제3차 파니파트 전투(1761년)에서 데칸고원의 마라타 동맹군을 물리친 후 자국으로 돌아감
1775	마라타 동맹 일족과 델리를 노린 영국이 교전 상태에 들어감
1817	영국, 마라타 동맹 제후를 쓰러뜨리고 델리와 그 주변을 식민지로 삼음
1857	영국에 항거하여 인도인 용병들이 인도 대반란을 일으킴(세포이의 항쟁)
1858	항쟁이 진압되면서 항쟁의 상징으로 내세웠던 황제가 퇴위. 무굴제국 멸망. 델리가 쇠퇴함
1868	대영제국, 인도에 철도를 개설. 교통의 요충지로서 다시 델리가 주목받음
1911	대영제국, 인도의 수도를 델리로 정하고 뉴델리를 건설
1947	인도 독립

• 델리의 세계문화유산(건축물)

쿠트브 미나르 유적지 / 후마윤 무덤 / 레드 포트

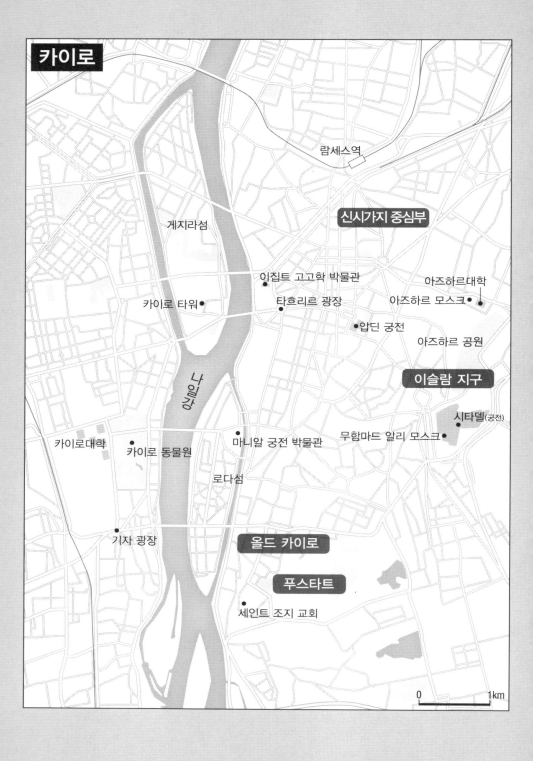

카이로

람세스역

신시가지 중심부

게지라섬

이집트 고고학 박물관

아즈하르대학
카이로 타워 ● · 타흐리르 광장 · 아즈하르 모스크 ●·

· 압딘 궁전 · 아즈하르 공원

나일강

이슬람 지구

시타델 (궁전)

카이로대학 마니알 궁전 박물관 무함마드 알리 모스크 ●
· 카이로 동물원

로다섬

올드 카이로

· 기자 광장

푸스타트

· 세인트 조지 교회

0 · 1km

제3장

영웅들의 꿈과 좌절이 녹아 있는 도시
카이로

다양한 민족들이 교대하듯 지배자의 자리에 군림하다.

풍요로운 나일강은 다른 민족들의 표적이 되다

이집트는 기원전 27세기경부터 약 500년간 번영한 고왕국古王國을 시작으로 중왕국中王國, 신왕국新王國을 꽃피웠다. 그리고 기원전 12세기경에 쇠퇴하기 시작하여 기원전 525년에는 아케메네스왕조 시대의 페르시아가 지배하는 하나의 주州가 되었다.

그 후 기원전 332년에 마케도니아왕조의 알렉산더 대왕이 페르시아를 몰아내고 이집트를 점령했다. 그가 죽은 뒤에는 프톨레마이오스왕조가 세워졌다. 그 프톨레마이오스왕조도 기원전 30년에 로마제국에 의해 멸망하면서 로마제국의 주州가 되었다.

이집트는 이렇게 이집트인이 지배한 2,000년이 지나고부터는 다른 민족이 지배해왔다. 다른 민족들이 이집트를 노린 이유는, 고대 때부터 밀 수확량이 많았다는 사실에서 알 수 있듯 나일강이 만들어낸 광대하고도 비옥한 델타지대 때문이었다. 그리스의 역사가 헤로도토스의 말대로 '이집트는 나일강의 선물'이자 로마의 곡창이었던 것이다.

그런데 지금의 카이로는, 이집트가 로마제국에 속했던 때까지는 작은 마을이 흩어져 있을 뿐인 습지대에 지나지 않았다. 이 습지대에 최초로 도시를 만든 사람들이 이슬람제국의 아랍인이다. 그로부터 여러 민족들이 패권을 쥐기 위해 교대하듯 카이로를 습격했다. 카이로에 대해 이야기한다는 것은 곧 이들 민족의 영웅들의 역사를 이야기한다는 뜻이 된다.

카이로가 탄생하기 전의 푸스타트라는 도시

이슬람제국은 641년에 이집트를 점령했다. 2대 칼리프인 우마르 때의 일이다. 그들은 지금의 카이로에 푸스타트Fustat라는 도시를 건설했다. 푸스타트는 미스르(misr, 군영 도시)로 건설되었는데, 이 미스르를 보면 이슬람제국의 점령지 통치 정책을 엿볼 수 있다.

이슬람제국의 아랍인들은 현실적인 방법으로 점령지를 통치했다. 인구가 그다지 많지 않았던 아랍인은 전쟁으로 병력을 잃는 것을 극도로 꺼렸다. 그들은 다른 나라를 점령하면 그곳 주민들에게 "세금을 내고 따를 것인가, 아니면 말 것인가?"를 물었다. 이때 역대 지배자들보다 세율을 조금 낮추었다. 이런 조건을 제시한 후에 다시 "이 세율로 세금을 내고 이슬람교로 개종한다면 더할 나위 없겠지만, 개종하지 않더라도 반항만 안 한다면 지금의 생활을 보장해주겠다. 어떤가?"라고 묻는 것이다. 대부분의 사람들은 이렇게 생각한다.

'세금이 싸지니까 괜찮겠지.'

이슬람제국은 이렇게 사람들을 지배하면서 영토를 확장해 나갔다.

그리고 또 하나의 훌륭한 통치 정책이 있었으니 그것이 바로 미스르를 건설한 것이었다. 일반적으로 대군이 타국을 침략하면 병사들이 약탈과 폭력을 서슴지 않는 경우가 대부분이다. 그래서 아랍인은 군인들이 도시 주민과 백해무익한 트러블을 발생시키지 않도록 하기 위해 군인들이 한곳에 지낼 수 있는 도시를 점령지에 건설한 것이다.

이렇게 만들어진 도시를 '미스르'라고 불렀다. 아라비아반도에서 메소포타미아 지방에 걸쳐 수많은 미스르가 만들어졌고 이는 오늘날까지도 남아 있다. 유프라테스강 하류에 있는 바스라와 중류에 있는 쿠파 등의 도시들이 바로 미스르였다.

이슬람제국은 무함마드의 동료들이 통솔하던 정통 칼리프 시대632~661년, 무함마드가 죽은 뒤 지도자를 예언자의 대리인 또는 후계자로 하는 칼리프 제도가 확립됨, 그리고 우마이야왕조 및 아바스왕조 때 푸스타트를 거점으로 이집트를 지배했다. 하지만 10세기 들어 북아프리카의 튀니지를 본거지로 발흥한 파티마왕조(909~1171년)가 969년에 이집트를 통치하던 이크시드왕조를 무너뜨리고 당시 수도였던 푸스타트를 점령했다.

시칠리아 출신 유럽인이 카이로를 건설하다

이슬람교는 크게 수니파라고 불리는 다수파와 시아파라고 불리는 소수파로 나뉜다. 이렇게 나뉘게 된 경위는 복잡하기 때문에 설명을 생략하겠다. 파티마왕조는 시아파 최초의 왕조로, 그전까지 푸스타트를 차지했던 이슬람왕조는 수니파였다.

파티마왕조가 푸스타트를 공격했을 때 선두에 섰던 장군은 조하르라는 유럽인이었다. 그는 시칠리아에서 태어난 기독교인이었는데, 파티마왕조가 시칠리아를 정복했을 때 그 산하에 들어가 이슬람교로 개종한 후 장군의 지위에 올랐다.

그는 푸스타트를 함락시켰지만 그곳에 군대를 들이지 않고 북동쪽에 다른 정치 도시를 만들었다. 그 도시가 지금의 카이로다. 조하르는 이곳에 '알카히라(승리의 도시)'라는 이름을 붙였다. 카이로라는 이름은 여기에서 유래했다. 참고로 푸스타트에는 '커다란 텐트'라는 뜻이 있다고 한다. 조하르는 카이로에 이슬람교 대사원인 아즈하르 사원을 세우고, 관청들을 정비하여 정치 도시에 필요한 기능을 갖추도록 했다. 파티마왕조는 튀니지에서 카이로로 수도를 옮겼다(973년). 이렇게 카이로의 역사는 시작되었다. 그때부터 12세기까지 카이로는 이집트의 정치 중심지, 푸스타트는 상업의 중심지로서 나란히 번영의 시대를 맞이했다.

파티마왕조는 나일강의 풍요로움을 충분히 누리면서 그 세력을 시리아까지 넓혀 나갔다. 또한 파티마왕조 사람들은 자신들이야말로 이슬람교 정통파라고 자부했으며 군주도 스스로를 '칼리프'라 칭했다. 칼리프는 '예언자의 대리인'이라는 뜻이다. 본래 '칼리프'는 무함마드 때부터 이어진 수니파의 우마이야왕조 및 아바스왕조의 군주에게만 허용된 칭호였다. 파티마왕조는 자신들이 이슬람교 학문의 중심에 있다고 주장하기 위해 종교와 학문 발전에도 많은 노력을 기울였다. 그 일환으로 아즈하르 사원 안에 알아즈하르대

아바스왕조와 파티마왕조(10세기)

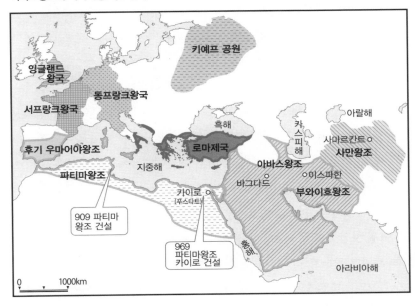

학을 설립했다.

알아즈하르대학은 오늘날에도 카이로에 그 위용을 뽐내고 있다. 세계에서 가장 오래된 대학으로, 이슬람교 학문의 중심지로 자리매김했다. 이 대학은 대학의 이상이라고도 할 수 있는 세 가지 신조를 설립 때부터 지켜왔다. 그 세 가지 신조는 '입학은 유동적으로, 출결은 자유롭게, 수학修學 연한은 없음'이다.

'배우고 싶은 것을 이해할 수 있을 때까지 배워라.'

요구하는 것은 그저 이것뿐이다. 불과 10세기였음에도 문화적인 측면에서 이슬람 세계가 얼마나 앞장서 있었는지를 가늠케 하는 대목이다. 그에 비해 당시 유럽은 여전히 야만적이었다.

이 파티마왕조에 알 하킴이라는 칼리프가 등장한다(재위 996~1021년). 실력은 출중했지만 종잡을 수 없는 성격의 소유자였기 때문에 수많은 업적과 에피소드를 남겼다.

그중 하나는 학문과 문화를 소중히 여겼다는 것이다. 그는 자비를 들여 '다르 알 울룸(학문의 집)'을 건설했다. 그 시설은 다음과 같은 전통을 이어받았다.

기원전 387년경 철학자 플라톤은 아테네에 아카데메이아라는 교육장을 창설했다. 그곳은 현대 일본으로 치면 도쿄대학과 같은 학문의 전당이 되었는데, 529년에 로마 황제인 유스티니아누스가 국교인 기독교도의 환심을 사기 위해 이곳을 폐쇄해버렸다. 그러자 아카데메이아의 학자들은 그리스와 로마의 귀중한 문헌을 싸들고 사산조 페르시아로 망명했다. 그리고 준디샤푸르간디사포라, 군디샤푸르 등으로 부르기도 함라는 지역에 있는 교육장에 재취직했다. 이후 사산조 페르시아가 멸망하자 아바스왕조의 칼리프가 바그다드에 '바이트알히크마(지혜의 집)'를 만들어 준디샤푸르의 학문을 계승했다. 바로 이때 그리스와 로마의 수많은 문헌들이 아라비아어로 번역되었다. 그리고 아바스왕조가 쇠퇴하자 파티마왕조의 알 하킴이 카이로에 새로운 학문의 집 '다르 알 울룸'을 세운 것이다.

'다르 알 울룸'이 세워진 후 이슬람제국 문화의 중심지는 바그다드에서 카이로로 변경되었다. 이 카이로의 '학문의 집'에 많은 학자가 모였는데, 그중에는 이븐 알하이삼이라는, 지금까지도 '광학의 아버지'라 불리는 대학자가 있었다. 그는 렌즈나 거울을 이용한 빛의 굴절 및 반사의 모든 원리에 대하여 무수한 업적을 남겼다.

알 하킴은 엄격한 이슬람교도이기도 했다. 이슬람의 계율을 어기는 사람에게는 가혹한 처벌을 내렸다고 한다. 또한 다른 종교와 절대 타협하지 않았으며 예루살렘에 있는 기독교의 성지인 성묘 교회를 파괴해버렸다. 이 행위는 훗날 십자군 결성에 빌미를 제공했다.

또한 알 하킴은 밤이 되면 비서 한 명만 데리고 거리를 돌아다녔다. '민심을 시찰하기 위함'이었던 것으로 알려져 있다.

그런데 어느 날 밤, 그는 성을 나선 후 그대로 모습을 감추어버렸다. 시일이 지나고 나일강에서 그의 옷만 발견되었는데, 암살설이 유력하지만 칼리프 옷을 버리고 은둔했을 것이라는 설도 있다. 이렇게 신비로운 성격을 지녔던 알 하킴은 생존 당시에도 신격화되었다. 그리고 그가 죽은 후에는 시아파에서 그를 숭상하는 '두르즈파'라는 이름의 분파가 생겨났다.

푸스타트가 소실된 후 쿠르드인 왕조가 수립되다

파티마왕조는 푸스타트를 상업의 중심지로, 카이로를 정치의 중심지로 삼고 번영을 누렸다. 하지만 12세기에 들어선 후에는 십자군 국가와의 공방에서 고전을 면치 못했다.

이 무렵 시리아와 팔레스타인에는 여러 개의 십자군 국가가 있었다. 그리고 이따금씩 풍요로운 파티마왕조의 영토를 약탈할 목적으로 군대를 보냈다. 파티마왕조는 고전하면서도 이들을 물리쳤다.

하지만 1168년, 결국 십자군 국가의 대군단이 푸스타트와 카이로에 들이닥치는 사태가 발생했다. 파티마왕조는 이 사태를 극복하기 위해 과감한 결단을 내렸다. 상업의 중심지인 푸스타트를 불태워버리고 사방을 성벽으로 둘러싼 정치 도시 카이로에서 버티는 전술을 취한 것이다. 말하자면 초토화 작전이었다.

파티마왕조가 초토화 작전을 실행한 후 시리아에서 든든한 지원군이 도착했다. 그들은 당시 시리아와 북이라크에서 세력을 넓혀 가던 수니파왕조인 장기왕조의 대군단이었다. 이 군단을 통솔한 사람은 쿠르드인 총독 시르쿠였다. 그의 군단이 카이로에 도착하고 며칠이 지나 또 한 명의 사내가 휘하의 군대를 거느리고 찾아왔다. 역시 쿠르드인이자 시르쿠의 조카인 살라흐 앗 딘(살라딘, 1138~1193년)이었다. 시르쿠는 조카의 뛰어난 자질을 인정했기 때문에 카이로 원정에 참전하라는 명령을 내린 것이다.

십자군 국가의 군대는 시르쿠가 이끄는 대군단을 보고 싸우지도 않은 채 퇴각했다.

장기왕조는 수니파, 파티마왕조는 시아파였다. 하지만 시리아와 이집트를 침략하는 기독교 십자군 국가는 공통의 적이었다. 그래서 시르쿠는 파티마왕조를 지원하기 위해 찾아온 것이었다. 그는 쇠약해진 이 왕조의 힘을 다시 키우고자 했다. 요컨대 자신의 힘으로 파티마왕조를 차지하려는 생각을 한 것이다.

시르쿠의 의도를 아는지 모르는지 파티마왕조 사람들은 구세주가 왔다며 환영했다. 하지만 그는 입성하고 얼마 지나지 않아서 갑작스레 병사해버렸다. 조카인 살라딘은 이 기회를 놓치지 않고 장기왕조 대군단의 힘을 이용해 재상의 자리에 올랐다. 그 후 파티마왕조의 칼리프가 병사하자 이 왕조를 없애고 자신의 왕조인 아이유브왕조(수니파)를 수립했다. 수도는 카이로였다

(1171년).

뿐만 아니라 살라딘은 시리아의 장기왕조 술탄이 사망하자 뛰어난 군략가의 본분을 살려 장기왕조까지 손에 넣었다. 살라딘은 이렇게 아이유브왕조의 세력권을 이집트에서 시리아까지 확대했고, 십자군을 상대로 맹공격을 퍼부었다. 그리고 마침내 십자군 국가인 예루살렘왕국을 무너뜨린 뒤 그 땅을 차지했다(1187년). 살라딘은 그 후 '사자심왕獅子心王'이라 불리는 영국의 왕 리처드가 중심에 있는 제3회 십자군을 격퇴하고 이듬해에 사망했다.

살라딘은 카이로에 시타델(citadel, 궁전)을 남겼다. 이 궁전은 19세기 중반에 압딘 궁전이 만들어지기 전까지 700년 가까이 카이로 정치의 중심부였다. 또한 다 타버린 푸스타트지대는 800년이 훌쩍 지난 지금도 당시 모습 그대로 방치되어 있다.

십자군의 침략으로부터 카이로를 지킨 터키계 미녀

아이유브왕조는 7대 술탄 살리흐(재위 1240~1249년) 시대로 접어들었다.

살리흐는 근위 군단으로서 맘루크 친위대를 거느리고 있었다. 이 맘루크의 군인 막사는 나일강 옆 넓은 모래톱에 있었다. 이 때문에 막사에서 생활하는 맘루크들은 바흐리 맘루크 또는 바흐리야라고 불렸다. 바흐르는 '바다'라는 뜻으로, 거대한 나일강을 당시에는 이렇게 불렀다고 한다. 살리흐가 맘루크들을 시가지에서 떨어진 나일강 모래톱에 살게 한 것은 병사 집단과 시민 사이에서 문제가 발생하지 않도록 하기 위함이었다.

살리흐는 사랑하는 부인 샤자르 알 두르의 조력과 바흐리 맘루크의 무력에 힘입어 이집트를 훌륭하게 통치했다.

마침 그때 프랑스에 루이 9세라는 열렬한 로마 교회 신자 군주가 등장했다(재위 1226~1270년). 그는 예루살렘을 빼앗긴 이유가 카이로를 거점으로 삼은 아이유브왕조 때문이라고 생각했다. 그리하여 제6회 십자군을 이끌고 마르세유를 출항해 나일강 하구에 상륙한 뒤 남쪽에 있는 카이로로 향했다 (1249년).

바흐리야 군대는 이들을 치기 위해 곧장 북쪽으로 이동했고 나일강 하류 지역인 만수라El Mansoura에서 루이 9세 군단과 대치했다. 하지만 하필 이때 술탄인 살리흐가 병사하고 말았다.

친위대인 바흐리야는 이 사실을 전군에게 알리지 않고 부인인 샤자르에게만 전했다. 샤자르와 바흐리야는 병사들의 사기가 떨어질 것을 염려해 살리흐가 사망했다는 사실을 숨긴 채 십자군과의 전쟁에 돌입했고 결과는 아이유브왕조의 승리로 끝났다. 심지어 프랑스 왕 루이 9세를 포로로 잡기까지 했다. 바흐리야들은 기뻐하며 샤자르의 용기와 기지를 칭송했다. 하지만 얼마 후 성가신 일이 일어났다.

살리흐와 전처 사이에서 태어난 아들인 투란샤가 바그다드로 향하던 발길을 돌려 승리에 취해 있는 카이로로 돌아온 것이다. 당연히 그는 살리흐의 뒤를 이어 아이유브왕조의 술탄이 될 자격이 있었다. 샤자르에게는 자녀가 없었기 때문에 투란샤의 술탄 계승을 인정할 수밖에 없었다.

하지만 투란샤는 그다지 똑똑한 사람이 아니었기 때문에 본인의 계모인 샤자르가 유능한 사람이라는 것이 거슬렸다. 그래서 일부러 차갑게 대했다. 하지만 그녀는 친위대인 바흐리야의 압도적인 지지를 받고 있었다. 터키계 미인이기까지 한 그녀의 이름은 아라비아어로 '진주의 나무'라는 뜻이었다. 아름다운 샤자르는 바흐리야의 우락부락한 남성들 사이에서 추앙의 대상이었다. 바흐리야들은 아무런 공적도 없이 술탄의 자리에 올라 아름다운 계모를 괴롭히는 투란샤가 마음에 들지 않았다.

한편, 투란샤도 자신을 경시하는 바흐리야가 마음에 안 들기는 마찬가지였다. 결국 그는 너무나도 얄팍한 생각을 했다. 술탄의 권위를 이용해 바흐리야를 탄압하려 한 것이다. 일이 이 지경에 이르자 바흐리야들과 샤자르는 결국 투란샤를 살해했다. 1250년에 일어난 이 쿠데타를 기점으로 아이유브 왕조의 혈통은 끊겨버렸다. 잔존하고 있던 소수의 세력이 시리아로 도망간 후 한동안 소왕국을 만들기는 했지만 말이다.

맘루크왕조 초대 술탄이 된 미모의 여인, 샤자르

바흐리 맘루크들은 샤자르 알 두르를 술탄으로 내세우고 새로운 왕조를 수립했다. 후세에 '이집트의 맘루크왕조'라고 불리는 왕조는 이러한 과정을 거쳐 탄생했다.

여성을 술탄으로 옹립한 획기적인 왕조였다. 이슬람 세계에서 여성 술탄이 탄생한 것은 인도 맘루크왕조의 라지아에 이어 두 번째였다. 하지만 여성이 술탄이 되는 것에 반대하는 세력도 적지 않았다. 그 필두에 선 이가 이슬람교의 종가인 바그다드 아바스왕조의 칼리프였다. 시대의 흐름을 읽지 못한 그는 그녀를 배척하는 세력의 부추김도 있었기에 샤자르에게 이렇게 전했다.

"여기에서 술탄이 될 남자를 보낼 테니 자네는 그 남자와 결혼하거라. 여자가 술탄이 되다니 당치도 않다."

하지만 샤자르는 바그다드에서 보낸 알지도 못하는 남자와 결혼하고 싶지 않았다. 그래서 한 방안을 고안해냈다. 군의 최고 지휘관이었던 아이바크라는 맘루크에게 술탄의 지위를 넘겨줄 테니 자신과 결혼해달라고 말한 것이다. 그 대신 지금 부인과는 헤어져 달라고 덧붙였다. 그는 아름다운 미망인의 요구를 받아들여 처자식과 헤어지고 샤자르와 결혼한 뒤 술탄이 되었다.

샤자르는 원래 궁녀가 되기 위해 일을 배우던 노예 출신인데, 빼어난 미모와 지성으로 살리흐를 사로잡은 것으로 알려져 있다. 그녀는 살리흐가 술탄 시대에 축적한 재산을 아이바크에게 넘기지 않고 스스로 지켰다. 형식적으로는 그에게 술탄의 지위와 권한을 양도했지만 왕조의 주인은 어디까지나 자신이라고 생각했다는 것을 알 수 있다.

이렇게 맘루크왕조에서는 초대 여성 술탄 다음으로 아이바크가 2대 술탄에 등극했다. 샤자르가 술탄의 자리에 올랐던 기간은 80일 정도에 불과했다 (1250년).

그런데 대부분의 사람들은 높은 자리에 올라 권력을 잡게 되면 고집을 부리고 싶어 하는, 즉 자신의 권위를 과시하고 싶어 하는 경향이 있는 듯하다.

일개 군인이었던 아이바크도 술탄의 자리에 오른 후 그 나름대로 여러 가지 생각을 하기 시작했다. 그는 이 왕조에서 무력의 중추라고도 할 수 있는 바흐리 맘루크 군단이 자신에게 꼭 협조적인 것만은 아니라는 점이 불쾌했다. 그들은 샤자르는 인정했지만 가만히 앉아서 술탄이 된 아이바크는 인정하지 않았다.

신변의 위협을 느낀 아이바크는 호위를 위해 새로운 맘루크 친위대를 결성했다. 그리고 쿠투즈라는 사내를 친위대장에 기용하여 바흐리야의 실세들을 밀어내고 군단을 시리아로 추방했다(1254년).

이때 추방된 군단에는 바이바르스라는 남자가 속해 있었다. 뛰어난 무예 실력과 용맹함을 가진 부관급 무사인 그는 루이 9세와의 전투에서 눈에 띄는 활약을 보였었다.

훗날 바이바르스는 카이로에 돌아오게 되는데, 그때까지 시리아사막 변경에서 온갖 고초를 겪었다고 기록되어 있다.

아이바크는 순조롭게 바흐리 맘루크 군단을 추방하고 자신의 친위대를 확보하자 이번에는 새 부인을 들이고 싶어 했다. 상대는 북이라크 장군의 딸이었다고 한다. 물론 샤자르에게는 비밀이었다.

한편, 샤자르는 아이바크의 행동을 알면서도 모른 체하고 있었다. 하지만 몇 년 전까지 일개 군인에 불과했던 아이바크의 콧대가 치솟다 못해 젊은 부인까지 새로 들이려고 하자 가차 없이 그를 살해해버렸다. 아이바크는 목욕

중에 암살당했다. 때는 1257년이었다. 그의 술탄 시대는 7년 만에 막을 내렸다.

하지만 친위대장인 쿠투즈도 결코 만만한 사내가 아니었다. 그는 발 빠르게 움직여 암살에 관여한 시녀들과 샤자르를 구속했다. 샤자르의 처벌은 아이바크의 전처에게 맡겨졌다. 샤자르는 참살되었고 시체는 벌거벗겨진 상태로 방치되었다고 한다.

몽골의 침략을 막기 위해 바이바르스를 불러들이다

아이바크와 샤자르가 모두 세상을 떠나고, 아이바크의 아들이 맘루크왕조의 술탄이 되었다. 이 시기에 몽골군이 시리아를 침략했다.

몽골군은 훌라구가 이끄는 군단이었다. 그는 칭기즈칸의 막내아들인 툴루이의 셋째 아들이었다. 훌라구는 1258년에 바그다드를 함락시키고 아바스왕조의 칼리프를 살해했다. 무함마드 이후로 전통을 이어왔던 이슬람교 수니파의 종가가 멸망한 것도 이때였다. 훌라구는 서쪽으로 더 나아가 시리아로 쳐들어갔고 이내 풍요로운 이집트로 눈을 돌렸다. 이에 1259년, 맘루크왕조는 술탄을 아이바크의 어린 아들에서 쿠투즈로 교체했다. 몽골군과의 전쟁을 쿠투즈에게 맡긴 것이다. 그는 이 강적에 맞서기 위해 한 계획을 고안해냈다.

아이바크가 시리아사막으로 추방한 바흐리 맘루크 군단의 무사인 바이바르스와 화해한 것이다.

"너의 권리를 회복시켜주겠다. 힘을 빌려다오."

이렇게 쿠투즈와 바이바르스가 손을 잡고 키트부카 장군이 이끄는 몽골군과 격돌했다. 이때 팔레스타인의 아인 잘루트에서 싸웠기 때문에 이 전투는 '아인 잘루트 전투'라 불린다. 결과는 이집트군의 승리였다. 아인 잘루트 전투는 불패의 신화를 써 내려가고 있던 몽골군이 처음으로 패배한 최초의 전투로 기록되어 있다. 1260년에 있었던 일이다.

승전보를 들고 카이로로 개선하던 도중 바이바르스는 쿠투즈를 살해했다. 샤자르를 죽인 주범을 용서하지 않았던 것이다. 쿠투즈를 암살한 그는 스스로 술탄이 되었다. 이로써 바이바르스의 시대가 시작되었다.

이집트에서 가장 인기 있는 역사 속 인물, 바이바르스

바이바르스는 맘루크왕조의 5대 술탄(재위 1260~1277년)으로 활약하며 왕조 발전의 초석을 다졌다.

그는 서른여덟 차례나 출병을 나갔는데, 그중 21회는 십자군 국가를 공격하기 위해서, 9회는 훌라구 울루스의 몽골군을 격퇴하기 위해서였다. 게다가 그는 훌라구 울루스를 견제하기 위해 주치 울루스와 동맹을 맺었다.

이 외교 전략에는 어떤 의도가 숨겨져 있었을까? 주치 울루스는 몽골 국가로, 바투라는 사람이 세운 나라였다. 바투는 칭기즈칸의 장남인 주치의 차남, 즉 칭기즈칸의 손자였다. 주치 울루스는 킵차크 초원의 남쪽, 카스피해와 흑해 사이에 가로놓인 캅카스산맥 부근까지 세력권으로 두고 있었다. 그런데 훌라구 울루스의 북쪽 끝도 캅카스산맥의 남쪽에 닿아 있었다. 두 나라는 혈족 관계임에도 캅카스산맥 주변 영토를 둘러싸고 신경전을 벌였다. 킵차크 초원 출신인 바이바르스는 이러한 상황을 눈치채고 주치 울루스와 손잡은 뒤 이집트를 노리는 훌라구 울루스를 남북에서 포위하듯 에워쌌다.

또한 바이바르스는 맘루크왕조를 이슬람 세계의 리더로 만들겠다는 계획을 실행에 옮겼다.

그는 이슬람의 성지인 메카의 카바 신전을 덮고 있는 키스와(kiswah, 비단으로 된 덮개)를 매년 선물하기 시작했다. 이를 통해 키스와를 계속 선물하는 자가 이슬람의 성지인 메카와 메디나의 수호자라는 인식을 굳게 했다.

또 그는 훌라구에게 살해당한 아바스왕조의 칼리프와 혈족인 남자를 보

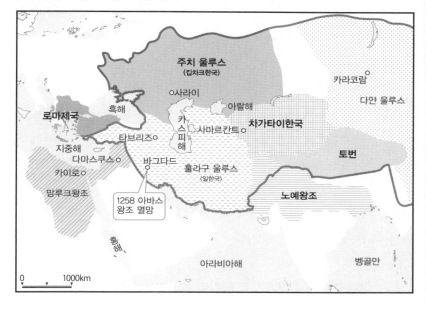

맘루크왕조와 몽골의 각 울루스(13세기)

호했고 그에게 칼리프의 지위를 주었다. 맘루크왕조가 전통적으로 이슬람교의 종가를 지키고 있다는 사실을 세상에 알린 것이다. 물론 이 남자의 출신에 어딘가 수상쩍은 점이 있어서 이 칼리프를 대중 앞에 절대 드러내지 않고 칼리프가 하는 모든 말을 바이바르스 자신이 전달했다.

칼리프가 있지만 마을 사람들은 그를 볼 수가 없었다. 그 신성한 말씀은 바이바르스가 전달했다. 결국 민중의 갈채를 받는 것은 바이바르스뿐이었다. 그는 교묘하고도 치밀하게 민심을 사들인 것이다.

바이바르스는 카이로에서 다마스쿠스에 이르기까지 일정 간격으로 역사驛舍를 설치하여 사람과 말을 배치했다. '바리드'라고 불리는 이 역전驛傳 제도는 페르시아의 세계제국인 아케메네스왕조가 정비한 것이다. 바이바르스는 기나긴 역사를 거치는 과정에서 파괴된 시리아와 이집트 사이에 있는 바리드를 부활시켰다. 다마스쿠스라는 도시는 예로부터 육로로 이집트를 침공할 때의 거점으로 활용되었다. 바이바르스는 이 도시를 카이로 방위의 최전선이라 생각하여 중요시했다. 이 생각은 앞에서 언급했던 영웅 살라딘도 마찬가지였다.

바리드를 강화함으로써 십자군 국가에 가하는 공격도 거세졌다. 바이바르스는 1271년에 십자군 국가의 방위 거점이 된 다마스쿠스 북서쪽, 지중해에 면한 크라크 데 슈발리에 성을 함락시켰다. 이 아름다운 성은 현재 세계문화유산에 등재되어 있다. 그 후 1277년, 바이바르스는 다마스쿠스에서 숨을 거두었다. 그리고 기이하게도 살라딘 무덤 가까이에 묻혔다.

지금까지도 이집트에서 가장 인기 있는 역사 속 인물인 바이바르스와 살라딘이 나란히 다마스쿠스에 잠들어 있는 것이다.

세 번이나 술탄의 자리에 오른 남자가 황금기를 열다

맘루크왕조의 중심 세력인 바흐리 맘루크 사람들은 강한 단결력을 자랑하면서도 서로 치열한 경쟁의식을 가지고 있었다. 그 때문에 설령 술탄이 된 일족이라 해도 어지간히 뛰어난 후계자가 나타나지 않는 한 혈족에게 왕위를 물려줄 수가 없었다. 바이바르스의 아들은 둘이나 술탄이 되었지만 각각 1년도 채 되지 않아 추방당했다.

그 후 바이바르스의 동료였던 칼라운이 술탄이 되었고(1279년), 그의 아들인 알 아슈라프 카릴이 뒤를 이었지만 3년 후 살해되었다. 이 알 아슈라프 카릴이라는 술탄은 마지막까지 남아 있던 십자군 국가 아크레(아코)를 멸망시킨 술탄으로 이름을 남겼다(1291년).

알 아슈라프 카릴 다음으로 술탄의 자리에 오른 이는 칼라운의 또 다른 아들인 알 나시르 무하마드였다. 나시르는 어린 나이에 술탄이 된 탓에 부하에게 자리를 빼앗기고 말았다(재위 1293~1294년). 하지만 끝까지 살아남아 다시 술탄이 되었다(재위 1299~1309년). 이때도 그를 배척하는 세력에 의해 물러났다가, 또다시 술탄의 자리에 올랐다(재위 1310~1341년). 엄청난 운과 두터운 인망이 없었다면 불가능한 일이었을 것이다. 맘루크왕조는 그의 치세 시절에 전성기를 맞이했다.

전성기를 맞이한 가장 큰 이유는 바닷길을 독점했기 때문이다.

중국·인도와 이어지는 교역 루트에는 초원을 통한 길과 바닷길이 있었다. 초원의 길은 말을 타고 중앙유라시아 서쪽으로 나아가 흑해에 다다르는 경로였다. 바다를 통한 길은 두 가지였다.

하나는 아라비아반도의 북쪽으로 가는 길이다. 호르무즈해협에서 페르시아만을 통과해 쿠웨이트에 상륙한 후 바그다드로 가는 경로다. 또 다른 하나는 아라비아반도의 남쪽, 예멘에서 홍해 북쪽으로 올라가 이집트 수에즈에 상륙하는 경로다.

페르시아만 루트를 이용하는 길은 그 무렵 치안이 별로 좋지 않았다. 해협을 관장하던 아바스왕조가 멸망하고 그 뒤를 이은 훌라구 울루스도 국내 정세가 시끄러웠기 때문이었다. 그래서 알 나시르 무하마드는 홍해 입구에 있는 예멘을 제압함과 동시에 인도 서해안을 지배하고 있던 무슬림왕조 구자라트와 손잡고 인도양에서 홍해로 이어지는 바닷길을 지배했다. 이렇게 그는 아시아 교역 독점에 성공한 것이다.

아시아 교역의 주력 상품 중에는 중국의 특산품인 비단, 차, 도자기 외에도 인도 설탕이 있었다. 이슬람교도는 원칙적으로 술을 마시지 않는 대신 설탕이 주는 달콤한 맛을 즐겼다. 맘루크왕조에서 설탕은 선물로 주고받거나 부하에게 주는 포상으로 활용되고 있었다.

이집트에 도착한 동방의 교역품은 알렉산드리아항에서 유럽으로 옮겨졌다. 이 바닷길을 장악하여 쏠쏠한 이익을 본 곳이 베네치아였다. 베네치아는 십자군에서도 상당한 돈을 벌어들이고 있었다. 하지만 맘루크왕조가 이집트에서 권력을 쥐자 발 빠르게 알렉산드리아에 영사관을 개설했다. 베네치아는 종교적인 부분이나 정치보다도 돈을 버는 데에 소질이 있었던 것이다.

맘루크왕조의 전성기는, 바닷길을 장악한 베네치아와 맘루크왕조 연합이 동서 교역의 대부분을 독점했던 시대라고도 할 수 있다. 그 번영의 중심에 있었던 도시가 바로 카이로였다. 술탄 일족 및 고급 관료, 부호 들은 화려한 집과 모스크를 건설했다. 그 잔영은 지금도 카이로 시가지의 풍경을 만들어내고 있다. 이 이야기는 나중에 다시 언급하기로 하겠다.

이렇게 맘루크왕조에게 중요한 의미를 지녔던 카이로와 바닷길에 관련된 에피소드가 있다. 1324년에 서아프리카에 있는 말리왕국에서 만사 무사라는 군주 일행이 성지(메카) 순례를 위해 먼 길을 마다하지 않고 사하라사막을 넘어 카이로로 찾아왔다. 그때 단봉낙타에 수많은 금을 싣고 와서 펑펑 써댄 통에 금의 가격이 대폭락했다는 기록이 있다. 이 사건이 유명세를 타면서 사하라의 남쪽에는 '금의 나라'가 있다는 소문이 퍼졌다. 그로부터 약 90년 후에 '항해의 왕자'라고도 불린 포르투갈 왕자 엔리케가 이 왕국을 차지하기 위해 바닷길을 이용했다.

항해의 왕자 엔리케가 이때 개척한 대서양 항로가 아프리카 희망봉 부근에서 인도양에 다다르는 해로로 발전했고, 결과적으로는 맘루크왕조의 명운을 좌우하는 요인이 되었다.

'바흐리 맘루크왕조'에서 '부르지 맘루크왕조'로

맘루크왕조는 앞에서 말한 것처럼 나일강 중류 출신인 맘루크들이 지배했는데, 그 외에도 다른 맘루크들이 있었다. 그들은 카이로 시내의 성채(성과 요새, 부르지Burji)에 만들어진 막사에서 군사 훈련을 받았기 때문에 부르지 맘루크라고 불렸다. 세월이 흐르면서 그들 중에서도 훌륭한 군인이 등장했고 조금씩 맘루크왕조의 수뇌부에도 합세하게 되었다.

여성 술탄인 샤자르로 시작된 바흐리 맘루크왕조는 알 나시르 무하마드 이후로 혈통이 거의 끊겼지만 약 140년간 명맥을 유지했다. 그리고 1382년에 부르지 맘루크 출신인 바르쿠크가 술탄이 되었다(재위 1382~1389년, 1390~1399년).

바흐리 맘루크 사람들은 대부분 킵차크족 출신이었지만 바르쿠크는 체르케스인이었다. 그들은 흑해와 카스피해 사이에 있는 캅카스산맥 북쪽에 펼쳐진 고원지대에 살고 있었다. 그들 또한 터키계 유목민이었다. 부르지 맘루크 시대는 바르쿠크 때부터 시작되었다. 하지만 그 무렵부터 맘루크왕조는 기울어지기 시작했다. 그 배경에는 흑사병(페스트)이 있었다. 흑사병이 이집트까지 퍼진 시기는 15세기 초였다. 풍요롭기로 이름이 나 있던 이집트의 농촌은 흑사병이 돌면서 폐허가 되었고, 카이로 등 도시에는 기근이 기승을 부렸다. 게다가 맘루크왕조는 황금알을 낳는 거위나 다름없었던 바닷길도 잃고 말았다.

항해의 왕자 엔리케가 새로운 해로를 발굴해냈기 때문이다. 사하라 남쪽의 황금을 손에 넣기 위한 탐사로 시작했던 포르투갈 해양 항로 개척이 결실을 본 것이었다. 이 새로운 항로, 그리고 맘루크왕조가 지배하던 인도양·홍해·지중해를 잇는 해로의 주도권을 쥐기 위한 신경전을 벌이다가 결국 무력 충돌이 발생했다. 1509년에 인도의 서해안에서 일어났던 디우 해전이 바로 그것으로, 맘루크왕조·구자라트 연합은 포르투갈 해군 총독인 알메이다가 구사한 뛰어난 전술을 넘어서지 못하고 패배의 쓴맛을 보았다.

이 전투를 끝으로 인도양은 포르투갈이 지배하게 되었다. 이리하여 황금알 낳는 거위였던 교역 루트를 잃은 맘루크왕조는 급속도로 기울기 시작했다. 디우 해전이 있은 지 불과 8년 후에 오스만제국의 술탄 셀림 1세가 카이로에 입성(1517년)하면서 2세기 반에 걸친 맘루크왕조의 역사는 막을 내렸다. 이집트는 오스만제국의 식민지가 되었다. 이후 나폴레옹이 공격하기 전까지 약 300년 동안 이집트는 오스만제국의 곡창 역할을 하며 이스탄불에 밀을 계속 보냈다. 과거 (동)로마제국 시대 때 그랬던 것처럼 말이다. 카이로는 '이슬람을 대표하는 도시'라는 이름을 이스탄불에 내어주었다.

나폴레옹의 이집트 원정과 무함마드 알리왕조의 탄생

이집트가 오스만제국의 식민지가 된 후 이스탄불의 총독이 카이로의 지배자 자리에 취임했다. 맘루크 군단은 그대로 귀족이 되어 오스만제국의 지배하에 들어갔다. 카이로에서는 부유한 상인들이 활약하고 있었다. 오스만제국도 이슬람교의 왕조다. 시민이 세금을 내면, 즉 통치에 따르기만 하면 관용을 베풀었다.

나폴레옹이 이집트에 원정을 간 것은 이때였다. 유럽 전역을 지배하려는 야심을 품고 있던 나폴레옹은 가장 강력한 적인 영국을 칠 목적을 가지고 이집트를 정복하려 했다. 이집트를 전선 기지로 삼고 영국의 생명선이라고도 할 수 있는 인도를 공략하겠다는 전략이었다. 수에즈에 프랑스 함대를 집결시켜 홍해에서 인도로 향하면 희망봉을 돌아가는 것보다 훨씬 빨리 도착할 수 있었다. 나폴레옹은 그러한 발상으로 이집트를 손에 넣기 위해 침략한 것이다.

피라미드가 보이는 카이로 근교에서 나폴레옹 군단은 오스만제국의 맘루크 군단과 격돌했다. 이때 나폴레옹은 전군을 향해 피라미드를 가리키며 큰소리로 외쳤다.

"병사들이여, 저 유적의 정상에서 4천 년의 역사가 너희를 내려다보고 있다!"

이 말에 용기백배해진 프랑스군은 오스만제국의 맘루크 군단에 완승을 거두었다. 이리하여 프랑스군은 카이로에 입성했고 나폴레옹의 전략은 성공한 듯 보였다. 때는 1798년 7월이었다. 하지만 같은 해 8월, 카이로 하구의 아부키르만에서 프랑스의 함대가 넬슨 제독이 이끄는 영국 함대에 거의 전멸에 가까운 참패를 했다(이 전쟁을 '아부키르만 해전'이라고 한다).

이로 인해 프랑스군은 식량 및 군사 물자의 보급 루트를 잃었다. 이 상황에 당황한 나폴레옹은 1799년에 작은 배 수 척을 이용해 조용히 이집트를 탈출해서 파리로 돌아갔다.

남겨진 프랑스군은 맘루크 군단과 오스만제국의 파견군, 그리고 영국군에 맞서 계속 싸웠지만 결국 1801년에 항복했다. 이후 이집트의 지배권은 오스만제국에게 돌아갔고 영국 군대도 철수했다. 하지만 영국과 프랑스 군대가 없어지자 오스만제국, 맘루크 군단, 그리고 카이로의 시민 및 울라마ulama라고 불린 이슬람교도의 지식인 계급이 이집트의 지배권을 둘러싸고 삼파전을 벌이기 시작했다.

이 사태를 수습한 사람이 무함마드 알리였다. 그는 소중한 곡창의 치안을 지키라는 명령을 받고 오스만제국에서 파견된 장군이었다. 원래 마케도니아에서 태어난 알바니아인으로, 알바니아인 용병 대장이었다. 알바니아인은 발칸반도 원주민의 자손이라고도 알려져 있다.

그는 대립의 날을 세우고 있는 각각의 진영을 찾아가 그들을 설득했고, 그중에서도 프랑스를 상대로 반란을 일으켰던 카이로 상인들과 지식인들의 강력한 지지를 얻어 총독이 되었다. 오스만제국도 결국 그를 인정했다. 이로써 무함마드 알리왕조가 탄생했다(1805년). 물론 오스만제국의 지배하에 있다는 사실에는 변함이 없었다.

무함마드 알리(재위 1805~1849년)는 시대를 내다보는 안목을 가지고 있었다. 그는 이집트의 맘루크 군단이 프랑스군에 패배한 이유는 국가가 근대화되지 않았기 때문이라고 생각했다. 군주의 친위대 수준인 맘루크 군단과 국민개병國民皆兵, 모든 국민이 병역의무를 수행하는 것 군단인 프랑스군을 비교해보면 프랑스 병사들의 사기, 그리고 철포를 비롯한 신식 무기들을 이집트군이 당해

무함마드 알리

무함마드 알리왕조의 창시자. 영국과 프랑스 군대를 격퇴한 후 이집트 총독에 임명되었다.

낼 수가 없었다.

무함마드 알리는 일본보다 반세기나 빨리 '메이지 유신'을, 즉 개국을 통한 부국강병과 식산흥업殖産興業, 생산을 늘리고 산업을 일으킴 정책을 단행한 것이다.

종주국인 오스만제국은 이미 왕년의 기세를 잃었기 때문에 독립을 요구하며 각지에서 일어나는 반란을 수습할 군사력도 없었다. 그래서 무함마드 알리에게 반란을 진압

해달라고 부탁했다. 이때 술탄은 마흐무드 2세로, 그가 무함마드 알리와 반목하면서 오스만제국을 개혁했다는 이야기는 제1장에도 나와 있다.

이집트군은 아라비아반도에서 일어난 사우드가의 독립 운동(제1차 사우드 왕국, 1744~1818년), 아프리카의 수단 독립 운동, 그리고 그리스의 독립 운동 등을 적극적으로 진압하며 오스만제국을 도왔다. 도운 대가로 오스만제국이 이집트의 독립을 인정해주기를 바랐기 때문이다. 하지만 오스만제국은 말을 이랬다저랬다 바꾸면서 인정하지 않았다. 결국 양국 사이에 무력 충돌이 일어났다.

1839년에 이집트 해군이 이스탄불에 들이닥친 것이다. 이때 영국을 중심

으로 한 서구 열강은 이집트의 강대화를 우려하여 오스만제국 편에 서서 전투에 개입했다. 결국 무함마드 알리는 패배했다(1840년).

이 패전으로 인해 이집트는 대폭적인 병력 삭감을 강요당했고, 국가가 독점하던 무역 시장을 시정하여 국내 시장을 서구 열강에 개방하라는 요구를 받았다. 또한 오스만제국으로부터 빼앗았던 시리아에서도 철수해야 했다. 무함마드 알리의 개국·부국강병책은 좌절을 겪었다. 대신 서구 열강은 무함마드 알리 일족이 이집트 총독직을 세습할 수 있도록 해주었다.

이때부터 나세르가 등장하기까지, 무함마드 알리 일족이 카이로에서 군림하게 된다. 이 패전은 이집트에 대한 영국의 영향력을 더욱 강화시키는 결정적인 계기가 되었다.

재빨리 수에즈 운하의 주식을 사들인 영국

무함마드 알리가 죽은 후 프랑스인 레셉스가 수에즈 운하를 건설했다. 수에즈 운하는 1859년에 착공하여 1869년에 완성되었다.

예로부터 인도양·홍해·지중해를 잇는 바닷길은 교역에서도, 군사적인 측면에서도 커다란 가치가 있었다. 홍해와 지중해 사이를 배로 곧장 갈 수 있다면 얼마나 좋을까. 많은 사람이 그렇게 생각했다. 지중해의 포트사이드에서 홍해 수에즈까지의 거리는 162킬로미터에 불과했다. 아프리카 희망봉을 경유하는 것과는 하늘과 땅 차이였다. 수에즈 운하 건설은 그야말로 획기적인 사업이었다.

수에즈 운하 주식회사의 대주주는 이집트의 무함마드 알리왕조와 프랑스 정부였다. 운하가 개통되면 이집트에도 관세를 통해 막대한 수입이 들어올 예정이었다. 하지만 서구에서 유입된 자본 때문에 운하가 개통되었을 때 이집트의 부채는 감당할 수 없을 정도로 불어나 있었다. 무함마드 알리 이후로 5대 총독이 된 이스마일 파샤(재위 1863~1879년)는 결국 재정난을 이기지 못하고 수에즈 운하의 주식을 매각했다. 총자본의 50%에 가까운 금액이었다. 이 주식을 재빨리 사들인 곳이 영국이었다.

영국의 유대인계 총리 디즈레일리가 유대인 대재벌 로스차일드가에 융자를 부탁하여 매수한 것이다(1875년). 돈이 될 만한 것을 내다볼 줄 알았던 영국의 안목에는 가히 놀랄 만하다. 이리하여 수에즈 운하의 권익은 이집트의 손을 떠나갔다.

영국이 이집트를 사실상 보호국으로 삼다

수에즈 운하의 거의 모든 권리를 확보한 영국은 점점 노골적으로 이집트를 지배하기 시작했다. 이러한 영국의 횡포, 그리고 서구 열강과 결탁한 특권 계급의 경제 지배에 대항하여 수많은 이집트 시민 · 군인 · 농민이 들고 일어났다. 그들은 무함마드 알리가 근대화 정책을 추진할 때 교육을 받았던 사람들로서 서구적인 자아와 시민 의식을 지니고 있었다. 그들은 국민당을 결성하여 민주적 의회를 개설해줄 것과 헌법을 제정해줄 것을 요구했다.

이윽고 1881년, 아라비 파샤 대령(1841~1911년)이 '이집트인을 위한 이집트'를 슬로건으로 내걸고 무장 봉기를 했을 때 그 기세는 정점에 달했다. 아라비군은 커다란 파도가 되어 카이로 시내를 가득 메웠고 압딘 궁전을 포위했다. 사태가 이에 이르자 이집트 정부는 아라비를 국방장관으로 내세운 내각과 신헌법 제정을 인정했다(1882년 2월). 하지만 영국이 무력을 이용해 정면으로 개입했다. 같은 해 9월, 육군을 파견해서 아라비군을 궤멸시키고 아라비를 실론섬으로 보내버린 것이다. 이렇게 사실상 이집트는 영국의 보호국이 되었다.

'아라비 항쟁'에 앞선 1857년, 제2장 말미에서 언급한 것처럼 영국은 인도에서 '세포이의 항쟁'이라 불리는 일대 민족 봉기를 경험한 바가 있었다. 영국 입장에서 아라비의 항쟁은 인도 때와 마찬가지로 한 발짝도 물러설 수 없는 전투였다.

이 두 항쟁을 잠재움으로써 영국은 보물섬 인도를 완전히 제압했고 새로운 침략의 요충지인 이집트까지도 지배할 수 있게 되었다. 영국은 명실상부하게 대영제국의 시대를 열어가기 시작한 것이다.

드디어 '이집트인'이 카이로를 지배하다

이집트는 대영제국의 보호 아래 제1차 세계대전에 참전했다. 이집트의 종주국인 오스만제국은 독일 편에서 싸우다 패전국이 되었다. 패전 후 오스만제국에서는 케말 아타튀르크가 서구의 점령 정책을 거부하며 오스만제국의 군주 제도를 폐지했다. 종주국이 소멸하니 자연스레 이집트도 독립했다(1922년). 하지만 대영제국의 보호국이라는 사실에는 변함이 없었다.

이집트는 제2차 세계대전 때도 대영제국 산하에서 싸웠다. 대영제국은 승리를 거두었지만 국력이 약해져서 이집트의 독립 운동이 활발해져도 저지할 힘조차 없었다. 1952년 1월 26일, 카이로 시민은 독립을 요구하는 반영反英 운동을 펼쳤다. 그날이 토요일이었기 때문에 이 운동은 '암흑의 토요일'이라 불린다.

시간이 흘러 7월 23일, 나세르가 이끄는 자유장교단이 쿠데타를 성공시키고 파루크 국왕을 추방했다. 이집트는 마침내 영국의 속박에서 벗어나 완전한 독립을 쟁취했다. 이집트혁명이 성공한 것이다.

카이로라는 도시의 역사적인 측면에서 보면, 먼 옛날 641년에 아랍인이 푸스타트를 건설한 후 시칠리아 출신 유럽인·쿠르드인·터키인(맘루크)·프랑스인·알바니아인 등 다양한 민족의 영웅들이 활약하며 이집트를 지배해왔다. 기원전 이집트 신新왕국의 멸망 이후로 기나긴 세월이 지나 마침내 20세기에 다시 이집트인이 이 나라와 카이로의 지도자가 된 것이다.

나세르의 이집트 통치에서 21세기에 이르기까지

나세르는 민족주의자였지만 원래는 동서 진영 그 어느 쪽으로도 치우치지 않았다. 그는 서구 사회의 장점을 배워서 이집트의 근대화를 이룩하고자 했다. 그래서 미국 · 영국 · 프랑스에 재정과 군사력을 지원해달라고 요청하려 했다. 하지만 세 나라는 국왕을 추방한 나세르를 그다지 달가운 시선으로 보지 않았고, 오히려 나세르를 옥죄는 외교를 전개했다.

나세르는 1956년 6월 국민투표를 통해 대통령에 취임한 후, 이에 대한 대응으로 7월에 수에즈 운하의 국유화를 선언했다. 수에즈 운하 회사의 대주주인 영국은 이에 격노했고, 프랑스와 손잡고 군대를 동원해 수에즈 운하를 점령해버렸다.

이에 소련이 항의하기 시작했다. 영국 · 프랑스군이 철수하지 않으면 원자폭탄의 사용도 불사하겠다고 나선 것이다. 미국도 철수를 권고했다. 결국 영국 · 프랑스군은 마지못해 철수했고 나세르는 일약 구국의 영웅이 되었다.

나세르는 그 후 중국의 저우언라이, 인도의 네루, 인도네시아의 수카르노 등과 함께 동서양 진영에 대항하는 비동맹세력(제3세력)으로서 평화 10원칙을 제창하는 등 세계의 주요 인물이 되었다. 또한 중동의 평화를 위한 노력도 게을리하지 않았으며 1958년에는 시리아와 합병해 아랍연합공화국을 만들었지만 3년 만에 해체되었다. 그리고 이스라엘을 발화점으로 한 중동 분쟁을 해결하기 위해 고심하기도 했다. 그는 1970년에 사망했다.

나세르가 죽은 후 다음 대통령이 된 사다트는 그때까지 이스라엘을 상대로 한 강경 전략을 평화 노선으로 전환하고, 이스라엘의 베긴 수상과 획기적인 이집트 · 이스라엘 평화조약을 맺었다(1979년). 하지만 이 조약 체결이 양국의 강경한 민족주의자들의 반발심을 불러일으키면서 베긴 수상은 사임했고 사다트 대통령은 암살되었다(1981년).

후계자가 된 대통령 무바라크는 30년 가까이 독재 정치를 펼쳤다.

2011년, 카이로 중심에 있는 타흐리르 광장에 수많은 군중이 모여 항의 집회를 열었는데 이를 계기로 무바라크 정권은 무너졌다. '아랍의 봄'의 일환으로, '2011년 이집트혁명'이라고도 불린다. 하지만 유감스럽게도 이후 이집트 정세는 오늘날에 이르기까지 불안정한 상태다.

오래된 도시 옆에 새 도시를 만들어온 카이로

지금 카이로시의 구역은 나일강 동쪽 지방과 두 중류 지역으로 구성되어 있다. 3대 피라미드가 있는 나일강 서쪽은 기자시 구역이다. 카이로는 동서 10킬로미터, 남북 15킬로미터에 달하는 대도시다.

나일강을 따라가면 남쪽에는 가장 오래된 시가지인 올드 카이로가 있다. 올드 카이로는 카이로의 발상지로서 불에 탄 푸스타트의 폐허도 여기에 있다. 이집트를 중심으로 발전한 기독교의 콥트 정교회 및 유대교의 시너고그도 볼 수 있다.

1896년에 푸스타트에 있는 시너고그의 게니자(서고)에서 총 32만 페이지에 달하는 문서가 발견되었다. 9세기 유대인의 교역과 관련된 기록이 있는 문서인데 지중해 교역 및 당시 민속을 알 수 있는 귀중한 자료로 평가받는다. 그 가치를 인정하는 세계의 주요 도서관들이 경쟁하듯 입수하여 보관하고 있다.

올드 카이로의 동북쪽에는 이슬람지구(구시가지)가 있다. 이 지구는 파티마 왕조가 개발한 이후 무함마드 알리 시대 때까지 이슬람 세계의 중심지로 번영을 누렸다. '천 개의 미너렛'이라고도 불릴 정도로 크고 작은 모스크가 산재해 있다. 이 이슬람지구는 통째로 세계문화유산에 등재되어 있다. 미로 같은 거리와 14세기 무렵에 만들어진 대규모 수크(souk, 야외 시장)는 지금도 관광 명소로 유명하다. 아즈하르 사원과 대학, 살라딘이 세운 시타델 궁전, 무함마드 알리 모스크, 오래된 무덤에 사람이 살고 있어 '사자死者의 도시(메트로폴리스)'라고도 불리는 구역 등 수많은 역사적 구조물이 이곳에 집중되어 있다.

이 이슬람지구의 북서쪽 가까이에는 신시가지가 있다. 그곳이 현대 카이로의 중심부다. 나일강 동쪽에 있는 타흐리르 광장 주변에는 정부 청사가 들어서 있는데, 이곳은 2011년에 무바라크 대통령 퇴진을 요구하는 무대가 되기도 했다(2011년 이집트혁명). 참고로 '타흐리르'는 영어로 'liberation(해방)'을 뜻하는 아라비아어다. 또한 타흐리르 광장 동쪽에는 압딘 궁전이 있는데 이곳은 현재 대통령 집무실로 쓰이고 있다. 그리고 신시가지의 북쪽 끝에는 카이로의 중앙역인 람세스역이 있다. 이 신시가지 최대의 관광 명소는 타흐리르 광장 서쪽에 있는 이집트 고고학 박물관일지도 모르겠다. 이 박물관에 가면 고대 이집트 세계에 흠뻑 빠져들 수 있다.

이집트 고고학 박물관의 서쪽 나일강 중류에 있는 게지라섬에는 고급 주택가와 박물관, 풍요로운 녹지대와 카이로 타워가 있다.

오래된 마을을 없애고 새 마을을 만든 것이 아닌, 오래된 마을 옆에 새 마을을 만든 카이로라는 도시는 시간의 흐름 속에서도 살아 숨 쉬는 역사 유산을 볼 수 있는 곳이다.

특출나게 달콤한 디저트와 신선하고 다채로운 주스, 쌀 · 마카로니 · 스파게티 · 콩류를 섞어 소스를 부어 먹는 쿠샤리Kushari라는 요리를 즐기면서 누구나 안심하고 자유롭게 카이로를 거닐 수 있는 날이 빨리 오기를 기대한다.

카이로 관련 연표

서기(연도)	사 건
641	이슬람제국이 훗날 카이로 땅에 군영 도시 푸스타트를 건설
969	파티마왕조의 장군 조하르가 카이로를 건설
973	파티마왕조, 튀니지에서 수도를 카이로로 옮김. 이 무렵 세계에서 가장 오래된 대학, 알아즈하르대학이 아즈하르 사원 내에 건설됨
996	알 하킴 시대(~1021년). '다르 알 울룸(학문의 집)'을 건설
1168	십자군 침입. 상업의 중심지 푸스타트를 초토화한 후 카이로는 정치·상업 도시로 거듭남
1169	장기왕조의 시르쿠가 카이로에 입성, 십자군 퇴각. 1171년, 살라딘이 아이유브왕조를 수립
1249	루이 9세, 십자군을 이끌고 침공. 만수라 전투에서 아이유브왕조가 승리. 루이 9세를 포로로 삼음
1250	아이유브왕조 멸망, 맘루크왕조 탄생. 샤자르가 여성 술탄이 되지만 이내 남편 아이바크가 2대 술탄이 됨
1257	샤자르, 아이바크를 살해
1259	쿠투즈가 술탄이 됨
1260	아인 잘루트 전투에서 몽골군을 격파하고 바이바르스가 술탄의 자리에 오름
1291	술탄인 알 아슈라프 카릴, 마지막 십자군 국가 아크레(아코)를 정복
1293	나시르 무함마드가 10대 술탄이 됨. 이어서 13대, 15대까지 총 세 번 술탄이 되면서 맘루크왕조의 전성기를 구축함
15세기 초	흑사병이 유행하면서 맘루크왕조가 쇠퇴함
1509	인도의 디우 해전에서 구자라트군과 손잡은 맘루크왕조, 포르투갈 해군에 패배함
1517	오스만제국의 셀림 1세, 카이로 입성. 이집트를 지배하에 둠
1798	나폴레옹, 맘루크 군단을 물리치고 카이로에 입성하지만 아부키르만에서 영국에 참패
1801	이집트에 남은 프랑스군이 항복
1805	오스만제국 지배하에서 무함마드 알리왕조가 발흥함
1840	무함마드 알리, 오스만제국과 연합 왕국에 패배. 영국의 이집트에 대한 영향력 강화
1859	수에즈 운하 건설 착공(1869년 완성)
1875	영국, 수에즈 운하 주식 사들임
1882	아라비 항쟁(1991~)을 계기로 추진된 내각 성립에 영국이 무력 개입, 이집트를 보호국화함
1922	케말 아타튀르크가 오스만제국의 군주 제도를 폐지. 이집트는 대영제국의 보호 아래 독립함
1952	이집트혁명. 나세르로 인해 왕정이 무너지고 이듬해 이집트공화국이 탄생
1956	대통령에 취임한 나세르, 수에즈 운하의 국유화를 선언
2011	2011년 이집트혁명(아랍의 봄)을 계기로 무바라크 대통령 퇴진

• **카이로의 세계문화유산(구조물)**

  알아즈하르대학 / 시타델 궁전 / 무함마드 알리 모스크 / 이븐 툴룬 모스크 / 칸 엘-칼릴리 / 알 후세인 모스크 / 술탄 하산 모스크 / 주웨일라 문 / 아므르 이븐 알 아스 모스크 / 벤 에즈라 시너고그 / 카이로 공중 교회 / 세인트 세르지오 교회(아기예수피난 교회) / 세인트 조지 교회(마르 기르기스)

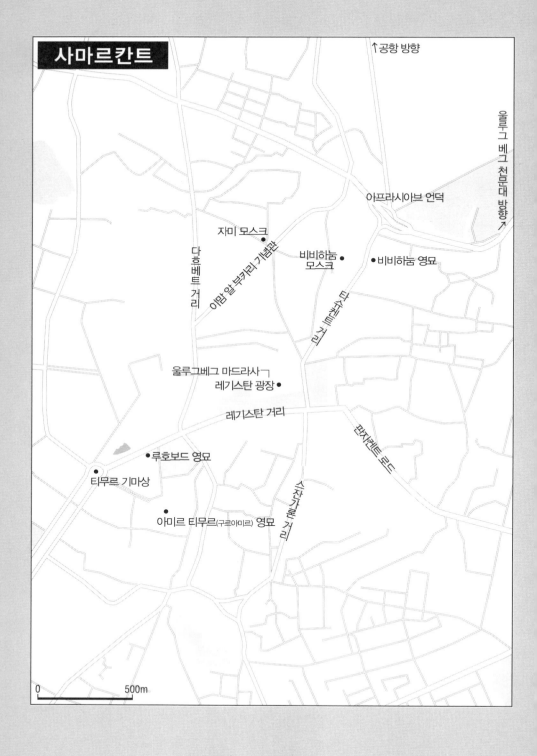

사마르칸트

↑공항 방향

울루그 베그 천문대 방향↗

아프라시아브 언덕

자미 모스크 ●

비비하눔
모스크 ●

● 비비하눔 영묘

다흐베트 거리

이맘 알 부카리 기념관

타슈켄트 거리

울루그베그 마드라사
레기스탄 광장 ●

레기스탄 거리

판지켄트 로드

● 루호보드 영묘

● 티무르 기마상

스찬가론 거리

● 아미르 티무르 (구르아미르) 영묘

0   500m

제4장

초원으로 빛나는 푸르른 도시
사마르칸트

초원의 영웅들이 수많은 이야기를 남긴 중앙아시아의 오아시스

오아시스지대에 사마르칸트의 전신 '마라칸다'가 탄생하다

지금의 이란 북쪽에 있는 국경선을 넘으면 투르크메니스탄의 사막지대가 펼쳐진다. 사막 북쪽으로 올라가면 아무다리야강(옛 이름은 옥수스강)이 흐르고 있다. 이 강의 북쪽으로는 드넓고 건조한 초원이 이어진다. 초원 북쪽에는 또 하나의 강인 시르다리야강이 흐르고 있다.

이 두 강 사이에 있는 초원지대(트란스옥시아나, 아랍어로는 마 와라 알 나흐르)에는 옛날부터 오아시스가 몇 군데 있었다. 오아시스에는 밀과 과일이 풍부했기 때문에 기원전 10세기 무렵부터 오아시스를 중심으로 많은 도시가 발전했다. 그러한 오아시스 도시들이 부하라Bukhara, 히바Khiva, 그리고 사마르칸트의 전신인 마라칸다Marakanda다. 이 지역들은 농경도 활발했지만 교역의 중심지로서 번영을 누렸다.

중국에서 이 초원의 길을 통해 비단·차·도자기를 들여온 사람들이 중앙아시아에 도달했을 때, 초원에 흩어져 있는 오아시스 도시가 그들을 맞이했다. 그리고 이 오아시스 도시는 중국으로 향하는 교역 상인들의 근거지가 되었다.

참고로 동서 교역로로는 톈산북로(톈산산맥의 북쪽 루트), 그리고 남로로 대표되는 실크로드가 유명하다. 하지만 동서 교역의 대부분은 다니기 수월한 바닷길이나 초원을 통해 이루어졌다. 실크로드는 물품보다는 사람(현장玄奘 등)과 정보가 오고가는 길이었다고 한다.

이 교역을 도맡아서 한 민족이 바로 소그드인이었다. 소그드인은 아케메네스왕조 이래 중앙유라시아 교역 역사의 주역을 맡았던 이란계 민족으로, 중국과 페르시아를 오가며 활약했다.

페르시아(이란)에 사는 사람들은 이 소그드인들이 활약했던 아무다리야강과 시르다리야강 사이에 있는 오아시스지대를 '마 와라 알 나흐르Mā warā al-Nahr'라고 불렀다. 아랍어로 '강 너머의 땅'이라는 뜻이다. 자신들이 사는 지역과는 다른 세계로 의식했다는 것을 짐작할 수 있는 표현이다. 낯선 감정과 동경이 뒤섞인 표현인 것이다.

마침내 페르시아에 탄생한, 이집트에서 인더스강가에 이르는 땅을 지배한 인류 최초의 세계제국 아케메네스왕조(기원전 550~기원전 330년)도 이 소그드인의 오아시스 도시를 지배했다. '강 너머의 땅', 마 와라 알 나흐르는 비옥하면서도 동방을 향해 열려 있는 창문과도 같아서 외적을 막아내는 문지기 역할도 했다.

'강 너머의 땅'의 존재는 그리스에도 알려졌다. 그들은 그 땅을 '트란스옥시아나'라고 불렀다. 그리스어로 아무다리야강은 옥수스강, 트란스는 '~를(을) 넘어'라는 뜻이다.

또한 이란의 신화에서는 이 지대를 투란Turan이라고 불렀다. 이란계 사람들은 스스로를 '아리아'라고 칭했는데 투란은 '아리아가 아니다'라는 뜻이다. 문명(이란)과 대립되는 야만(투란)이라는 의미로 사용했다. 소그드인 또는 동북쪽에 있는 터키계 유목민을 의식해서 지은 이름일지도 모른다.

마 와라 알 나흐르, 투란, 트란스옥시아나. 셋 다 아무다리야강과 시르다

리야강 사이에 펼쳐진 초원과 오아시스지대를 일컫는 이름이다. 그리고 이
땅을 본거지로 삼은 소그드인들은 마라칸다라는 이름의 오아시스 도시국가
를 건설했다. 이 도시가 바로 사마르칸트의 전신으로서 현재 우즈베키스탄
공화국의 옛 수도다.

사마르칸트가 등장하기까지의 이야기를 하기 위해 서론이 길어졌지만,
마지막으로 두 가지만 덧붙이면 다음과 같다.

아무다리야강, 시르다리야강의 이름에서 '다리야'는 페르시아어로 바다
또는 커다란 강이라는 뜻이다. 뒤에 '강'이 있기 때문에 중복되는 말이기는
하지만 워낙 오랫동안 이 이름으로 불렸기 때문에 여기에서도 그대로 사용
했다. 두 강은 모두 북쪽으로 흘러 아랄해라는 염호鹽湖로 흘러든다. 이 호수
는 한때 세계에서 네 번째로 큰 호수였지만 지금은 물이 말라서 바닥을 드러

사마르칸트 주변 국가와 도시

내고 있다.

　다음은 실크로드라는 명칭에 대해서 언급하려 한다. 일반인들에게도 친숙한 이 이름은 19세기 말에 독일인 지리학자 리히트호펜이 중국 지리를 연구하는 과정에서 붙인 이름이다. 독일어 Seidenstraßen(Seiden은 비단, straßen은 길)이라는 뜻을 영어로 번역한 것이다.

다양한 민족이 모래 폭풍처럼 습격하다

　마 와라 알 나흐르를 통치했던 아케메네스왕조는 마케도니아왕국의 알렉산더 대왕에 의해 멸망했다.

　알렉산더 군단은 아무다리야강을 넘어 도시국가 마라칸다를 포위한 뒤 그들에게 항복하기를 요구했다. 소그드인들은 전쟁보다 교역에 재능을 보였지만 포기하지 않고 계속해서 싸웠다. 하지만 결국 패배하여 성을 내어주고 말았다. 마라칸다를 점령한 알렉산더 대왕은 마라칸다를 심하게 파괴하지 않았고 주민들도 죽이지 않았다.

　알렉산더 대왕이 기원전 323년에 사망한 이후 마라칸다 등 소그드인의 도시를 지배한 왕조와 유목민은 다음과 같다.

　순서대로 그리스계 박트리아왕국, 흉노에 쫓겨 몽골고원에서 이주해온 대월지大月氏라 불린 이란계 유목민, 아프가니스탄에서 서북 인도까지 정복한 대월지계 쿠샨왕조, 사산조, 백흉노라 불린 에프탈족, 돌궐족(터키계 유목민)이 소그드인의 도시를 습격했다. 그렇게 세월이 흘러 어느덧 6세기 후반으로 접어들었다.

　이후 소그드인 도시국가의 정보는 중국 사서에 기록되어 있다.

　11세기 초에 완성된《신당서新唐書》에는 이 지방에 '소무昭武'라는 성姓을 가진 아홉 부족이 저마다 국가를 세웠다고 적혀 있다. '소무구성昭武九姓'이라 불린 아홉 나라 중 강국康國은 사마르칸트, 안국安國은 부하라, 석국石國은 타슈켄트를 가리킨다. 대제국이 된 당나라가 마 와라 알 나흐르까지 지배하면서 중국식 이름이 붙은 것이다. 그리고 마침내 시대는 이슬람의 전성기로 넘어간다.

칭기즈칸이 사마르칸트의 모든 것을 불태우다

7세기 전반에 아라비아반도를 정복한 무함마드의 이슬람제국은 그가 죽은 후에도 계속해서 영토를 확장했다. 그리고 712년에 우마이야왕조의 장군 쿠타이바 이븐 무슬림이 중앙아시아를 정복했고 사마르칸트까지 산하에 넣었다. 하지만 이내 이슬람제국의 후계자 자리를 둘러싸고 분쟁이 일면서 우마이야왕조는 아바스왕조 손에 멸망했다. 사마르칸트의 지배자도 아바스왕조가 되었다.

751년에는 당나라 군대와 아바스왕조의 이슬람 군대가 격돌했다. 당나라가 석국이라 이름 붙이고 지배했던 타슈켄트가 이슬람 편에 붙었기 때문이었다. 두 나라는 타슈켄트의 동북쪽에 있는 탈라스강가에서 맞붙었다.

당시 아바스왕조의 아부 무슬림이라는 대장군이 이 지방의 총독이었다. 그는 아바스왕조 수립에 공헌한 사람 중 하나이기도 한 매우 훌륭한 군인이었다. 그가 직접 출정하지는 않았지만 그의 뛰어난 부하들이 대승을 거두었다. 당나라는 타슈켄트와 사마르칸트에 한자 이름을 붙이고 영토로 삼았지만, 이 패전 이후로 마 와라 알 나흐르는 사실상 이슬람의 영토가 되었고 두 번 다시 중국이 지배하는 일은 없었다.

'탈라스 전투'라는 이름이 붙은 이 전투가 오늘날까지 사람들의 입에 오르내리고 있는 이유는, 교전 중에 당나라의 제지製紙 기술자가 이슬람군의 포로가 되면서 서양으로 종이 제작 기술(제지술)이 전해지는 계기가 되었기 때문이다.

일개 기술자가 제지술을 전파했다는 드라마틱한 이야기가 사실이든 아니

아바스왕조와 당나라(8세기)

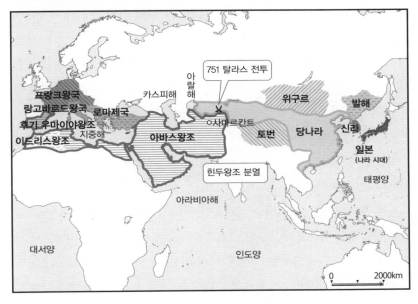

든, 이 지역에는 오래전부터 중국문명이 침투했기 때문에 일상적인 교류 속에서 자연스레 종이가 이슬람 세계에 전해졌을 것이라 생각한다. 이와 마찬가지로 파스타(면)도 탈라스 전투를 계기로 서양에 전파되었다는 말이 있다. 하지만 그 또한 당시 동서 문화 교류의 산물이었을 것이다.

그런데 이슬람제국을 지배하는 아랍인은 지식욕이 왕성해서 무엇이든 알고 싶어 했다. '즐거움은 말의 등 위, 책 속, 그리고 여인네의 품속에 있다.' 여성에게는 다소 실례라고 생각되는 속담이 남아 있을 정도로 그들은 지식욕이 넘쳐났다. 그러한 그들이 제지술을 습득했으니 가만히 있지 못하는 것도 어쩌면 당연했다. 그들은 기다렸다는 듯 그리스와 로마 문헌을 번역하기 시작했다. 지금까지는 그리스어와 라틴어로 적혀 있어서 제대로 읽을 수가 없었기 때문이다. 이것이 바로 세계사에 남아 있는 2대 번역 운동의 시작이다.

2대 번역 운동 중 하나는 산스크리트어로 된 대승불교전을 중국에서 한어漢語로 번역한 것이고, 또 하나는 그리스어와 라틴어로 된 문헌을 이슬람제국에서 아랍어로 번역한 것을 말한다.

번역문을 옮겨 적는 종이를 제조한 최초의 공장은 사마르칸트에 세워졌다(759년). 그 주변에는 종이의 원료가 되는 나무는 없었지만 당시 종이의 원료는 거의 대부분이 넝마였다. 따라서 사마르칸트에서도 종이를 얼마든지 만들 수가 있었다. 사마르칸트는 한때 '종이의 수도'라 불린 적도 있을 만큼 종이로 유명세를 떨쳤다. 오늘날 사마르칸트에 옛날 방식대로 종이를 뜨는 설비가 복원되어 남아 있다.

나는 새도 떨어뜨릴 기세를 자랑하던 아바스왕조가 쇠퇴하자, 아바스왕조의 칼리프는 이란계 대부호인 나스르 사마니에게 마 와라 알 나흐르의 지배권을 넘겼다. 사만왕조는 이렇게 탄생했다(875년). 사만왕조는 나스르의 동생인 이스마일 사마니 치세 시절 이란 동부 지역 및 북쪽으로 펼쳐진 초원 지대를 정복하여 영토를 넓혔다. 그리고 부하라를 수도로 삼아 문화·학술 발전에 힘썼다. 제2장에서 다룬 것처럼 투르크멘(이슬람교를 믿는 터키계 유목민)과 맘루크 사업을 전개하여 대성공을 거둔 군주가 바로 이 이스마일 사마니였다.

참고로 사만왕조 시대 때 그 영토에 속했던 타지키스탄공화국이 1991년에 소련으로부터 독립한 후, 이스마일 사마니를 통해 조국의 정통성을 확립하려 했다. 화폐 단위인 '소모니'도 사마니의 이름에서 유래한 것이다.

아이러니하게도 사만왕조는 그들이 키워낸 맘루크가 세운 카라한왕조에 의해 멸망한다(999년).

카라한왕조의 지배자는 지금의 신장웨이우얼자치구에서 세력을 확립한 맘루크 집단이었다. 아랍·이슬람 세계의 땅이었던 마 와라 알 나흐르는 이때부터 터키·이슬람 세계의 땅이 되었다.

이스마일 사마니 묘

이스마일 사마니가 아버지와 자손을 위해 만든 무덤으로, 중앙아시아에서 가장 오래된 이슬람 건축물로 알려져 있다.

이 카라한왕조를 멸망시킨 호라즘 샤왕조 또한 맘루크왕조였다. '호라즘'은 아무다리야강 하류 지역의 명칭이다. 이 지역도 아케메네스왕조 때부터 풍요로웠다. 이 지역을 11세기 말부터 지배한 호라즘 샤왕조는 7대 술탄인 알라 웃딘 무함마드 치세 시절 최대 규모의 영토를 갖게 된다. 그는 우선 마와라 알 나흐르를 공격하여 카라한왕조를 무너뜨렸다. 그리고 사마르칸트를 수도로 정했다(1210년).

알라 웃딘은 사마르칸트를 베이스캠프로 삼고 동쪽과 서쪽으로 계속해서 세력을 확대해 나갔다. 마침내 서쪽으로는 카스피해, 동쪽으로는 키르기스 지방, 남쪽으로는 아라비아해에 이르기까지 그야말로 방대한 영토를 지배하게 되었다. 멈출 줄 모르는 알라 웃딘의 진격이었지만 마침 그 무렵 칭기즈칸 군단이 서쪽을 향해 무서운 속도로 침략해왔다. 그리고 마침내 알라 웃딘과 칭기즈칸은 중앙유라시아 한가운데에서 정면으로 부딪히게 된다. 물론 호라즘 샤왕조가 패배했다는 이야기는 제2장에서 했다. 하지만 여기에서 는 패배한 경위를 더 자세히 다루고자 한다.

호라즘 샤 군대는 중앙유라시아의 대초원에서 정면 대결하기를 꺼렸기 때문에 군사를 물렀다. 병력은 우열을 가리기 힘들 정도였던 터라 군사를 물리는 작전을 쓴 이유가 있었을 것이라 추측할 수 있는데, 그중 초원에 불을 붙이고 도망가면서 적을 본거지까지 끌어들이려 했을 것이라는 설이 가장 유력하다. 이 전술은 제1장에서도 이야기한 적이 있다. 중앙유라시아에서 러시아의 평원지대에 사는 민족이 자주 썼던 초토화 작전이다. 나폴레옹도 히틀러도 이 작전에 휘말려 패배의 쓴맛을 보았다. 호라즘 샤 군대도 이 작전을 세웠을 것이다. 하지만 몽골군의 진격 속도가 너무나도 빠른 나머지 어쩔 수 없이 사마르칸트에서 싸울 수밖에 없었을 것이라 생각된다.

그 결과는 어떠했을까? 당시 몽골군은 이미 강한 파괴력과 살상력을 가진 화기火器를 사용하고 있었다. 훗날 일본에서 있었던 분에이의 난·고안의 난 때 '철포가 나타났다'며 가마쿠라 병사들을 두려움에 떨게 했던 화기의 전신 이다. 몽골군은 이 화기를 써서 가차 없이 사마르칸트를 공격했다.

당시 사마르칸트에는 포장도로와 수도가 갖추어져 있었다고 한다. 알렉 산더 대왕도 마을의 아름다움에 감탄했다고 전해진다. 하지만 이 전투로 몽 골군의 맹공을 받은 사마르칸트는 성벽, 시가지, 궁전 등 모든 것을 잃고 말 았다(1220년).

지금 사마르칸트에 가보면 동북 지역에 아프라시아브 언덕이라 불리는 곳이 있다. 거기에는 아무것도 없다. 그저 메마른 대지가 울퉁불퉁하게 이어 져 있을 뿐이다. 낙타가시라는 이름을 가진 잡초가 간간이 우거져 있는 그 황량한 땅이 사마르칸트의 폐허다. 최근 진행된 발굴 작업에서는 소그드인 들이 번영을 누렸던 시대에 그려진 아름다운 벽화가 출토되었다.

폐허가 된 성채와 차가타이 울루스의 지배

중앙유라시아의 대부분을 지배했던 몽골제국은 칭기즈칸이 죽은 후 몇 개의 국가로 나뉘었다. 그 국가들은 칭기즈칸의 네 아들이 건설한 것이었다. 자세한 내용은 아래의 표 '몽골 황실 계보'를 보면 알 수 있다. 사마르칸트는 차남인 차가타이 울루스가 지배했다. 참고로 몽골에서는 몽골고원의 본거지에서 가장 먼 영토를 장남이 맡고 동생은 그다음으로 먼 영토를 지배하는 것이 정책으로 정해져 있었다. 본거지는 아버지와 아들이 통치하는 형태를 띠고 있었기 때문에 후계자는 막내가 되는 것이 일반적이었다.

하지만 계보를 보면 알 수 있듯이 칭기즈칸의 뒤를 이은 사람은 막내아들

몽골 황실 계보

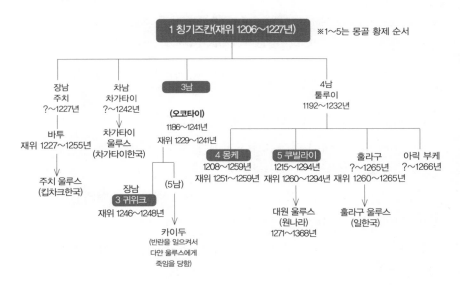

· 주치 울루스의 영토는 러시아 킵차크 초원이 중심
· 차가타이 울루스는 중앙아시아의 마 와라 알 나흐르와 그 동부 평원
· 훌라구 울루스는 아나톨리아반도와 이라크, 이란 중심
· '울루스'란 국가를 의미함

인 툴루이가 아닌, 셋째 우구데이였다.

어떤 이유에서인지 우구데이가 대를 이었고 형과 동생은 이를 묵인했다. 우구데이의 뒤를 이어 3대 황제가 된 귀위크는 장남이었는데, 귀위크가 즉위할 때는 거센 반대에 부딪혔다. 그러다 결국 우구데이 일가가 아닌, 막내아들 툴루이의 장남인 몽케가 4대 황제가 되었다. 몽케는 우구데이 울루스 가문을 사실상 멸망시켰고 이에 불복한 우구데이 일족은 제국 내에 작은 반란 분자로 남게 되었다.

몽골제국 내부에서 이런 분열을 겪는 동안에도 사마르칸트는 계속 차가타이 울루스가 지배하고 있었다. 그리고 칭기즈칸에 의해 폐허가 된 성채는 복원되지 않은 채 그대로 풍상에 시달렸다.

1333년 전후, 모로코 태생의 아랍인인 이븐 바투타라는 탐험가가 사마르칸트를 방문했고 그 내용을 《리흘라Rihla》라는 여행기에 담았다. 그는 이 여행기에서 아름다운 수도라고 알려진 사마르칸트가 황무지로 변해 있다는 사실에 슬퍼했다.

사마르칸트를 새롭게 부활시킨 천재 군략가 티무르

몽골고원에서 멀리 떨어진 중앙유라시아 땅에 건국한 차가타이한국 Chaghatai汗國은 세월이 흐르면서 이슬람화·터키화가 진행되었다. 이에 따라 몽골인의 피를 이어받은 귀족인 아미르(총독)들의 내부 항쟁도 격해졌고, 마침내 동서로 나뉘어 대립하게 되었다(몽골에는 불교 신자가 많았다).

동쪽에는 톈산산맥 북쪽에 있는 키르기스의 초원지대, 서쪽에는 마 와라 알 나흐르를 중심으로 사마르칸트가 포함되어 있었다. 이 차가타이한국의 분열을 통일한 사람이 티무르(1336~1405년)였다.

티무르는 사마르칸트에서 남쪽으로 약 80킬로미터 떨어져 있는 샤흐리삽스 출신 몽골계 귀족이었다. 군사 전략 수립에 빼어난 재능을 보였던 그는

티무르제국의 융성(15세기)

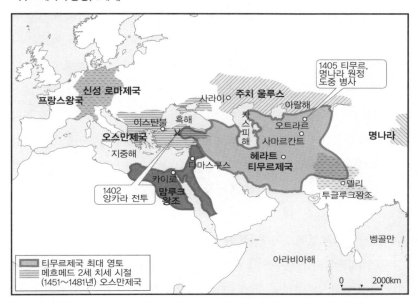

1370년에 동서 차가타이한국을 통일한 후 스스로 티무르제국을 세우고 사마르칸트를 수도로 삼았다. 이때 그는 아프라시아브 언덕에 있는 옛 사마르칸트의 폐허를 그대로 두고 남쪽과 북쪽에 새로운 사마르칸트를 건설하기 시작했다.

한편, 티무르의 침략 전쟁에는 놀라운 점이 있었다. 그는 거의 10년 만에 중앙유라시아의 유명 도시 대부분을 멸망시켰다. 그리고 그 도시를 파괴해서 재물을 빼앗은 것이 아니라 그 도시의 기술자와 예술가를 납치해서 사마르칸트에 살게 했다.

티무르는 4세기 중반에는 쿠빌라이의 친동생이자 훌라구가 건국한 이란의 훌라구 울루스를 멸망시켰다. 뿐만 아니라 주치 울루스와 인도 원정을 나가서 엄청난 타격을 입혔으며, 15세기 초에는 맘루크왕조가 지배하던 이집트의 다마스쿠스를 공략했다. 심지어 터키 앙카라에서 오스만제국과도 교전하여 대승리를 거뒀다. 오스만제국은 이 전쟁에서 패배한 것을 계기로 한때 멸망하기도 했었다. 티무르는 이 나라들로부터 빼앗은 재물과 인재를 사마르칸트 부흥에 총동원했지만, 중국 명나라를 치기 위해 동쪽으로 향하던 도중 병사했다.

사마르칸트는 티무르제국의 수도로 화려하게 부활했다. 티무르는 몽골의 영웅인 칭기즈칸을 존경하고 동경하면서도 칭기즈칸이 태워버린 사마르칸트가 얼마나 아름다웠는지 듣고 자랐을 것이다. 그리고 '내 손으로 사마르칸트를 부활시키겠다'라고 생각했던 것일지도 모르겠다.

4대 군주 울루그베그가 천문대를 만든 이유

티무르제국에서는 티무르가 죽은 후 후계자 문제로 분규가 일어났다. 하지만 그의 넷째 아들인 샤 루흐가 3대 군주(재위 1409~1447년)가 되면서 안정을 되찾았다.

그런데 샤 루흐는 티무르제국의 수도인 사마르칸트에 살지 않았다. 그는 아버지인 티무르에게서 지금의 아프가니스칸 서북부에 있는 도시 헤라트를 통치하라는 명령을 받았었는데 그곳에 그대로 자리를 잡았던 것이다. 사마르칸트에는 장남인 울루그베그를 파견하여 모든 통치를 맡겼다. 훗날 4대 군주가 되는 울루그베그(재위 1447~1449년)는 누구나 인정할 정도로 훌륭한 사람이었다.

이렇게 티무르제국은 군주가 헤라트를 지배하고, 장남이 사마르칸트를 통치하는 형태로 전성기를 맞이했다.

울루그베그는 열다섯이라는 나이에 사마르칸트를 통치했고 샤 루흐가 죽기까지 38년, 그리고 군주가 된 후 2년, 총 40년 동안 사마르칸트를 자유롭게 통치했다. 그리고 이 40년이라는 세월 동안 사마르칸트는 황금기를 누렸다. 사마르칸트에 남아 있는 수많은 문화유산의 대부분은 이때 탄생했다.

그중에서도 기억에 새겨 두고 싶은 유산으로 울루그베그의 천문대를 꼽고 싶다. 이 천문대는 근세에 이르러 독일의 요하네스 케플러(Johannes Kepler, 1571~1630년)가 새로운 천문대를 만들기 전까지 세계에서 가장 정교한 천문표를 만든 천문대로 유명하다.

천문표란 항성恒星의 움직임을 관측하여 그 운행이나 위치를 하나의 표로 정리한 것을 말한다. 예를 들어 이 표를 보면 과거 어느 해 3월 3일에 처녀자리 별들이 하늘 어디쯤에 위치해 있었는지 알 수 있다. 이런 천문표를 만들기 위해서는 고도의 수학 지식이 필요하다. 울루그베그는 명석한 두뇌를 가진 수학자이자 천문학자였던 듯하다. 그는 역사적인 가치가 매우 높은 이 천문대를 1420년대에 만들었다. 천문대의 유적은 사마르칸트의 폐허와 가까운 언덕 위에 있다. 깜짝 놀랄 정도로 거대한 규모의 지하 유구遺構, 옛날 토목건축의 구조와 양식을 알 수 있는 실마리가 되는 자취를 볼 수 있다.

울루그베그가 이렇게나 훌륭한 천문대를 만든 이유가 무엇일까? 몽골제국에서 이어받은 문화의 전통이 있었기 때문이다. 다시 몽골제국 이야기로 돌아가 보자.

몽골제국의 2대 황제가 된 칭기즈칸의 셋째 아들 우구데이는 유럽을 겨냥해 대규모 군단을 파견했다. 사령관은 칭기즈칸의 장남인 주치의 후계자 바투였다. 그리고 자신의 장남인 귀위크, 칭기즈칸의 넷째 아들 툴루이의 장남인 몽케도 참전시켰다. 말하자면 칭기즈칸의 손자 세대가 경험을 쌓도록 한 것이다. 하지만 이 군단은 집안싸움에만 급급했다. 아버지인 우구데이가 황제라는 사실로 콧대를 높이던 귀위크와 바투가 충돌하는 일이 잦았기 때문이다.

귀위크와 바투가 신경전을 벌이는 와중에도 몽케는 러시아의 대도시 키예프를 함락시키는 등 돋보이는 활약을 했다. 그리고 그는 몽골고원에서 러시아를 거쳐 헝가리 대평원에 달하는 먼 길을 원정하던 중 전에 몰랐던 사실을 깨달았다.

그것은 바로 시차時差였다.

당시 몽골에서 중대한 일을 결정할 때는 점을 쳐서 날짜를 정했다. 예를 들어 몽골의 수도 카라코람에 있는 점성술사가 '키예프를 공격하기에는 ○일 오전 7시가 좋다'고 알려주는 식이었다. 하지만 막상 키예프에 가보면 키예프의 오전 7시와 카라코람의 오전 7시는 같지 않았다. 그래서 카라코람에서 들었던 키예프의 오전 7시는 실제로는 몇 시일까 하는 의문을 갖게 되었다. 지금은 당연하게 알려진 사실이지만 당시에는 시차의 존재나 의미에 대해서 생각한 사람은 아무도 없었다. 지혜롭고 총명했던 몽케는 그 사실을 알아챈 것이었다.

시차 문제를 극복하려면 제국 내에서는 시간을 통일해야 했다. 몽케는 유클리드 기하학을 좋아했을 정도로 명석한 두뇌의 소유자였다. 그는 광대한 제국을 지배하는 데에 표준 시간을 설정하는 것이 무엇보다 중요하다는 것을 깨달았다.

황제가 된 몽케는 동생 훌라구가 이끄는 대군단을 다시 서쪽으로 파견했다. 몽케는 훌라구에게 제국을 지배하려면 표준 시간을 만드는 초석이 될 달력을 만드는 것, 그리고 달력을 완성시키기 위한 정교한 천문대가 필요하다는 것을 설파했다. 그러고는 선진국인 페르시아에서 뛰어난 학자들을 데리고 오라는 명령을 한 것이다. 참고로 훌라구는 훗날 페르시아에 훌라구 울루스를 세우게 된다.

훌라구는 몽케가 죽은 후 형의 의향을 받들어 수도 마라게에 천문대를 건설했다. 그리고 유럽을 월등히 뛰어넘는 관측 결과를 공표했다. 이 마라게 천문대의 영향을 받아 쿠빌라이도 대도시(베이징)를 건설할 때 천문대를 만들었다(지금도 베이징에는 그 유적이 남아 있다). 그리고 '수시력授時曆'이라는 달력도 만들었다(1280년). 에도 시대 때 시부카와 하루미에도 시대 전기의 천문학자가 이 정교한 달력을 응용해서 '정형력貞享歷'을 만들었지만(1684년) 정형력은 베이징과 에도의 시차를 수정하는 정도에 그쳤다.

시간이 흘러 티무르는 훌라구 울루스를 멸망시켰다. 그때 마라게 천문대는 어떻게 되었을까? 적어도 이 천문대 이야기는 티무르에서 샤 루흐로, 그리고 울루그베그에게까지 전해졌을 것이다. 그리고 수학과 천문학에 정통하고 몽케와 비슷한 두뇌를 가진 울루그베그가 적극적으로 천문대 건설에 나섰을 것이다.

사마르칸트의 천문대 유적에는 스케일이 남다른 몽케 이후의 몽골 역사가 새겨져 있다.

티무르제국은 울루그베그가 죽은 후 사마르칸트를 수도로 삼은 세력과 헤라트를 수도로 정한 세력으로 나뉘었다. 그러다 7대 왕인 아부 사이드(재위 1451~1469년) 치세 시절 사마르칸트를 중심으로 통일 정부가 수립되었다. 하지만 사실상 분열된 상태 그대로 멸망을 맞이했다.

티무르제국 이후 부하라를 수도로 삼은 세 왕조

분열된 티무르제국을 하나로 지배한 사람은 샤이반 칸이라는 인물이었다. 그는 칭기즈칸의 장남 주치의 피를 이어받은 주치 울루스 일족 출신이다. 그는 조국 주치 울루스가 쇠약해져 갈 때 나라를 떠났고, 마 와라 알 나흐르를 정복한 후 샤이반왕조(1500~1599년)를 건국했다. 샤이반왕조는 사마르칸트를 수도로 정했다가 1552년에 서쪽에 있는 부하라로 천도했다.

샤이반왕조의 혈통이 끊기자 이 왕조는 주치 울루스의 다른 일족에게 왕위를 물려주었다. 잔Janid왕조는 이렇게 탄생했는데 이 일족의 출신지가 러시아 아스트라한Astrakhan 지방이라서 아스트라한한국이라고도 불렸다(1599~1753년). 잔왕조 역시 수도를 부하라로 삼았다.

이 두 왕조는 칭기즈칸의 아버지 쪽 핏줄이었기 때문에 군주를 '칸'이라고 칭했다. 잔왕조 시절에 나디르 샤가 난입하여 약탈당하는 불운을 겪기도 했지만, 수도가 부하라일 때도 그랬지만 사마르칸트일 때도 전반적으로 평화로운 시대가 이어졌다. 나디르 샤는 훗날 페르시아의 나폴레옹이라 불린 풍운아다. 하지만 망기트족의 무함마드 라힘이 왕위를 찬탈함으로써 잔왕조는 막을 내리고 망기트왕조 시대(1756~1920년)로 접어들었다. 망기트왕조는 혈족 중에 칭기즈칸의 혈통이 없었던지라 '칸'이 아닌 '아미르'라는 호칭을 썼다.

샤이반왕조에서부터 망기트왕조에 걸친 368년 동안 수도가 부하라였기 때문에 '부하라한국' 시대라고 불리기도 한다. 이때 부하라와 사마르칸트는 교역의 중심지로 크게 번영했는데, 마 와라 알 나흐르의 동부와 북부에 등장했다가 사라진 크고 작은 부족 국가들과 끊임없이 싸우기도 했다. 하지만 부하라한국은 독립적인 작은 왕조로 오래도록 살아남았다.

러시아가 크림전쟁에서 패배한 후 중앙아시아로 진출하다

북쪽의 대국 러시아는 항상 남쪽으로 뻗어나가고 싶어 했다. 가장 큰 표적은 흑해와 크림반도였다. 하지만 크림전쟁(1853~1856년)에서 패배하면서 일시적으로 그 길이 차단되었다. 그래서 중앙아시아로 진로를 변경한 후 아프가니스탄을 정복하여 인도로 가는 길을 확보해야겠다는 생각을 하게 되었다.

러시아는 우선 중앙아시아 정복의 전선 기지로 타슈켄트에 투르키스탄 총독부를 설치했다(1867). 총독부는 육군의 지배하에 식민지의 군사와 행정을 관할하는 곳이다. '투르키스탄'이란 터키계 사람들이 사는 지역을 가리키는 말로, 마 와라 알 나흐르와 그 동쪽에 있는 파미르고원의 동서에 펼쳐진 스텝 및 오아시스지대를 일컫는다.

대국 러시아의 육군을 상대로 투르키스탄의 작은 나라들이 이길 수 있을 리가 없었다. 결국 1868년에 러시아가 부하라한국을 점령하면서 사마르칸트도 지배하게 되었다. 당시에는 부하라한국과 마찬가지로 주치 울루스에서 파생된 국가가 두 개 더 있었는데, 투르키스탄 총독부의 무력에 의해 러시아의 보호국이 되었다. 그 두 국가는 아무다리야강 하류의 호라즘 지방에 있는 히바한국(1873년)과 파미르고원의 페르가나에 있는 코칸트한국(1876년)이었다.

이렇게 투르키스탄 총독부는 중앙아시아의 거의 모든 영역을 러시아가 지배할 수 있게 도왔다. 이 투르키스탄 총독부의 초대 총독은 카우프만이라는 사람이었다. 군인이었던 그는 유능한 통치자이기도 했다. 그는 이 지방의 책임자로 부임했을 때 이런 생각을 했다.

'이 중앙아시아의 기후는 목화 재배에 적합하겠군.'

그 생각은 적중했다. 아무다리야강 유역은 훌륭한 목화밭이 되었고 사마르칸트도 풍족해졌다. 하지만 목화를 재배하려면 많은 양의 물이 필요했기 때문에 관수灌水용 물을 쓰는 데에 아무다리야강을 이용했다. 뿐만 아니라 시르다리야강에서도 물을 끌어왔다. 그 결과 두 강의 수량이 감소하면서 두 하천이 흘러드는 아랄해의 규모도 작아졌고 말라붙는 면적이 급속도로 늘어났다. 이제는 눈을 씻고도 찾아보기 힘들 정도로 예전 모습이 사라져서 지구촌의 환경 문제가 얼마나 심각한지 극명히 보여주는 사례로 꼽히고 있다(염분이 많은 사막으로 변하여 생명이 살 수 없는 땅이 되었다).

이러한 에피소드를 가지고 있는, 러시아 영역에 편입된 지난날의 마 와라알 나흐르의 국가들 · 오아시스 도시들은 그대로 소비에트사회주의공화국연방의 일부가 되면서 세계사의 무대에서 사라졌다. 세계사 속에 한 번 더 등장한 것은 1991년 소련이 붕괴한 후였다.

사마르칸트는 왜 '푸른 도시'라고 불렸을까

앞부분에서 타지키스탄공화국이 1991년 소련으로부터 독립했을 때, 이스마일 사마니를 통해 자국의 정통성을 확립하려 했다는 이야기를 했다. 우즈베키스탄이 소련에서 독립했을 때도 이와 같은 이유로 티무르를 국가의 영웅으로 추대하며 국가 재건의 토대를 마련하려 했다. 그 결과, 우즈베키스탄 국내는 수도 타슈켄트를 비롯하여 온통 티무르로 도배가 된 시기가 있었다. 지금도 그가 수도로 삼았던 사마르칸트에는 티무르가 넘쳐나는 느낌이 든다.

인구 50만 명에 불과한 작은 도시이지만 알렉산더 대왕 이래 수많은 드라마를 체험해온 사마르칸트에 대해 두 가지 이야기를 하면서 이 장을 마무리하려 한다.

사마르칸트는 비가 적은 고원지대의 오아시스 도시다. 이곳을 찾는 사람

레기스탄 광장

레기스탄이란 '모래의 땅'이라는 뜻이다. 사진에서 보이는 왼쪽이 울루그베그 마드라사, 중앙이 티라카리 모스크·마드라사, 오른쪽이 쉐르도르 마드라사다. ㄷ자 형태로 서 있다.

은 하늘이 무척이나 맑고 푸르다는 생각을 하게 된다. 옛날에는 베이징의 가을 하늘이 아름답기로 정평이 나 있었는데, 사마르칸트에 가면 그 이상으로 드높고 푸르른 하늘을 만날 수 있다. 그래서 사마르칸트는 '푸른 도시'라고 불린다.

또 사마르칸트가 푸른 도시라고 불리는 이유가 하나 더 있다. 이 도시에서 곧잘 보이는 티무르제국의 건축물에 선명한 파란색 타일이 쓰였기 때문이다. 모스크와 마드라사(이슬람교 교육기관), 티무르 일족의 무덤, 우뚝 솟은 다채로운 탑과 건물의 파란색이 한없이 맑고 푸른 하늘과 어우러져 이루 말할 수 없는 감동을 선사한다.

비비하눔 모스크, 티무르 일족의 관이 안치된 아미르 티무르의 묘, 레기스탄 광장에 있는 세 마드라사가 그 대표적인 예라고 할 수 있다.

티무르 시대 때부터 중앙아시아의 도시에서는 '난'이라고 불리는 빵이 유명했다. 그중에서도 특히 사마르칸트의 난은 맛이 좋기로 정평이 나 있었다. 나는 사마르칸트 시장을 걸으면서 맛있는 난을 찾아다니던 중 김치를 파는 곳을 보았다. 틀림없는 한국 김치였다.

그때 문득 이런 슬픈 사실이 떠올랐다.

제2차 세계대전이 일어나기 직전 만주와 몽골 국경인 노몬한에서 일본군과 소련군이 무력 충돌했을 때(1939년), 스탈린은 당시 일본과 소련 두 나라 모두에 살고 있는 조선 민족을 신뢰할 수 없다고 생각했다. 스탈린은 남보다 갑절이나 의심이 많은 사람이었다. 그는 국경지대에 살고 있는 조선 민족 대부분을 중앙아시아로 강제 이주시켰다. 그리고 조선 민족이 살던 곳에 러시아인이 살게 했다.

이는 기원전 6세기에 있었던 '바빌론 포로'와 다를 바 없는 사건이었다. '바빌론 포로'는 바빌로니아 왕이 예루살렘의 유대인을 강제로 바빌론의 수도로 데려간 사건을 말한다. 하지만 유대인들은 예루살렘 땅을 빼앗기지는 않았다. 가엾게도 조선 사람들은 마땅히 돌아가야 하는 땅을 러시아에 빼앗겼기 때문에 사마르칸트에 살 수밖에 없었다. 시장에 있는 김치는 이러한 역사에서 비롯된 것이었다. 그리고 지금도 사마르칸트에는 그들의 자손이 많이 살고 있다.

사마르칸트에 가려면 비행기를 타고 타슈켄트로 가면 된다. 그리고 타슈켄트에서 비행기(약 1시간) 또는 국제열차(3시간 전후)를 이용하는 것이 가장 편리하다.

사마르칸트 관련 연표

서기(연도)	사 건
기원전 10세기	아무다리야강과 시르다리야강 사이에 있는 지대(마 와라 알 나흐르)에 교역을 업으로 삼은 이란계 소그드인이 수많은 오아시스 도시를 건설함
기원전 550	페르시아에서 아케메네스왕조가 발흥(~기원전 330년). 오아시스 도시를 지배하에 둠
기원전 4세기	알렉산더 대왕이 사마르칸트의 전신인 마르칸타를 함락시키지만 파괴는 면함
7세기까지	박트리아왕국, 대월지, 쿠샨왕조, 사산조, 에프탈족, 돌궐족에 이어 당나라의 지배하에 놓임. 《신당서》에 사마르칸트=강康, 부하라=안安, 타슈켄트=석石 등 소무구성昭武九姓이 기록됨
712	우마이야왕조 산하에 들어가지만 곧 아바스왕조로 바뀜
751	오아시스 도시의 영유권을 둘러싸고 아바스왕조가 당나라에 대승을 거둠(탈라스 전투)
759	사마르칸트에 제지 공장이 세워짐
875	이란계 사만왕조가 발흥하면서 그 산하에 들어감
999	맘루크의 터키계 카라한왕조 산하에 들어감
1210	맘루크의 호라즘 샤왕조가 사마르칸트를 수도로 삼음
1220	호라즘 샤왕조가 칭기즈칸에 패배하면서 사마르칸트는 폐허가 됨. 훗날 차가타이 울루스가 지배함
1333 전후	탐험가 이븐 바투타, 사마르칸트에서 폐허가 된 것을 한탄하는 기록을 남김
1370	티무르(1336~1405년)가 차가타이 울루스를 통일, 수도로 사마르칸트를 재건함
1409	샤 루흐가 티무르제국 3대 군주가 되고 장남 울루그베그가 사마르칸트를 통치
1420년대	울루그베그, 천문대를 건설
1500	샤이반 칸이 샤이반왕조를 일으킴(~1599년). 1552년, 사마르칸트에서 부하라로 천도(이후 부하라한국이 됨)
1599	잔왕조(아스트라한한국, ~1753년)가 세워짐
1756	망기트왕조 발흥(~1920년). 수도는 부하라였지만 사마르칸트도 함께 교역의 중심지로서 번영을 누림
1867	러시아, 타슈켄트에 투르키스탄 총독부를 설치(~1917년)
1868	러시아가 부하라한국을 점령, 그 지배하에 둠(1873년 히바한국, 1876년 코칸트한국을 보호국화함). 이 무렵 투르키스탄 총독부의 초대 총독 카우프만 주도하에 일대를 목화 재배지로 만들면서 경제적으로는 풍족해지지만 두 강에서 유입되는 물의 양이 줄면서 아랄해가 고갈됨
1991	소련 붕괴, 우즈베키스탄 독립. 사마르칸트는 우즈베키스탄의 중추적인 도시가 됨

- **사마르칸트의 세계문화유산(구조물)**

  구르아미르 / 레기스탄 광장(울루그베그 마드라사, 쉐르도르 마드라사, 티라카리 모스크·마드라사) / 비비하눔 모스크 / 샤히진다 영묘

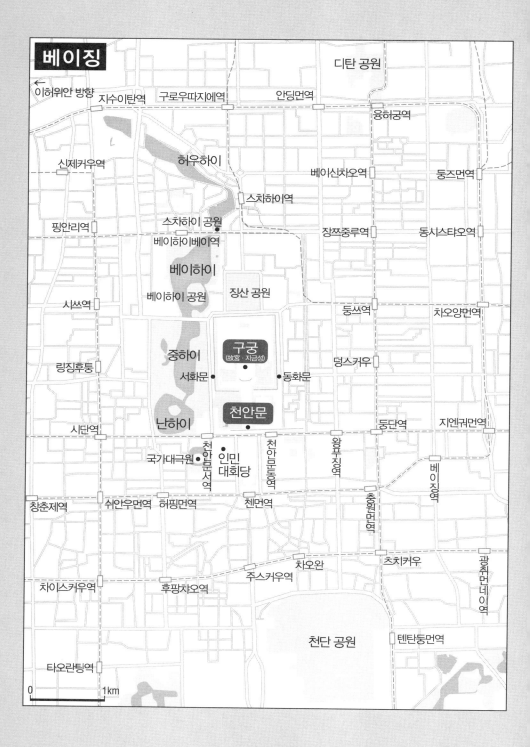

베이징

이허위안 방향 →

디탄 공원

지수이탄역　구로우따지에역　안딩먼역

융허궁역

신제커우역

허우하이

베이신차오역　　둥즈먼역

스차하이역

핑안리역

스차하이 공원

베이하이베이역

장쯔중루역　동시스탸오역

베이하이

시쓰역

베이하이 공원　징산 공원

둥쓰역　차오양먼역

중하이

구궁
(故宮 · 지금성)

덩스커우

링징후퉁

서화문　　동화문

시단역

난하이

천안문

둥단역　지엔궈먼역

천안문역

국가대극원
천안문서역

인민
대회당

천안문둥역

왕푸징역

창춘제역

쉬안우먼역　허핑먼역

첸먼역

베이징역

차오완

츠치커우

광취먼네이역

차이스커우역

후팡챠오역

주스커우역

천단 공원

톈탄둥먼역

타오란팅역

0　　　1km

제5장

세 명의 거인이 완성시킨 도시
베이징

파란만장한 역사를 수놓은 안녹산, 쿠빌라이, 영락제

베이징의 드라마는 수나라 문제 · 양제의 대운하에서 시작되었다

중국의 문명은 황허강(황하강) 중류의 중원中原이라 불리는 지역을 중심으로 발달했다. 하지만 베이징은 중원에서 북쪽으로 한참을 더 가야 한다.

중원에는 하夏라고 불리는 전설상의 왕조가 있었는데, 이 하왕조를 멸망시킨 것으로 알려진 상商, 문헌에 따라 은殷이라는 명칭도 나타나서 한때 국가의 명칭을 '은'이라고 부르기도 했다.왕조는 기원전 16세기경에 발흥했고 기원전 11세기에 주周왕조에 의해 멸망했다. 주왕조 시대는 기원전 256년까지 이어졌다. 고대 중국은 다른 말로 구주九州라고 불렸다. 아홉 개의 문명이 있었다는 뜻이다. 중국의 영토는 유럽보다 넓기 때문에 유럽으로 예를 들면 독일, 프랑스, 이탈리아 등 아홉 개의 국가가 있었다고 생각하면 된다.

이 구주 안에 유주幽州라는 지명이 등장하는데, 이 유주가 바로 오늘날 베이징 부근을 가리킨다. 멀어서 잘 알 수 없는, 마치 안개에 싸인 것 같은 곳이었기 때문에 유령幽靈의 '유'를 썼을 것이다. 당시 주왕조의 수도는 장안長安이었는데, 장안은 중원에서 가장 문화가 발달한 지역이었다. 베이징 지역은 그야말로 유주라는 이름이 잘 어울리는 곳이었을지도 모른다.

시간이 흘러 주왕조가 쇠퇴하면서 낙양洛陽으로 천도한 후 동주東周 시대가 시작되었다(770년). 이 무렵부터 철기를 활발하게 사용하게 되었고 농업 생산량도 증가하여 사회 구조에 변화가 찾아왔다. 주왕조의 지배력은 더욱 약해졌다. 그 결과 주왕조에 속해 있었던 제후들이 스스로 국가를 만들어 자립하기 시작했다. 제후국의 수는 처음에는 무려 200개에 달했다. 이렇게 제후들이 할거했던 시대를 '춘추 시대'라고 한다. 이윽고 승자는 일곱 개의 왕국으로 좁혀졌고 이들은 '전국칠웅戰國七雄'이라 불리게 된다. 동쪽의 제齊, 서쪽의 진秦, 남쪽의 초楚, 북쪽의 연燕, 그리고 중앙의 위魏 · 한韓 · 조趙가 이에 해당한다. 이 7개 강국이 패권을 놓고 다투던 시대를 '전국 시대(기원전 403~기원전 221년)'라고 한다.

이 중 연나라의 수도는 계薊라는 곳이었다. 이 계가 지금의 베이징 쪽이다.

전국 시대의 중국(기원전 3세기)

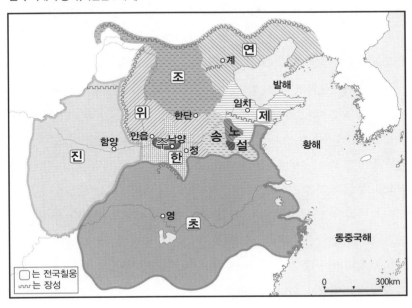

연나라는 악의樂毅라는 명장이 등장하면서 전성기를 맞이했다.

연나라의 소왕昭王은 남쪽에 있는 이웃 국가인 제나라와 첨예하게 대립했다. 비옥한 산둥반도를 지배하던 제나라는 진나라와 함께 전국칠웅 중에서도 눈에 띄는 대국이었다. 소왕은 제나라를 상대로 승리를 거두기 위해 인재를 확보하려 했다. 그래서 그는 가신家臣인 곽외에게 인재를 모으기에 좋은 방법이 없는지 물었다. 그러자 곽외가 답했다.

"먼저 저부터 시작하십시오."

그 말의 참뜻은 이러했다.

"저처럼 이렇다 할 재능도 없는 사람부터 잘 대우해주신다면, 내로라하는 사내라면 더 좋은 대우를 받을 수 있을 것이라 생각하고 제 발로 찾아올 겁니다. 그러니 우선 저부터 시작하시지요."

소왕은 그 말에 큰 깨달음을 얻어 그를 위해 좋은 집을 지어주고 스승으로 대우했다. 이 소식을 들은 사람들은 소왕이 진심으로 인재를 구하고 있다고 여겼고, 마침내 악의를 비롯한 많은 인재들이 연나라에 모였다고 한다. 연나라는 악의의 대활약으로 한때는 제나라를 무너뜨렸고, 산둥반도 일대에서 한반도까지 아우를 정도의 대국이 되었다. 물론 수도인 계도 번영했다.

하지만 연나라의 성은 전국칠웅 중 최강국이라 불렸던 진나라의 왕인 정(政, 전국 통일 후 처음으로 황제라는 칭호를 사용해서 '시황제始皇帝'라고 한다. 최근 들어 正이라고 적는 학자도 있다)의 공격을 받고 함락되었으며 마을도 소실되었다. 연나라의 전성기는 제나라를 제압한 때인 기원전 285년경이고, 시황제가 전국을 통일한 것은 기원전 221년이다. 따라서 베이징의 전신인 연나라 수도는 진나라가 통일을 하기 반세기 전에 처음으로 번영을 누렸던 것이다.

진나라가 전국을 제패한 후에는 한나라의 시대가 시작되었다(기원전 202년). 한나라는 왕망에게 나라를 빼앗긴 적이 있지만 재건해서 220년까지 중국을 지배했다. 한나라가 멸망한 후 위魏·촉蜀·오吳의 세 나라가 패권

을 다투는 '삼국 시대'가 이어졌고(220~280년), 그 뒤를 이어 '오호십육국五胡
十六國 시대'라 불린, 다양한 유목민이 침입하고 소국가들이 난입하던 시대로
들어섰다(304~439년). 여기에서 '오호'는 흉노匈奴 · 갈羯 · 저氐 · 강羌 · 선비
鮮卑를 이른다. 그리고 이 시대가 끝날 무렵부터 중국은 중원에서 지금의 허
베이성을 중심으로 한 북방 세력권과, 지금의 허난성에서 양쯔강 남쪽을 거
점으로 삼은 남방 세력권이 대립하는 형태를 띠면서 '남북조 시대'라 불렸다
(5세기 중반~589년). 북방 세력권은 그 지역에 침입한 유목민이, 남방 세력권
은 한민족이 통치했다.

이 기나긴 분열의 시대가 이어지는 동안 연나라 땅은 진한秦漢 시대 때 베
이핑(北平, 북평)이라 불리다가 훗날 다시 계라고 불렸다. 이 분열 상태에 종지
부를 찍고 다시 중국을 통일한 왕조가 바로 수나라였다. 수나라의 초대 황제
문제(文帝, 재위 581~604년)와 2대 황제 양제(煬帝, 재위 604~618년)는 지금의
베이징 남서쪽 외곽에 있는 탁군에서부터 멀리 떨어진 양쯔강 남쪽의 항저
우(杭州, 항주)까지를 '대운하'라고 불렀다. 계 또는 베이핑이라 불렸던 유주
의 도읍이 이때 처음으로 비옥한 장난(江南, 강남) 땅과 뱃길로 이어진 것이다.
그리고 이는 베이징이 역사 무대에 등장하는 커다란 전환점이 되었다. 쉽게
말하면, 곡창 이집트와 수도 로마가 내수로內水路로 연결된 셈이라고 생각하
면 된다. 베이징의 비약은 이렇게 시작되었다.

세계제국 당나라의 전성기, 베이징에 안녹산이 등장하다

중국의 곡창지대는 양쯔강 유역(특히 남부)의 광대한 평원지대였다. 당나
라를 포함한 역대 왕조의 수도는 황허 중류 지역과 그 서쪽으로 펼쳐진 중원
지대에 있었다. 함양, 장안, 낙양 등을 그 예로 들 수 있다. 이 때문에 각 왕조
는 장난 지역에서 수도까지 식량을 확실히 운반할 수 있도록 길을 만드는 일
에 힘썼다. 대량의 물자를 수송하기에는 육로보다 수로가 편리하다. 그래서

중국에서 고대부터 발달한 것이 운하였는데, 수나라의 대운하가 그 대표격이라 할 수 있다.

이 대운하가 완성되면서 베이징은 북쪽에서 침입하는 다른 민족, 즉 몽골계나 터키계 유목민을 방어할 수 있는 주요 거점으로 부상하게 되었다.

618년에는 당나라가 수나라를 쓰러뜨리고 중국을 제패했다. 하지만 수나라와 당나라는 같은 일족이었다. 심지어 한漢으로 대표되는 한민족이 아닌, 이異민족이었다. 시간을 거슬러 올라가 두 나라의 뿌리에 대해 이야기해보자.

'오호십육국 시대'에 등장한 유목민 중에는 선비鮮卑라는 부족이 있었는데 그중에 탁발부拓跋部라는 강력하고도 우수한 민족이 있었다. 로마제국으로 몰려든 부족들이 서로 싸우는 사이에 프랑크족이 최종 승자가 됐던 것처럼, 탁발부가 오호십육국 시대 때 승리를 차지하면서 남북조 시대에 북위北魏라는 강력한 국가를 세웠다. 북위는 최종적으로는 중국 전역을 지배하기 위해 탁발부 전체를 중국문화에 동화시켜서 자신들이 한민족인 것처럼 행동했다. 이 북위가 분열하는 과정에서 탁발부 중 한 일족이 수나라를 건국했고, 더 나아가 당나라까지 건국한 역사가 있었던 것이다.

여담이지만 수나라와 당나라의 전신은 유목민이었기 때문에 유목민과 우호적인 관계를 맺으려 했다. 그래서 두 나라는 시황제가 유목민의 침입을 막기 위해 쌓기 시작한 만리장성의 건설 작업에 관여하지 않았다. 장성을 쌓은 대표적인 왕조로는 명나라가 있다. 오늘날까지 남아 있는 장성의 대부분은 명나라 때 만들어진 것이다.

다시 본론으로 돌아가면, 당나라가 건국된 지 90년 남짓한 시간이 흐른 뒤 현종(玄宗, 재위 712~756년) 시대가 시작되었다. 그의 치세 시절 전반은 후세에 '개원의 치開元之治'라고 칭송받을 만큼 다양한 측면에서 융성했다. 하지만 후반에는 정치에 질려버렸던 것인지 미녀 양귀비에 흠뻑 빠져 국정을 돌

당나라와 주변 국가(8세기)

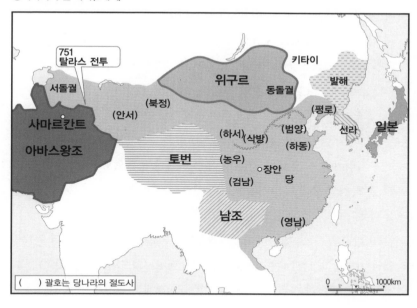

보지 않았다. 당나라에 복속되었던 이민족들이 자립하기 위해 반란을 일으키기 시작한 것도 이 무렵부터였다. 이 시대를 대표한 유목민으로는 터키계 돌궐족과 위구르족을 들 수 있다. 당나라는 이민족에 대처하기 위해 동서남북의 변경지대에 지방 장관인 절도사를 두게 되었다(710년).

절도사는 변경을 방위하기 위해 군사권과 민정권民政權, 그리고 재정권을 쥐고 있었다. 이때 절도사가 생활하던 곳을 '막부幕府'라고 했는데, 그 이름이 그대로 일본에 전해져서 가마쿠라 막부 및 무로마치 막부라는 호칭이 쓰이게 되었다. 일본에서는 막부의 최고 권력자를 쇼군將軍이라고 불렀다. 여기에서 쇼군이란 '정이대장군征夷大將軍, 막부의 실권자 직위'을 의미한다. 본래는 720년에 무쓰(陸奧, 지금의 아오모리현) 지방의 이민족 에미시를 복속시키려고 파견한 군사 지휘관에게 부여한 직위였다. 그런데 여기에서 '이(夷, 오랑

캐)'는 원래 중국이 동쪽의 이민족을 부를 때 쓰던 호칭이다. 즉, 절도사와 정이대장군은 비슷한 역할을 했다고 볼 수 있다.

참고로 막강한 권력을 보유한 절도사에 임명된 인물 중에는 장수규라는 사람이 있었다. 그의 부임지는 범양이었는데 범양은 유주를 뜻한다. 지명이 바뀌었을 뿐 지금의 베이징 주변이다.

이 장수규의 신임을 얻고 현종과 양귀비의 총애까지 받은 인물이 있었으니, 그가 바로 안녹산(安祿山, 705~757년)이다. 그는 사람의 마음을 얻는 데에 천부적인 재능이 있었다고 한다. 그는 커다란 몸집으로 익살스런 행동을 곧잘 했다. 이를 통해 다른 사람들이 자연스레 경계심을 풀고 그를 받아들이게끔 하였다.

안녹산은 장수규를 만나고 10년 후에 범양 절도사가 되었다. 뿐만 아니라 랴오닝성(平盧, 평로)과 타이위안(河東, 하동) 절도사로도 임명되었다. 그는 이렇게 막강한 권력과 부를 쥐게 되면서 당시 조정에서 실권을 쥐고 있던 양귀비 일족의 양국충과 대립했다. 755년, 안녹산은 갑자기 반기를 들고 양국충을 치겠다는 명목으로 병사를 일으켜 낙양과 장안을 점거했다. 현종은 양귀비를 데리고 남서쪽에 있는 촉나라로 도망갔지만, 양귀비에 대한 불만으로 가득했던 병사들을 달래기 위해 그녀의 사형을 명령할 수밖에 없었다. 이때 양국충도 살해되었다.

이 대반란은 현종과 안녹산이 세상을 떠난 후에도 수습되지 않았다. 그러다 안녹산의 뒤를 이은 사사명(史思明, ?~761년)과 그의 아들이 현종의 아들 숙종에게 패배하면서 막을 내리게 되었다(763년). 훗날 이 사건은 두 사람 이름의 앞 글자를 따서 '안사의 난'이라 불렸다.

안사의 난으로 인해 당나라가 흔들리면서 국력이 약해졌지만 멸망하지는 않았다. 유목민인 위구르족의 힘을 빌렸기 때문이다. 결국 당나라는 유목민의 힘을 빌리지 않고서는 내란을 평정할 수가 없을 정도로 쇠약해졌다. 하지만 이는 동시에 범양, 즉 베이징과 화북 지방에는 세계제국인 당을 뒤흔들 정도의 군사력이 갖추어져 있었다는 것을 의미하기도 했다. 안녹산이 베이징의 새로운 장을 열었다고 봐도 좋을 것이다.

최근에는 이 안사의 난에 관한 새로운 견해가 주목받고 있다.

아바스혁명과 안사의 난은 국제적인 공동모의였다?

안녹산의 아버지는 소그드인, 어머니는 돌궐인이었다고 한다. 그가 태어난 곳은 중앙아시아에 있는 호라산Khorasan이다. 사사명도 같은 지역 출신이었다. 호라산은 '해 뜨는 땅'이라는 뜻으로, 지금의 이란 동부에서 아프가니스탄 서북부에 이르는 지역을 지칭한다. 호라산 지방의 북서쪽이 바로 제4장 사마르칸트에 등장한 마 와라 알 나흐르다.

750년, 이 호라산 지방을 발화점으로 이슬람 세계에 대변혁이 일어났다. 당시 유라시아를 통치하던 국가는 당나라와 우마이야왕조라는 이슬람제국이었다. 이슬람교 시조인 무함마드의 숙부, 아바스 일족이 시아파의 불만에 불을 지펴서 우마이야왕조를 무너뜨린 것이다(아바스혁명). 아바스혁명을 주도한 이들은 호라산 군단이었다. 이 아바스왕조가 이듬해 751년에 당나라와 교전하여 대승을 거둔 것이 앞에서도 언급했던 탈라스 전투다. 아바스왕조는 어쩌면 이 전투를 통해 당이라는 대국이 기울어지는 것을 확인하고 싶었는지도 모른다.

이러한 역사적인 사건들을 생각하면 이렇게도 추리할 수 있다. 안녹산과 사사명 모두 호라산 출신으로서 당나라에서 출세했으며, 베이징에서 병력을 키워 강력한 군단을 꾸렸다. 그리고 안녹산은 아바스혁명을 성공시킨 호라산 군인들과 친밀한 관계를 유지했을지도 모른다.

유라시아의 두 대국이 난숙기爛熟期에 도달한 700년대 중반 무렵, 당나라와 이슬람 세계의 가운데쯤에 있는 호라산의 과격한 군인들이 결탁하여 군

안녹산

소그드계 출신이자 당나라의 절도사. '안사의 난'의 중심 인물이다. 6개 국어를 구사했다고 한다.

사 행동을 일으켰다고 추측해도 이상할 것이 없다. 실제로 이런 학설도 존재한다.

"나는 동쪽을 치겠다. 너는 서쪽으로 가라."

그리고 서쪽에서는 성공했지만 동쪽에서는 실패한 것이다. 결과적으로는 패배한 안녹산도 한때는 수도를 함락시키고 스스로 황제라 칭하기도 했다. 같은 시기에 일어난 반란인데도 성공하면 '혁명'이라 불리고 실패하면 '난'이라는 이름이 붙는 것을 보면 묘한 기분이 든다. 역사 속에 '어쩌면, 혹시나, 이랬다면'이라는 가정은 있을 수 없지만, 만약 안사의 난이 성공했다면 그 진원지였던 베이징은 어떤 모습이 되었을지 상상해보고 싶어진다.

유목민 출신 군주들이 베이징을 영유한 시대

당나라가 멸망한(907년) 후 황허 하류 지역에서 남쪽으로 펼쳐진 중국 중심부에는 다섯 왕조가 교대하듯 등장했다. 심지어 중앙을 제외한 주변부에서는 10여 개 이상의 국가가 서로 다투는 시대가 되었다. 최종적으로 송나라가 전국을 통일하기까지(979년) 대략 70년에 걸쳐 이어진 이 시대를 '오대십국五代十國'이라 부른다. 여기에서 오대란 후양(梁―後梁)·후당(唐―後唐)·후진(晉―後晉)·후한(漢―後漢)·후주(周―後周)인데, 이전에 있었던 같은 이름의 왕조와 구별하기 위해 역사가들이 앞에 '후'를 붙였다. 후당, 후진,

후한은 터키계 유목민이 세운 왕조다. 이 중에서 후진을 건국한 석경당(石敬瑭, 892~942년)이라는 인물이 베이징의 역사에서 큰 역할을 하게 된다.

그는 북방의 몽골계 유목민이 건국한 키타이 측에 지원군을 파견해줄 것을 요청했다. 자신이 정권을 차지하기 위함이었다. 당시 키타이는 중국 북부에서 러시아 극동부인 연해주에 이르는 광활한 지역을 지배하는 강대국이었다. 참고로 중국에서는 키타이를 거란契丹이라고 불렀다. 태조 야율아보기(耶律阿保機, 872~926년)가 키타이계 부족을 모두 통합하며 대국을 건설했는데, 훗날 중원에 진출해서 한민족까지 지배할 생각이었는지 요遼라는 중국식 이름을 붙였다. 이 때문에 '키타이'가 아닌 '거란'이나 '요나라'라는 이름이 익숙하지만, 이 책에서는 세계적으로 보급된 명칭인 '키타이'를 사용하기로 한다.

오대십국에서 송나라로, 중국의 수도가 중원에서 멀어지다

오대십국 시대의 마지막 왕조인 후주의 무장이었던 조광윤은 여러 군주로부터 나라를 양도 받아서 황제가 되면서 국호를 송宋으로 고쳤다(재위 960~976년). 그의 뒤를 이어받은 동생 조광의의 치세 시절, 북쪽 대국 키타이가 영유한 베이징 주변 연운십육주燕雲十六州를 제외하고 거의 모든 중국 영토를 통일했다(979년).

송나라의 수도는 중원 장안과 낙양을 떠나 카이펑(開封, 개봉)으로 옮겨졌다. 카이펑은 낙양의 동쪽에 있는 대운하와 이어지면서 황허와도 인접한 도시였다. 천도한 이유에 대해 말하기 전에, 송나라가 키타이를 상대로 어떤 정책을 취했는지 잠깐 이야기해보자. 이 정책에서 드러나는 송이라는 통일 국가의 성격이 수도를 카이펑으로 옮긴 것과 연관되어 있기 때문이다.

1. 키타이와 송은 전면 대결을 피해 ODA를 체결했다

키타이는 송나라가 중국 영토의 대부분을 통일했다는 사실을 알게 되었

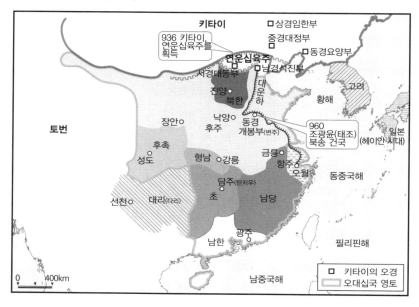

오대십국 시대의 중국(10세기)

다. 그래서 송을 먼저 치기 위한 만반의 준비를 한 후 대군을 남하시켰다. 송 나라도 이에 맞서기 위해 대군을 북상시켰다. 마침내 양군은 카이펑의 북쪽, 황허와 가까운 전연澶淵에서 대치했다. 모두 합하면 100만 명이 넘는 대군이 었다. 하지만 양군은 내심 충돌하기를 꺼렸고 결국 평화조약인 '전연의 맹' 을 맺었다(1004년).

즉, 양국은 그 국경선을 지금 상태로 둘 것, 형제의 관계를 맺고 형 나라인 송이 매년 비단 20만 필과 은 10만 냥을 보낼 것, 이 두 가지 내용이 주가 된 조약을 맺은 것이다. 송나라에는 비옥한 장난이 있었다. 키타이는 송나라에 서 받은 돈으로 송나라의 풍요로운 생산물을 구입해 삶의 질을 향상시킬 수 있었으며, 송나라는 돈을 다시 돌려받을 수 있게 되었다. 이렇게 구축된 두 나라의 평화로운 관계는 250년간 유지되었다. 중국과 깊은 연을 가진 연운십육주는 중국 땅이 되지 못했지만 말이다.

이 전연의 맹은 지금으로 치면 ODA(Official Development Assistance, 정부 개발 원조)라고 할 수 있다. ODA란, 예를 들어 한국 정부가 아프리카 신흥국에 일정 금액을 원조하고, 신흥국은 그 돈으로 한국 건설 회사에 발주해서 도로나 다리를 만드는 것을 말한다. 두 나라 모두 윈윈할 수 있는 제도인 것이다. 군사적인 승리는 거두지 못했지만 전연의 맹은 실로 탁월한 결단이었다.

2. 경제력을 중시한 송나라가 수도를 카이펑으로 정하다

카이펑을 수도로 결정한 첫 나라는 송이 아니다. 오대五代 중 최초의 왕조인 후양은 당나라를 쓰러뜨린 후 수도를 장안에서 카이펑(당시 지명은 변경汴京)으로 옮겼었다. 그 후로는 내륙에 있는 장안과 낙양을 수도로 삼는 왕조가 등장하지 않았다.

장안이나 낙양에 수도를 두었던 중국 왕조들은 강대한 군사력으로 국토를 다스렸다. 내륙 지방인 중원에 수도를 두고 군사력을 동원하여 중국을 지배했는데, 송나라는 전연의 맹을 맺었던 것에서 미루어 짐작할 수 있듯 경제력, 즉 상업력으로 국가를 꾸려 나가려 했다. 그래서 요새로 활용하기에 적합한 내륙부의 중원이 아닌, 교통과 운수가 편리해서 상업하기 좋은 곳을 수도로 골랐던 것이다.

카이펑은 그 조건을 거의 완벽하게 충족하는 지역이었다. 수나라가 개발한 대운하, 그것도 황허 유역에서 장난 항저우로 연결되는 지점이 카이펑이었기 때문이다.

우호적이었던 키타이와 송나라의 관계는 금金나라가 키타이를 멸망시키면서 변화를 맞이하게 되었다. 금나라는 키타이보다 더 북쪽에 있는 지역, 훗날 만주를 근거지로 삼는 여진족 국가였다. 금나라는 키타이의 땅이었던 북방 지역을 지배하면서 베이징에 '중도대흥부中都大興府'라는 이름을 붙이고 수도로 삼았다(1115년).

하지만 금나라와 송나라의 관계는 키타이와 송나라처럼 원만하지 않았다. 금나라의 기세에 눌린 송나라는 카이펑을 버리고 남쪽으로 도망쳤고, 양쯔강을 넘어 항저우를 제2의 수도로 정했다. 이때부터의 송나라를 남송南宋이라 부른다. 말할 필요도 없이 항저우는 대운하의 종점이니 물자들이 모여드는 핵심이었다. 송나라는 카이펑을 버렸지만 풍요로운 장난과 대운하를 생명선으로 삼아 한동안 명맥을 유지했다.

베이징 외곽에 있는 탁군에서 항저우까지 남북으로 약 2,500km에 이르는 대운하의 존재는 중국의 기나긴 역사 속에서도 유달리 빛을 발했다.

쿠빌라이가 대도를 건설하면서 '베이징'이 무대에 다시 등장하다

한때 중국 북쪽을 지배한 금나라도 몽골제국이 등장하면서 1234년에 멸망했다. 몽골제국의 5대 황제가 된 쿠빌라이(재위 1260~1294년)는 금나라의 수도가 있었던 중도대흥부 주변 지역 중 아무것도 없는 곳에 새로운 수도, 대도大都를 건설하기 시작했다(1267년). 그 이전의 왕조들은 모두 장안·낙양·카이펑 등 원래 있었던 지역에 변화를 주는 식으로 수도를 만들었다. 역대 중국 수도 중 그 누구의 손길도 닿지 않은 공터에서 만들어진 수도는 대도가 처음이자 마지막이다. 쿠빌라이는 몽골 민족의 고향, 몽골고원에 가까운 이 땅에 수도를 세우려 했던 것이다. 그가 추진한 공사 중에는 이런 것도 있었다.

쿠빌라이는 중국의 고전《주례周礼》의 내용을 바탕으로 공사를 계획했다. 그 책에는 왕조의 도읍을 구축할 때 지켜야 하는 규격이 상세히 적혀 있었다. 그 책에 따르면 도시는 남향으로 건설해야 하며, 동에서 남으로 흐르는 물줄기가 있어야 하고, 서쪽에는 넓은 도로가, 북쪽에는 구릉지대가 있어야 이상적이라고 할 수 있었다. 책에는 그러한 지형을 구축할 수 없을 경우에 대체

할 수 있는 방책도 함께 적혀 있었다.

그런데 몽골인인 쿠빌라이가 그들의 수도를 건설할 때 왜 중국의《주례》를 규범으로 삼은 것일까?

쿠빌라이가 5대 황제가 되었을 때 몽골제국은 네 개의 국가로 나뉘어져 있었다(중국 · 주치 울루스 · 차가타이 울루스 · 훌라구 울루스). 쿠빌라이는 몽골제국을 아우르는 맹주의 관점에서 새로운 수도를 건설할 곳으로는 한민족의 땅이 적합하다고 생각했다. 자신이 이 토지를 통솔할 정통성 있는 지배자라는 인상을 주기 위해 중국의 고전적 교양에 의거하여 도시계획을 추진한 것이다.

대도에는 시간을 알리거나 성 안에서 시민들에게 연락을 하기 위해 종 또는 북을 단 누각이 지어져 있었다. 이 건축물의 형태가 일본 천수각의 모델이 되었다고 한다. 또한 몽골인들이 사는 곳에는 우물을 중심으로 집채가 둘러싸듯 마을이 형성되었는데 이곳을 후퉁胡同이라고 불렀다. 지금도 베이징에는 그 이름을 간직한 거리가 남아 있다.

또한 제4장에서 언급했던 쿠빌라이의 천문대는 오늘날까지도 그 자태를 유지하고 있다. 이 천문대에서 하늘을 관측하여 수시력이라는 정밀한 달력을 만들었다는 이야기도 했는데, 그 달력을 만든 곽수경이라는 천문학자가 대도가 건설될 방향과 장소를 정한 인물이기

쿠빌라이

몽골제국 5대 황제로, 중국 원나라의 시조. 일본 · 중앙아시아 · 유럽까지 원정하여 대제국을 건설하였다.

도 했다. 그리고 실제 설계 도면을 그린 사람은 아라비아인이었다.

쿠빌라이는 대도를 수도로 삼은 몽골제국의 맹주인 나라에 '대원 울루스'라는 이름을 붙였다(1271년). '대원'이라는 이름은 유교 고전《역경易經》에 나오는 '대재건원大哉乾元'에서 딴 것이다. '원'에는 만물의 시작, 또는 하늘이라는 의미가 담겨 있다. 그전까지 중국 왕조의 이름은 다른 사람들이 붙였지만 (한공漢公이 건국해서 한漢나라라는 이름이 붙는 등) 쿠빌라이 때부터는 모두 스스로 이름을 붙였다. 그런 의미로 보아도 쿠빌라이는 시대의 한 획을 그었다고 할수 있다.

순식간에 유럽으로 퍼진 대도의 평판

1300년경 마르코 폴로가 쓴《동방견문록東方見聞錄》이 발표되면서 유럽 전역에 대도가 얼마나 번영한 곳인지 알려졌다.

그런데 이 마르코 폴로(1254~1324년)는 베일에 싸인 인물이기도 하다. 확실히 알려져 있는 것은 이 사람이 베네치아 태생이라는 것과, 베네치아의 감옥에서 만난 작가 루스티첼로에게 자신의 경험을 구술해서《동방견문록》이 출간되었다는 사실 정도다.

당시 몽골에 대한 문헌은 산처럼 쌓여 있다. 중국어와 페르시아어로 적힌 문헌 또한 남아 있다. 이러한 자료에는 마르코 폴로가 페르시아로 시집간 몽골 공주·몽골 귀족과 같은 배를 타고 귀국했다는 기록이 있지만, 마르코 폴로라고 유추할 수 있을 만한 인물의 이름은 오늘날까지도 발견되지 않았다. 이 배에 탔던 승무원과 주요 승객들의 이름은 빠짐없이 기록되어 있는데도 말이다.

그는 몽골제국의 후대를 받았으니 미천한 신분은 아니었다고 볼 수 있다. 그럼에도 이름이 남아 있지 않다는 점을 생각하면《동방견문록》의 신빙성까지 의심하게 되는데, 내용을 보면 당시 모습을 몹시 정확하고도 충실하게 그려낸 것을 알 수 있다. 예를 들어 그는 남송의 수도 항저우를 '킨자이Khinzai'라고 칭하며 대도에 뒤지지 않는 도시라고 표현했다. 당시 대도는 정치 수도이자 한국의 서울 같은 존재, 항저우는 경제 도시이자 부산 같은 존재였기 때문에 그의 말대로 항저우의 발전은 놀라울 정도였다. 마르코 폴로가 항저우를 칭한 이름인 '킨자이'는 '행재소(行在所, 왕이 왕궁을 떠나 거둥할 때 임시로 머무는 별궁)'가 와전된 호칭으로 '임시 수도'라는 뜻이다. 남송이 금나라에 쫓겨 항저우로 천도했지만 그들 입장에서는 카이펑이 원래 수도였기 때문에 항저우를 임시 수도라고 불렀던 것이다. 이러한 사실은 그 당시 그곳에 가보지 않았다면 알기 힘든 정보라고 할 수 있다.

이렇게 마르코 폴로의 이야기는 사실 그 자체인데도 어째서인지 몽골 측 자료에는 그의 이름이 없다. 그래서 일부 학자들은 엄격하게 그를 '마르코 폴로라고 불린 누군가'라고 칭하기도 한다.

당시 《동방견문록》은 폭발적인 인기를 끌었고 유럽 사람들에게 '풍요로운 대도'라는 환상을 심어주었다. 그 환상은 좀처럼 사그라지지 않았다. 15세기부터 유럽은 이른바 '대항해 시대'에 접어드는데, 그 최종 목적지는 오로지 대도였다고 해도 과언이 아니다. 이탈리아의 선원 콜럼버스가 신대륙에 도달했을 때도 사실 그의 목적지는 대도였다. 프랑스의 자크 카르티에가 프랑수아 1세의 명을 받아 캐나다 탐험에 나섰다가 세인트로렌스강을 발견한 것도 오대호五大湖, Great Lakes, 미국과 캐나다의 국경 부근에 있는 다섯 개의 큰 호수 건너편에 대도가 있을 것이라고 생각했기 때문이라고 한다. 대원 울루스가 멸망한 지 백년이 훌쩍 지났음에도 유럽 사람들은 대도를 찾아 헤맸던 것이다.

실제로 대도에는 전 세계의 부가 집중되어 있어서 많은 사람들이 찾기도 했다. 여하튼 이렇게 몽골의 영향이 유럽에서는 헝가리까지, 중근동中近東, 중동과 근동 지역에서는 시리아까지 미친 것이다. 그리고 몽골은 원래 다른 민족과 종교에 관대하기도 했다.

하지만 여러 사람들이 오고갔다는 것은 병원균도 쉽게 들어올 수 있었다는 뜻이 된다. 14세기 들어 지구의 기온이 낮아져서 식량 생산량이 줄어들자 사람들의 면역력도 약해졌다. 그러면서 흑사병이 들이닥쳤고 이것이 몽골제국을 멸망으로 이끈 커다란 요인이 되었다. 자유로운 교역은 사람들을 풍요롭게 해주지만, 무엇이든 좋은 점이 있으면 나쁜 점도 있다는 사실은 부정할 수 없다.

여담이지만, 솔직히 말해 나는 '대항해 시대'라는 호칭은 그다지 즐겨 쓰지 않는다. 그 이름에는 오해의 소지가 있기 때문이다. 당시 배의 크기와 항속 거리를 생각해보면 '대항해'라고 하기는 어려운 것이 사실이다. 예를 들어 콜럼버스가 서인도제도에 도달했을 때 배의 총 중량은 150톤 전후, 심지어 배는 세 척, 승무원도 88명 정도에 불과했다. '대항해 시대'는 유럽이나 미국에서 나온 말이 아니라 일본 학자가 붙인 이름이다.

쿠빌라이가 베이징으로 이어지는 해운 루트를 열다

쿠빌라이는 대도를 수도로 정할 때, 수나라가 만든 대운하를 통해 장난에서 수확되는 대량의 식량을 수송할 수 있다는 점을 염두에 두었다. 하지만 쿠빌라이는 그에 만족하지 않고 우회할 수 있는 또 다른 경로도 생각해냈다. 운하로 베이징과 톈진(天津, 천진) 사이를 이으면서 그 운하를 바다까지 연장한 것이다. 양쯔강 유역의 농산물을 닝보(寧波, 영파)에서 황해를 거쳐 천진에서 대도까지 수송하는 해상 운송(해운) 루트였다.

쿠빌라이는 운하를 중심으로 한 내수로 루트와 해운 루트를 동시에 확보함으로써 대도에 식량이 안정적으로 공급될 수 있도록 했다. 그는 '이 두 경로가 있으면 인구가 100만, 200만으로 늘어나도 괜찮다. 몽골제국은 끄떡없다'라고 생각했을 것이다.

실제로 훗날 대원 울루스가 멸망했을 때 '홍건적의 난'이라는 종교적 농민 반란이 일어나는데(1351~1366년), 그때 반란군에게 해운 루트를 빼앗겼다. 하지만 대도는 꿈쩍도 하지 않았다. 닝보와 연결된 해운 루트가 건재했기 때문이다.

그런데 이 바닷길을 장악한 장사성이라는 장군이 약해진 대원 울루스를 포기하고 해운 루트와 가까운 닝보, 그리고 상류에 있는 쑤저우(蘇州, 소주)를 점거해버렸다. 이로 인해 식량 공급 루트가 끊기자 대도의 명운 또한 끝이 나고 말았다. 명나라를 세운 주원장이 1368년에 북벌군을 대도로 보냈을 때, 대원 울루스의 군대가 싸우지도 않고 몽골고원으로 떠난 이유가 바로 식량 공급 루트가 끊겼기 때문이다.

'대도 · 초원의 길 · 바닷길'을 연결하여 유례없는 번영을 누리다

쿠빌라이가 대도와 바다를 연결한 목적은 식량을 확보하기 위해서만이 아니었다. 그 뒤에는 더욱 원대한 계산이 있었다.

예로부터 중국과 유라시아 서쪽을 연결하는 길에는 육로와 해로가 있었다. 육로는 초원의 길이라 불린 루트다. 해로는 지금의 광저우(廣州, 광주)와 취안저우(泉州, 천주)에서 말라카해협, 인도양을 거쳐 페르시아만 또는 홍해에 이르는 루트다. 쿠빌라이는 대도에서 천진을 거쳐 바다로 나가는 루트가, 닝보를 경유해서 광저우 · 취안저우와 이어지도록 했다. 교역이 곧 국가 번영의 근간이라고 생각한 쿠빌라이는 대원 울루스의 교역 루트로서 초원의 길과 바닷길, 이 두 길을 모두 확보한 것이다.

대원 울루스는 세계제국 몽골의 종주국이다. 복속국들은 교역을 하는 단계에서 그치지 않고 외교 사절단을 파견하기도 했다.

예를 들면 쿠빌라이의 동생인 훌라구가 건국한 훌라구 울루스는 몽골제국의 일부이자 지금의 이란 땅에 있던 국가다. 훌라구 울루스의 수도 타브리즈는 테헤란에서 서북쪽으로 더 치우쳐 있었다. 이 타브리즈에서 훌라구 울루스의 사절단이 새해 인사를 전하기 위해 쿠빌라이를 방문한다. 매우 중요한 외교 행사이니만큼 당연히 사절단은 수많은 공물을 가지고 찾아온다. 그러면 쿠빌라이는 그 답례로 커다란 은괴를 준다. 말굽 형상인 이 은괴의 이름은 은정銀錠이었다. 훌라구 울루스의 사절단은 은정을 가지고 타브리즈로 돌아간다. 그리고 지금으로 치면 상인 조합이라고 할 수 있는 사람들에게 은정을 빌려준다. 이 상인 조합은 유대인, 아랍인, 페르시아인으로 구성되어 있었다. 쉽게 말해 사절단은 은을 빌려주면서 '이것으로 돈을 벌어서 수수료를 달라'고 한 것이다. 자본을 제공받은 상인들은 은정을 가지고 바닷길을 통해 중국으로 교역을 하러 간다. 그리고 비단·도자기·차 등 서방국가에서 수요가 높은 품목들을 대량으로 사서 돌아온다.

이렇게 은이 다시 쿠빌라이 쪽으로 들어왔다. 쿠빌라이는 소비세를 부과해 은을 거두어서 국가의 수입으로 삼았다. 육로와 해로를 연결함으로써 은(지금으로 치면 달러)의 대순환이 일어난 것이다.

쿠빌라이는 유통 과정 중에 거치는 항구와 시장에서 관리들이 교역품에 멋대로 세금을 부과하는 행위를 금지했다. 동과 서를 오간 은, 그 대동맥이 된 해로와 육로, 그 교역이 원활히 돌아가도록 하기 위한 가로채기 금지 정책, 이러한 것들이 서로 맞물리며 대도는 유례없는 대호황을 누렸다.

마르코 폴로가 부유함에 놀라고 콜럼버스가 신대륙을 발견하는 계기가 되었던 대도. 베이징이 세계의 수도로서 제2막을 열 수 있었던 것은 쿠빌라이가 있었기 때문이다.

명나라가 세워지고 대도는 베이핑이 되다

앞에서도 했던 이야기이지만 대원 울루스가 멸망한 가장 큰 원인은 흑사병이었다. 이 역병으로 인해 국가가 피폐해지면서 백련교도白蓮敎徒를 중심으로 홍건적의 난이 일어났고, 이에 호응하듯 한민족들이 몽골 타도의 봉화를 들었다.

　그리고 장사성이 식량 공급 루트의 근원지인 닝보와 쑤저우를 막으면서 대원 울루스는 멸망했다. 이 반란의 최종 승자가 주원장이었는데, 그는 허난의 곡창지대에서 세력을 확보한 사람이었다. 그는 명나라를 건국했고(1368년), 명나라 군대는 몽골고원으로 퇴각한 몽골을 쫓아 대도에 입성한 후 이름을 베이핑부(北平府, 북평부)로 바꿨다.

　주원장은 수도를 난징(南京, 남경)에 두었다. 난징은 카이펑과 항저우 중간 지점에 있었다. 주원장은 후계자인 장남과 함께 난징을 다스렸고, 베이핑에는 장남 다음으로 우수하다는 평가를 받는 넷째 아들 주체를 보내 통치하게 했다. 대원 울루스는 싸우지도 않은 채 자신들의 고향 몽골고원으로 물러났으니 강대한 군사력을 그대로 보유하고 있었다. 그들이 몽골고원에 돌아간 이후 북원北元이라 불리던 그 세력은 명나라가 결코 얕볼 수 없는 존재였다. 그래서 믿음직스러운 넷째 아들 주체를 베이핑으로 보내 북쪽을 지키게 한 것이다.

　그런데 명나라를 건국한 주원장(홍무제, 재위 1368~1398년)은 가난한 농가에서 태어나 어릴 때는 글을 읽지도 쓰지도 못했다. 그 영향 탓인지 이상할 정도로 시의심이 강해서 혈족 외에는 아무도 믿지 못했다. 재능이 있는 사람이나 지식인을 무척이나 싫어했기 때문에 함께 싸운 건국 공신과 학자들도 무수히 숙청했다. 그 수는 무려 10만 명에 이를 정도였다고 한다. 이름 난 군인과 관료, 학자들만 센 것이 10만 명이다. 오늘날 암흑시대였다는 혹평을 받을 정도로 무서운 정권이었다. 그러한 아버지에게 몽골로부터 북쪽을 지키라는 명령을 받은 주체는 약 20년간 베이핑에 살았다.

　한편, 난징에서는 주원장이 의지했던 장남이 일찍 죽고 말았다. 주원장은 어쩔 수 없이 손자를 2대 황제로 지명했다. 열다섯의 나이에 황제가 된 그가 건문제(建文帝, 재위 1398~1402년)다.

　할아버지가 건국 공신과 유능한 장군들을 죄다 죽여버려서 그가 즉위했

주원장

명나라의 초대 황제. 홍무제라고도 불린다. 모든 권력이
황제에게 집중되는 전제정치를 실현했다.

을 때는 능력이 있는 사람이라
고는 거의 전무했다. 남아 있
는 이들이라고는 주자학자들
정도였다. 도쿠가와 막부의 지
도 이념이기도 했던 주자학은
관념적인 대의명분론을 주창
했다. 즉, 탁상공론이 중심이었
다. 주원장의 칼날을 피할 수
있었던 것은 그 덕분일지도 몰
랐다.

이 학자들은 건문제에게 "폐
하의 숙부들을 경계하십시오"
라고 아뢰었다.

건문제의 아버지는 주원장의 네 아들 중 장남이었다. 넷째 아들인 주체는
베이핑을, 둘째 아들은 다퉁(大同, 대동)을, 셋째 아들은 시안(西安, 서안)을 통
치하고 있었다. 한민족인 명나라 입장에서는 모두 다 북방을 지키는 데에 중
요한 역할을 하는 지역이었다. 주원장이 워낙 남을 믿지 못하니 아들들에게
맡긴 것이다. 그런데 2대 황제인 건문제가 즉위하고 보니 세 숙부들이 전제
정치에 걸림돌이 되었다. 손위 어른들이라 편하게 대할 수가 없었던 것이다.

"숙부들을 차례대로 제거하시는 것이 어떠십니까?"

주자학 추종자들이 이렇게 속삭이며 약할 것 같은 숙부부터 먼저 없애자
고 제안했다. 결국 건문제는 다퉁과 시안을 지배하고 있던 두 숙부를 죽였
다. 하지만 마지막으로 남은 주체는 결코 만만한 상대가 아니었다. 몽골군을
막아내기 위한 대군을 거느리고 있었기 때문이다.

"그렇다면 군대를 베이핑에서 물러나게 하시지요."

이번에도 학자들이 건문제를 구슬렸다. 이런저런 구실을 갖다 붙여서 베이핑에 있던 군대를 동쪽과 서쪽으로 흩어지게 했고, 베이핑에는 주체의 근위병 규모로 수천 명 정도만 남게 되었다.

상황이 이렇게 되니 주체가 선택할 수 있는 길은 두 가지뿐이었다. 이대로 조용히 죽음을 받아들이거나 아예 군사를 일으켜서 우열을 가리는 수밖에 없었다. 그리고 1399년, 주체는 마침내 반기를 들었다. 주체는 3년 동안 이어진 전투 끝에 승리를 거머쥐었다. 그는 패사敗死한 건문제의 뒤를 이어 3대 황제가 되었다. 영락제(永樂帝, 재위 1402~1424년)는 이렇게 탄생했다.

영락제가 수도를 난징에서 베이핑으로 천도한 후 '베이징'으로 이름을 바꾸다

역사에서 정난의 변(靖難之變, 1399~1402년)이라 불리는 주체와 건문제의 내란에 대해 조금 더 이야기해보기로 하자.

군대 규모로 보면 건문제는 수십만 명, 주체는 수천 명으로 비교도 안 되는 수준이었다. 그런데 건문제 쪽에는 뛰어난 장군이 한 명도 없었다. 우수한 인재는 죄다 살해당하거나 죽었기 때문에 실전 경험이 없는 무사와 병사들로만 구성되어 있었던 것이다.

그에 비해 주체 쪽은 전체 병사 수는 적었지만 참전 경험이 풍부한 용사들이 많았다. 심지어 병사들 모두가 주체에게 충성을 맹세한 사람들이었다. 즉, 수는 압도적으로 많았지만 지혜와 경험이 없는 군대와, 수는 적었지만 유능한 소수의 정예 집단이 이끄는 군대가 맞붙었던 것이다.

하지만 사실 결정적인 승부는 건문제 쪽에 있던 환관들의 배신으로 인해 판가름 났다. 환관, 즉 내시는 거세된 사람이었다. 고대 유목민이 좋은 양의 혈통을 지키기 위해 열등한 숫양의 생식 능력을 빼앗았던 것이 사람에게도 적용되었다고 한다. 환관이 된 남자들은 황제 곁에서 시중을 들면서, 황제를 따르는 수천 명의 여자들과 정부 고관들 사이에서 친서를 전달하거나 소식을 전하는 일을 했다. 쉽게 말하면 공적·사적인 업무까지도 다 수행하는 비서였던 셈이다. 남자가 맞지만 아니라고도 할 수 있는 이들을 채용한 이유는, 그들이라면 황제의 여자에게 손을 대지 않을 것이라고 여겼기 때문이다. 이 풍습은 유목 경험이 전무한 일본에는 전해지지 않았다.

시의심이 극에 달했던 주원장은 글을 읽을 수 있는 환관이라면 자신의 친서를 읽을지도 모른다고 생각했다. 그래서 글자를 아는 환관은 모조리 죄를 물어 죽였다. 참고로 이렇게나 적대감이 심했던 그의 통치 방법을 제일 열심히 공부한 인물이 마오쩌둥이었다고 한다.

하지만 지렁이도 밟으면 꿈틀하는 법. 환관도 마찬가지였다. 읽고 쓸 줄 아는 사람들의 씨를 다 말릴 수는 없었다. 테스트를 할 때 읽지 못하고 쓰지 못하는 척을 해서 목숨을 부지한 환관들도 많았다.

이 환관들은 글자를 읽을 수 있다는 이유만으로 신하를 죽이는 황제를 섬길 수는 없다고 생각했다. 그래서 환관들은 주체에게 난징의 비밀 정보들을 몰래 유출했다. 주체의 승리에 환관들이 큰 역할을 한 것이다.

이리하여 승리를 거둔 영락제는, 경위야 어찌되었든 정통 황제에게서 지위를 찬탈한 것은 확실하기 때문에 난징을 수도로 삼고 싶지 않았다. 그는 건문제를 끌어내린 이듬해인 1403년, 베이핑에 '베이징'이라는 이름을 붙이고 수도로 삼았다.

드디어 이때부터 베이징의 이름이 등장한다. 하지만 천도가 곧장 이루어지지는 않았다. 베이징에는 궁전이 없었기 때문이다.

대도 시대, 대원 울루스가 살고 있던 궁전은 성벽도 건축물도 모두 주원장 시대에 파괴되었다. 그래서 영락제는 원래 대도가 있었던 자리에서 조금 더 남쪽에 베이징 전체를 둘러싸는 성벽을 쌓고 그 중앙부에 새로운 궁전을 지었다. 이 궁전이 바로 현존하는 자금성의 원형이다.

영락제는 1406년부터 자금성을 축성하고 베이징 거리를 새롭게 만들어가기 시작했다. 하지만 워낙 큰 사업이었기 때문에 1421년이 되어서야 천도가 이루어졌다.

베이징으로 천도한 이유는 난징이 싫어서이기도 했지만, 그 이상으로 몽골(북원)이 여전히 강력한 적이었기 때문이다. 몽골을 견제하려면 베이징에 수도를 둘 필요가 있었다.

이렇게나 몽골을 견제했던 영락제는 사실 살아생전 다섯 차례나 몽골로 원정을 나갔다. 그리고 다섯 번째 원정에서 돌아오는 길에 사망했다(1424년).

영락제

명나라 3대 황제. 성조成祖라고도 불린다. 도읍을 베이징으로 옮기고 명나라의 전성기를 실현했다.

몽골이 사라진 것은 여진족(만주족)의 왕조인 청(淸, 1636~1912년)나라가 세워졌을 때다. 청의 2대 황제인 황태극(皇太極, 홍타이지)이 몽골의 칭기즈칸 혈족 여성과 결혼하면서 쿠빌라이가 만든 황제의 옥새가 청나라로 넘어갔다. 청나라가 몽골의 바통을 넘겨받고 두 나라는 친척 같은 관계가 된 것이다(옥새를 손에 넣은 황태극은 청나라가 대원제국을 이어받았다고 천명했고, 이를 통해 몽골 지배의 정통성을 부각시키면서 주종 관계를 군혔다).

명나라를 멸망시킨 청나라는 베이징을 그대로 수도로 삼았다. 출신지와 가깝기도 하고, 명이 완성한 베이징의 거리와 호화로운 자금성이 있으니 굳

베이징에 있는 명·청 시대의 궁궐. 명나라의 영락제가 세웠다. 지금은 고궁박물원故宮博物院이다. 약 72만 평방미터에 달하는 한 구획을 성벽으로 에워싼 건물로, 성 바깥쪽을 해자가 둘러싸고 있다.

이 수도를 바꿀 이유가 없었다.

쿠빌라이를 의식했던 영락제가 동양의 콜럼버스, 정화 함대를 파견하다

대도에 베이징을 건설한 영락제는 이 지방에 다양한 형태로 대원 울루스의 창시자 쿠빌라이의 흔적이 남아 있다는 사실을 의식할 수밖에 없었다. 영락제도 승부욕이 있는 사내였으니 그에게 지고 싶지 않았을 것이다.

쿠빌라이의 활동 중에서도 눈에 띄는 것은 세계를 육로와 해로로 연결한 대규모 교역 루트를 개척한 것이다. 하지만 주원장 이래 명나라는 쇄국 정책을 고수했으며 다른 나라와는 제한적인 조공朝貢밖에 주고받지 않았다. 그래서 영락제가 생각해낸 것이 조공을 받아내기 위해 파견할 대규모 함대를 만드는 것이었다. 이것이 바로 정화鄭和를 함장으로 내세운 정화 함대다.

이 함대의 전모가 실려 있는 자료에 따르면 선박 수는 60척 이상, 함장이 탄 기함旗艦의 크기는 2천 톤급, 총 승조원 수는 2만 7천명 이상이라고 한다. 참고로 반세기가 훌쩍 지난 후 콜럼버스가 서인도제도에 도착했을 때 배의 크기는 150톤, 수는 총 3척, 승조원은 통틀어 88명이었다.

이 엄청난 스케일과 비슷한 배로는 현대의 미국 항공모함을 들 수 있다. 항공모함의 총 승조원 수는 7천 명 전후이며 내부는 마치 작은 자치단체와 비슷하다고 한다. 무려 우체국까지 갖추어져 있다는 이야기를 승선 경험이 있는 사람에게 들은 적이 있다. 심지어 항공모함은 단독으로는 출항하지 않는다. 경호하는 구축함이나 잠수함을 대동한다. 그렇지 않으면 안심하고 비행기를 이착륙시킬 수가 없기 때문이다. 그러니 항공모함이 출동한다는 것은 하루에 엄청난 예산이 든다는 뜻이기도 하다. 2011년 3월 11일 동일본 대지진이 발생했을 때 미군이 도모다치 작전Operation Tomodachi으로 물자를 원조했는데, 이와테 앞바다에 항공모함을 한 척만 정박시키지는 않았다. 당시 하루 수십억 엔의 비용이 들었다고 한다.

정화 함대는 그야말로 15세기의 항공모함이었다. 이 대규모 함대는 말라카해협에서 인도양을 거쳐 아프리카 동해안까지 나아갔고 여러 나라에 들러 조공 무역을 권유했다. 명나라에 공물을 가지고 오는 국가에는 포상으로 중국 물품들을 듬뿍 주겠다고 한 것이다. 공물을 가지고 오는 군주는 무조건 이득을 보게 되어 있었다. 이렇게 정화 함대는 그 누구에게도 지지 않는 스케일의 해외 교역을 하고 싶다는 영락제의 바람을 실현시켰다.

또한 정화 함대는 인도양에 출몰하는 해적을 박멸시켜버렸다. 뿐만 아니라 어느 기항지寄港地, 배가 목적지로 가는 도중에 잠시 들르는 항구에서 제후들이 싸우고 있기라도 하면 어느 한쪽의 편을 들어서 부하로 삼았다. 즉, 인도양의 경찰관과도 같은 역할을 했다고 볼 수 있다. 게다가 이 함대는 지금의 미국 군대와 마찬가지로 해병대를 보유하고 있었다. 즉, 육상에서 싸울 수 있는 능력도 갖추고 있었던 것이다. 심지어 최신예 화약, 화기까지 가지고 있었다. 이 무적함대는 인도양을 주름잡았다.

이리하여 인도양은 평화로운 바다가 되었다. 하지만 영락제가 죽은 후 얼마간의 시간이 지나자 명나라의 보수적인 관료들이 얄팍한 생각을 품게 되었다. 몽골과 싸우는 것이 아니라, 그들의 침입을 막기 위해 만리장성을 증강하려고 한 것이다. 인도양은 안전해졌고 이제 해적은 없다. 구태여 멀리까지 정화 함대를 출항시킨들 딱히 명나라에 득이 되지도 않는다. 그러한 결론에 도달한 관료들은 이렇게 말했다.

"폐하, 정화 함대를 없애고 그 돈으로 만리장성을 증축하지 않으시겠습니까?"

만리장성은 단순한 성벽이 아닌, 빌딩 같은 건축물들이 산을 넘고 계곡을 건너 끝없이 이어져 있다고 표현해도 좋은 산성이다. 그렇게나 방대한 성을 증축하려면 어마어마한 양의 벽돌이 필요했고 그만큼의 돈이 들어갔다. 그래서 정화 함대의 유지비와 인건비, 작전 행동에 드는 경비를 줄여서 만리장성 증축에 쓰려고 생각한 것이다.

결과적으로 대국 명나라는 어리석은 발상을 한 셈이 되었다. 이는 1498년에 있었던 일이다. 해적이 사라지고 평화를 되찾은 인도양을 가로질러 바스쿠 다 가마가 찾아온 것이다. 포르투갈에서 출발하여 150톤 규모의 배 네다섯 척에 150명의 승조원을 실은 상태였다. 그들은 이 빈약한 선단으로 손쉽게 인도양 해안의 캘리컷Calicut, 지금의 코지코드에 상륙했고 수년 후에는 그곳을 영토로 삼았다. 만약 정화 함대가 있었다면 이런 행동을 보고만 있지는 않았을 것이다. 바스쿠 다 가마의 인도양 항해는 동남아시아, 인도, 그리고 중국까지 식민 지배를 받게 되는 커다란 계기가 되었다.

"만리장성을 증축한다 해도 수동적인 방어만으로는 유목민의 공격을 다막아낼 수 없습니다. 정화 함대는 그대로 두시지요."

누군가 이렇게 진언하는 사람이 있었다면 포르투갈과 스페인 등 서구 열강의 해상제국이 나타나지 않았을지도 모른다.

참고로 '동양 · 서양'이라는 단어는 정화 함대가 사용하기 시작하면서부터 오늘날까지 쓰이게 되었다. 말라카해협을 기준으로 동쪽을 '동쪽 바다', 서쪽을 '서쪽 바다'라고 칭했던 것이 어원이다.

청나라 건국의 배경에는 남자들의 질투가 얽혀 있다

베이징이라는 이름을 붙여준 명나라였지만, 말기에는 대규모 농민 반란이 일어나 베이징이 습격을 받았고 결국 1644년에 멸망하게 되었다. 반란군의 지도자는 이자성이라는 인물이었다.

사실 명나라가 무너진 것은 농민 반란 때문만은 아니었다. 만리장성 북쪽에 있는 만주족 국가 후금(後金, 훗날 청나라)의 끊임없는 공격이 명나라의 국력을 쇠약하게 한 것이 주요인이었다. 하지만 청나라가 베이징을 함락시키려면 반드시 통과해야 하는 곳이 있었다. 국경의 관문인 산하이관(山海關, 산해관)이었다. 명나라가 정성들여 구축한 만리장성의 동쪽 끝에 있는데, 바다를 향해 높은 성벽이 깎아지른 듯 솟아 있어서 뚫을 엄두가 나지 않는 곳이었다. 청나라 군대는 항상 여기에서 발길을 돌렸다. 그런데 이자성이 베이징을 함락시킨 수일 후에 이곳을 지키던 명나라 장군 오삼계가 산하이관을 열어버렸다.

베이징을 점령하여 명나라를 쓰러뜨린 이자성은 베이징에서 한 미녀를 애인으로 삼았는데, 아이러니하게도 그 여성은 오삼계가 베이징에 남겨두고 온 애인이었다. 이 소식을 산하이관에서 들은 오삼계는 질투에 눈이 멀어버렸다. 그래서 산하이관의 문을 열고 청나라 군대를 끌어들여 이자성을 쓰러트린 것이다. 이렇게 그들이 중국을 제패하면서 만주족 국가인 청나라의 시대가 시작되었다. 거짓말 같지만 상당히 신빙성이 있는 설이다.

청나라가 세워진 후 건국에 공헌한 세 명의 명나라 장군이 공로를 인정받

산하이관

허베이성의 보하이만(渤海灣, 발해만)에 면한 도시에 있는 관문. 만리장성 동쪽 끝에 있다. 예로부터 동북으로 통하는 요충지로서 시가지는 성벽에 둘러 싸여 있었다. 천하제일의 문이라 불렸다.

아 중국 남부의 비옥한 땅을 선물 받았다. 쉽게 말하면 명나라를 배신해서 출세한 셈인데, 그 세 명이 세운 국가를 '삼번三藩'이라고 부른다. 하지만 삼번의 세력이 강대해지면서 청나라에 거만하게 굴자, 명군이라 불리던 강희제가 삼번을 평정했다(1681년). 오삼계도 그 셋 중 한 명이었다.

쿠빌라이 이후, 수도로서 흔들림 없는 지위를 지킨 베이징

융성을 누리던 청나라도 19세기에 들어서자 대영제국이 일으킨 아편전쟁으로 인해 급격히 쇠퇴하기 시작했고, 서구 열강과 극동 신흥 세력인 일본에 의해 식민지가 되었다. 이 무렵의 일은 여기에서는 생략하겠다.

계속되는 정치적인 분란 속에서 '부청멸양(扶清滅洋, 청나라를 도와 서양을 물리친다)'을 내걸고 외국인들을 무수히 살상한 의화단義和團이 베이징에 침입한 사건도 있었지만(1900년), 결국 쑨원(孫文, 손문)이 이끈 신해혁명(辛亥革命, 1911~1912년)이 성공을 거두면서 쑨원을 임시 대총통으로 내세운 중화민국이 탄생했다. 수도는 난징이었다. 그 이후로 한동안 베이징의 이름은 '북쪽의 평화'라는 의미에서 다시 베이핑으로 바뀌었다.

신해혁명으로 큰 위기를 느낀 청나라는 군벌의 실질적인 지도자였던 위안스카이(袁世凱, 원세개)에게 중화민국을 치라는 명령을 내렸다. 하지만 황제가 되고 싶어 했던 위안스카이는 쑨원에게 접근하여 중화민국 정부와 손을 잡았고 자신이 임시 대총통 자리에 올라버렸다. 그리고 청나라의 마지막 황제 선통제(宣統帝, 만주족 이름으로는 애신각라부의愛新覺羅溥儀)를 퇴위시켰다(1912년). 이로써 청나라는 명실상부하게 종말을 맞이했다. 그리고 이는 기원전 221년에 진나라 시황제가 중국을 통일한 이래 2천 년이 넘는 세월 동안 끊이지 않았던 왕조 지배의 종말이기도 했다.

1949년까지 중화민국의 수도는 난징이었다. 하지만 1949년, 중국 공산당의 마오쩌둥이 중화민국의 최고 지도자인 장제스(蔣介石, 장개석)와의 투쟁에서 승리한 뒤 그를 대만으로 내쫓았고, 그해에 중화인민공화국 건국을 선언하면서 베이징을 수도로 정했다.

마오쩌둥은 천안문 누각 위에 올라서서 전 세계에 중화인민공화국 건국을 선언했다. 그 천안문 북쪽으로 가면 자금성(현재 고궁박물원)이 있다. 거대하고도 화려한 건축군建築群인 이곳에는 귀중한 문화유산이 많이 있다.

남쪽을 바라보고 서면 위용을 자랑하는 자금성의 오른쪽, 즉 서쪽에 서원삼해西苑三海라 불리는 드넓은 호수가 펼쳐진 지역이 있다. 그곳에는 쿠빌라이가 대도를 건설했을 때, 천진과 이어져서 바다로 나아가는 운하를 만든 흔적이 남아 있다.

그 영향으로 그곳은 지금까지도 '바다海'라 불린다. 북쪽 끝은 '베이하이(北海, 북해)'라는 이름의 공원이다. 다른 두 곳은 '중하이(中海, 중해)'와 '난하

천단 공원에 있는 제례 제단

명나라의 영락제가 천지단天地壇을 지은 후 천단·지단으로 나뉘었다. 단壇은 황제가 기도를 드리는 곳으로, '천단'은 하늘을 모시는 가장 중요한 장소다. 이곳은 중국 최대의 제단이며 천단 공원은 베이징의 세계문화유산이다.

이(南海, 남해)'를 합쳐서 '중난하이(中南海, 중남해)'라고 부른다. 중난하이에는 중국 최고 지도부의 공관이 있다. 중국 지도자들이 집무를 보고 거주하는 특구라서 마오쩌둥, 장쩌민, 후진타오 등이 이곳에서 지냈으며 현재 시진핑 주석도 여기에서 살고 있다.

결국 쿠빌라이 이후, 유구의 역사를 가진 중국에서 수도 베이징의 지위는 흔들리지 않았다. 각각의 왕조와 정부가 저마다 베이징을 수도로 삼을 필요성을 느꼈다는 뜻이다.

베이징 관련 연표

서기(연도)	사 건
기원전 5세기~6세기	유주(현 베이징 부근)에 전국칠웅 중 하나인 연나라의 수도로 계가 세워짐. 진한 시대 때 '베이핑'이라 불렸지만 훗날 다시 '계'가 됨
7세기 초	수나라, 현 베이징 외곽에 탁군과 항저우를 잇는 대운하를 건설
732	장수규가 범양(유주) 절도사로 부임
742	범양 절도사에 안녹산이 부임. 안녹산은 평로 · 하동 절도사도 겸임
750	중앙아시아의 호라산 군단이 제패한 아바스왕조가 우마이야왕조를 쓰러뜨림(아바스혁명)
751	당나라군이 탈라스 전투에서 아바스왕조에 대패
755	호라산 출신인 안녹산이 당을 상대로 군사를 일으켜 낙양과 장안을 점령. 안녹산과 사사명이 주도한 안사의 난(~763년)은 평정되었지만 낙양(베이징 부근)의 군사력이 주목받음. 호라산과 이어진 아바스왕조의 전투와 안사의 난을 함께 계획한 군사 행동이라고 보는 설도 있음
936	후진의 석경당, 연운십육주를 키타이에 할양. 키타이가 설치한 오경 중 하나인 남경이 지금의 베이징
1004	송나라와 키타이가 전연의 맹을 맺음
1115	키타이를 쓰러뜨린 금나라(~1234년)가 중도대흥부(현 베이징)에 수도를 건설
1267	몽골제국의 쿠빌라이가 중도대흥부 교외에 새로운 수도인 대도를 세우기 시작함
1271	쿠빌라이, 대도를 수도로 삼고 대원 울루스를 건국. 바닷길을 이용한 대규모 교역 루트를 개척하여 대도가 비약적인 번영을 누리게 됨. 마르코 폴로(1254~1324년)의 《동방견문록》에 당시 모습이 소개된 이후 대도는 유럽 탐험가들의 목표가 됨
1368	주원장이 명나라를 건국. 명 군대가 대도를 함락시키고 베이핑부로 개명(수도는 난징)
1380	주원장이 넷째 아들 주체를 베이핑으로 파견
1399	주체가 군사를 일으킴(정난의 변, ~1402년)
1402	주체가 명나라 3대 황제에 즉위함(영락제)
1403	영락제가 베이핑 땅에 '베이징'이라는 이름을 붙이고 수도로 삼음
1406	자금성 건축과 새로운 마을 조성이 시작됨. 1421년에 완료, 베이징으로 천도
1644	이자성에 의해 명이 멸망. 청나라가 이자성을 쓰러뜨림. 청나라도 수도를 베이징으로 삼음
1900	'부청멸양'을 주창한 의화단이 베이징에 입성하여 여러 나라의 외교관들을 살상(의화단 사건)
1911	청나라 타도를 내건 쑨원 주도로 신해혁명이 일어남
1912	쑨원이 임시 대총통에 취임, 중화민국 건설. 수도는 난징. 청나라의 원세개, 쑨원과 내통하여 임시 대총통에 취임하고 청나라 마지막 황제를 퇴위시킴(청의 멸망)
1937	일본군이 베이징 점령(~1945년)
1949	마오쩌둥, 중화인민공화국 건국을 선언. 베이징을 수도로 정함

- 베이징의 세계문화유산(건축물)

  만리장성 / 명십삼릉 / 이허위안 / 고궁박물원 / 천단 공원

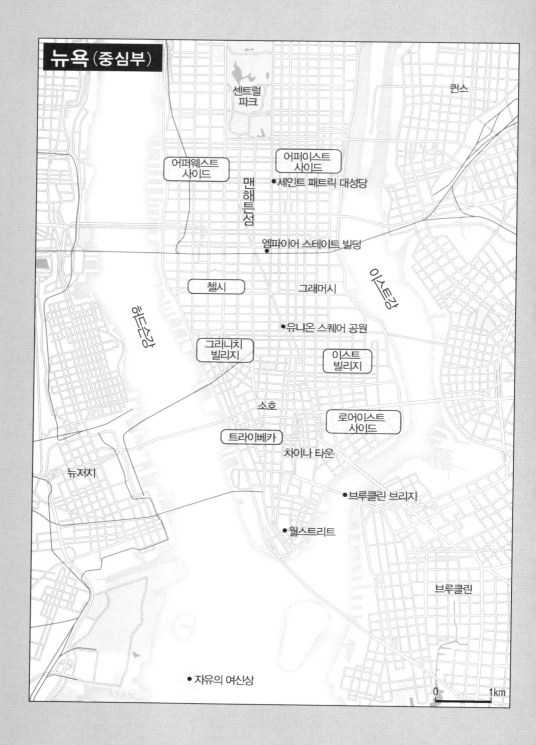

제6장

명실상부한 현대의 세계 도시
뉴욕

세계 각지에서 이민들이 흘러드는 자유의 땅

처음부터 인종의 도가니였던 맨해튼섬

뉴욕시는 뉴욕주에 있다. 미국 북동부에 있는 뉴욕주의 북서쪽에는 오대호의 온타리오호Ontario Lake와 이리호Erie Lake가 있으며, 남동쪽은 허드슨강 하구를 따라 대서양에 면해 있다. 오늘날 뉴욕시는 허드슨강 하구에 있는 맨해튼섬을 중심으로 한 다섯 개의 구로 구성되어 있는데, 역사적으로 '뉴욕'이라 불리는 곳은 맨해튼섬이다. 여기에서 지칭하는 '뉴욕'은 대부분 맨해튼섬을 뜻한다.

참고 차원에서 현대 뉴욕시의 주요 부분을 오른쪽의 지도로 나타냈다. 지형이 상당히 복잡하기 때문에 이 지도를 보면서 책을 읽어주기를 바란다. 뉴욕시는 뉴욕주의 주도州都, 주의 정치·문화 등의 중심 도시가 아니다. 주도는 허드슨강 중류에 위치한 올버니시Albany市다. 그러면 본론으로 들어가 보자.

1. 최초로 찾아온 사람은 프랑스 왕이 고용한 이탈리아인이었다

현재 남아 있는 기록에 따르면, 지금의 뉴욕 주변에 제일 먼저 발을 내디딘 사람은 조반니 다 베라차노라는 이탈리아인이다. 1524년의 일이었다. 그는

뉴욕시 구간 약도

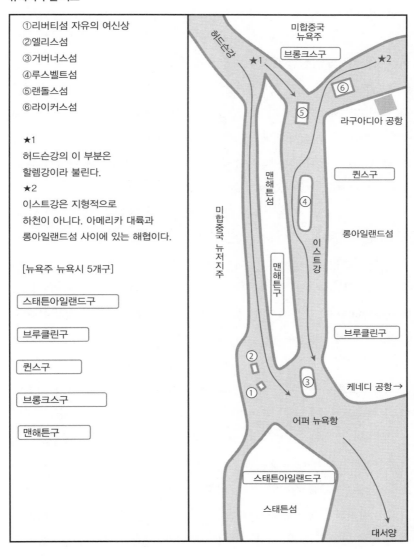

①리버티섬 자유의 여신상
②엘리스섬
③거버너스섬
④루스벨트섬
⑤랜돌스섬
⑥라이커스섬

★1
허드슨강의 이 부분은
할렘강이라 불린다.
★2
이스트강은 지형적으로
하천이 아니다. 아메리카 대륙과
롱아일랜드섬 사이에 있는 해협이다.

[뉴욕주 뉴욕시 5개구]

스태튼아일랜드구

브루클린구

퀸스구

브롱크스구

맨해튼구

미합중국
뉴욕주

브롱크스구   ★2
★1
⑥
⑤
라구아디아 공항

허드슨강
맨해튼섬

퀸스구
④

미합중국 뉴저지주
이스트강
롱아일랜드섬

맨해튼구

②
①   ③   케네디 공항→
어퍼 뉴욕항

브루클린구

스태튼아일랜드구
스태튼섬

대서양

프랑스 왕 프랑수아 1세에게 고용된 사람이었는데, 거기에는 다음과 같은 사정이 있었다.

당시 유럽에서는 카를 5세(재위 1519~1556년)와 프랑수아 1세(재위 1515~1547년)가 극심한 세력 전쟁을 벌이고 있었다.

합스부르크가 출신인 카를 5세는 독일의 왕이자 '신성 로마제국' 황제였다. 그리고 스페인(에스파냐) 왕이기도 했다. 당시 스페인은 콜럼버스가 신대륙을 발견(1492년)한 것을 계기로 대량의 은을 획득한 상황이었다. 프랑스를 지배하던 발루아가의 프랑수아 1세는 그 사실을 탐탁지 않게 여겼다. 자신도 신대륙으로 가야겠다고 생각한 것이다.

지금 생각해보면 프랑스 왕이 탐험가를 모집하는데 왜 이탈리아인이 채용되었는지 의아하기도 하지만, 당시 사람들은 국경이나 국적을 그다지 의식하지 않았다.

탐험을 떠난 조반니 다 베라차노는 허드슨강 하구에서 롱아일랜드섬(LongIsland, 브루클린과 퀸스를 포함한 큰 섬)과 스태튼섬Staten Island을 발견했다. 그리고 그곳에 누벨앙굴렘Nouvelle Angouleme이라는 이름을 붙인 후 프랑스로 돌아갔다.

그런데 프랑수아 1세는 이 보고를 받고 적잖이 실망한 모양이었다. 조반디 다 베라차노의 보고가 '후미진 곳에 수천 명의 원주민이 사는 섬이 있다'는 내용뿐이었기 때문이다.

콜럼버스가 신대륙을 발견했다는 이야기처럼, 금은보화가 가득하더라는 소식을 듣고 싶었을 것이다. 결국 누벨앙굴렘이라는 이름이 붙은 뉴욕 땅은 그대로 방치되어 제대로 탐색이 이루어지지 않았다. 참고로 '누벨앙굴렘'에서 '앙굴렘'은 프랑수아 1세가 발루아 앙굴렘가家 출신이었던 것에서 붙여졌고, 누벨은 영어로 하면 'New'다.

참고로 앞에서 마르코 폴로의《동방견문록》의 영향을 받아 수많은 선단이 몽골제국의 수도인 대도를 향해 출항했다는 이야기를 한 바 있다. 그때 언급한 프랑스인 자크 카르티에가 프랑수아 1세의 명을 받고 캐나다의 세인트로렌스강을 탐험한 해는 1534년이었다. 조반니 다 베라차노가 뉴욕을 찾아낸 1524년으로부터 10년이 지난 후의 일이다. 프랑수아 1세는 캐나다 탐험에는 열의를 보였고, 자국 영토로 삼기 위한 노력을 게을리하지 않았다. 훗날 프랑스가 북아메리카로 진출하여 누벨프랑스(뉴프랑스)라 불리는 광활한 식민지를 경영하게 되는데, 세인트로렌스강 유역이 그 출발점이 되었다.

2. 다음으로 찾아온 사람은 네덜란드인이 고용한 영국인이었다

네덜란드는 1602년에 동인도회사라는 주식회사를 설립했다. 이 회사는 동남아시아를 식민지로 지배하기 위해 네덜란드 정부로부터 통치권 및 군사권을 부여받은 특수한 조직이었다. 참고로 동인도회사라는 명칭은, 1600년에 영국이 인도에 대한 지배력을 강화하려는 목적으로 세운 조직에서 처음으로 사용되었다('동인도회사'는 17세기 초 영국 · 프랑스 · 네덜란드 등의 유럽인들이 동방 진출을 목적으로 설립한 무역회사의 통칭이다).

네덜란드는 동남아시아에서도 말루쿠제도Maluku Islands를 중심으로 식민지화를 추진했다. 그곳에서 재배되는 후추 · 시나몬 · 정향丁香 등의 향신료가 유럽에서 큰 인기를 끌었기 때문이다. 하지만 이 향신료를 노리는 국가가 또 있었다. 바로 영국이었다.

네덜란드와 영국 모두 동남아시아로 가려면 대서양을 남하하여 아프리카 남단을 돌아 인도양을 북상해야 했다. 상당한 시간이 소요되는 교역 루트였다. 그래서 양국은 루트를 단축하고자 했다.

먼저 움직인 쪽은 영국이었다. 러시아 모스크바대공국과의 교역을 도맡은 머스커비Muscovy 회사로 하여금 시베리아 앞바다의 북극해를 통과해 태평양으로 빠져나가는 루트를 찾게 한 것이다. 그 선두에 선 이가 헨리 허드슨이라는 영국 사람이었다. 그의 탐험을 통해 북극해에는 여름에도 녹지 않는 해역이 있으며, 당시 항해 기술로는 얼음을 뚫을 수가 없다는 사실 또한 알게 되었다(1607년).

다음으로 네덜란드가 나섰다. 네덜란드의 동인도회사도 헨리 허드슨을 고용했다. 그가 당시 최고의 항해 전문가였기 때문일 것이다.

허드슨은 북아메리카 대륙의 동해안을 따라 북상하다가 지금의 스태튼섬과 롱아일랜드섬 사이에 있는 해협을 발견했다. 그는 그곳을 통과하려 했지만 이내 그 물줄기가 해협이 아니라 커다란 강이라는 것을 알게 되었다. 여러 개의 커다란 섬으로 이루어진 줄로만 알았던 북아메리카가 실은 커다란 대륙이었다는 사실을 허드슨이 알아챈 것도 이때였을지도 모른다. 허드슨은 그 일대에 뉴네덜란드라는 이름을 붙였다.

세인트로렌스강을 거슬러 올라간 자크 카르티에도 어쩌면 그곳이 태평양으로 빠지는 해협이라고 생각했을 수도 있다. 당시 원주민들은 어땠는지 모르겠지만 유럽인 중에는 북아메리카 대륙을 종단한 사람도, 횡단한 사람도 없었다. 자크 카르티에와 헨리 허드슨 또한 마르코 폴로가 세계에 퍼뜨린 호화로운 중국의 환상을 좇아서 대도로 가는 최단 거리를 찾아야 한다는 생각을 은연중에 했던 것인지도 모른다.

3. 네덜란드가 맨해튼섬을 영토로 삼다

허드슨이 거슬러 올라간 강에는 훗날 '허드슨강'이라는 이름이 붙여졌다. 허드슨은 원주민들이 허드슨강 하류에 있는 모래톱을 '맨해튼'이라고 부른다는 것도 알게 되었다.

허드슨의 탐험 결과를 들은 네덜란드 정부는 프랑수아 1세와는 달리 부지런히 움직였다. 맨해튼섬과 그 주변을 영토로 삼기 위해 서인도회사에 명령을 내려서 적극적으로 식민지를 개척하기 시작한 것이다. 우선 맨해튼섬

남단에 모피 교역의 거점을 만들고 그곳을 '뉴암스테르담'이라고 명명했다 (1625년). 당시 모피는 유럽의 상류 계급층에서 높은 인기를 모았다.

네덜란드는 뉴암스테르담이라는 도시를 건설할 때 원주민에게서 맨해튼 섬과 그 건너편을 사들였는데, 입이 떡 벌어질 정도의 헐값(약 24달러)에 거 래되었다(1627년). 이 비즈니스를 성사시킨 사람은 네덜란드의 식민지 총재 인 페터 미노이트였다. 그는 당시 네덜란드 돈 60길더에 상당하는(큰 생맥주 잔 2,400잔의 양) 물품을 주고 토지를 구입한 것으로 전해진다. 그 물품은 유 리구슬이었다는 설이 남아 있다.

네덜란드는 이렇게 토지를 손에 넣었는데, 레나페Lenape족과 와파니 Wappani족 등 원래 그곳에 살고 있던 원주민들은 '토지를 판다'는 것이 그 땅 에 자신들이 더 이상 살지 못하게 된다는 뜻일 거라고는 꿈에도 생각하지 못 했던 모양이다. 나중에야 '토지를 판다'는 것의 본질을 알게 된 원주민들과 네덜란드 사이에 수차례의 분쟁이 일어났다. 그중에서도 1643~1645년에 이곳에 정착한 네덜란드인과 와파니족이 격렬하게 충돌한 사건은 유혈 사 태로 번진 탓에 키프트전쟁이라고도 불렸다. 이 전쟁으로 많은 원주민이 목 숨을 잃었고, 설상가상으로 유럽에서 전파된 천연두가 퍼지면서 더욱 많은 사람들이 사망했다. 참고로 '키프트'는 당시 뉴암스테르담을 지배하던 사람 의 이름(윌리엄 키프트)이다.

이렇게 원주민을 쫓아내고 지배권을 확립한 네덜란드 사람들은 1652년 이 되자 독립 정부를 만들어 행정 전체를 관리하기 시작했다. 이러한 상황을 보고 네덜란드 본국도 뉴암스테르담을 공식적인 자치단체로 승인했다.

4. 뉴암스테르담에 칼뱅파 개신교가 정착하다

맨해튼섬을 중심으로 한 뉴욕 지역은 겨울에 상당히 춥다. 적설량이 50센 티미터를 넘을 때도 있었다. 네덜란드 정부는 이 새로운 영토에 정착시킬 사람들을 어떻게 해야 하나 고민했다. 스페인이 획득한 남아메리카처럼 살기 좋은 땅이 아닌데다가 광산이나 금산도 없으니 일확천금을 노리는 사람들도 이곳에 흥미를 보이지 않았다. 서부 아메리카와 알래스카의 금산이 유명해진 것은 조금 더 시간이 흐른 후의 이야기다.

그래서 네덜란드 정부가 뉴암스테르담에 살도록 권유한 이들이 칼뱅Calvin파 개신교 사람들이었다.

개신교는 크게 칼뱅파와 루터Luther파로 나뉜다.

루터파의 주장은 쉽게 말하면 '성경으로 돌아가자'는 것이었다. 루터파는 당시 "로마 교회의 높은 사람들이 사치에 빠져서 미녀를 옆에 끼고 좋은 집에 사는 것은 이상하다. 예수는 검소하고 소박하게 살았다. 그 사실은 성경만 보아도 알 수 있다"고 주장했다. 하지만 루터는 정치 세계에서 사회를 지배하는 군주가 있다는 사실에는 아무런 이의도 제기하지 않은 채 그저 로마 교황이 나쁘다고 할 뿐이었다. 그래서 루터파 개신교도들은 독일을 중심으로 제후들의 보호를 받으며 생활할 수 있었다.

이에 비해 칼뱅파의 주장은 더 과격했다. 그 근간에는 '예정설豫定說'이 있었다. '예정설'은 루터파 이상으로 신의 절대성을 강조하는 교리였다. 인간의 구제 여부는 신의 의지에 따라 예정되어 있기 때문에 인간의 운명은 스스로 바꿀 수 없다는 내용이었다. 교황이나 국왕까지도 말이다. 즉, 모든 인간은 태어나기 전부터 천국에 갈지, 지옥에 갈지 정해져 있다고 주장했다.

그러나 로마 교회는 천국은 좋은 곳이고 지옥은 무서운 곳이라며 사람들에게 이렇게 말했다.

"천국에 가고 싶으면 선행을 쌓아야 합니다. 그렇지 않으면 지옥에 떨어진답니다. 선행을 쌓아간다는 것은 곧 교회와 성직자를 소중히 여기는 것과 같습니다. 그러니 헌금도 많이 내야 합니다. 토지도 기부하십시오. 신이 보고 계십니다."

순진했던 옛날 사람들은 그 말을 듣고 열심히 기도하면서 교회에 기부도 많이 했다.

하지만 칼뱅파는 누가 천국에 갈지는 이미 정해져 있으니 그런 선행은 아무런 효과가 없다고 설파했다. 그들은 로마 교회와 격렬하게 대립했을 뿐 아니라 신이 절대적인 존재라고 주장했기 때문에 루터파처럼 "카이사르의 것은 카이사르에게"라고 하며 군주의 권위를 인정하지도 않았다.

칼뱅파 사람들 중에는 지적 능력이 높은 사람이 많아서 다들 성경을 읽을 줄 알았다. 그들은 성경을 읽다가 로마 교회의 논리에 의구심을 갖게 되어 칼뱅파에 입문했던 것이다. 자신은 선택받은 사람이라고 믿었고, 성실하게 일하면서 윤리적으로 살기 위해 노력했다. 이러한 그들의 생활 태도에서 프로테스탄티즘Protestantism 사상이 확립되었다. 훗날 사회과학자인 막스 베버는 이 사상이 자본주의의 근간이 되었다는 논리로 《프로테스탄티즘의 윤리와 자본주의의 정신》을 썼다(1904년).

이렇게 권력과 타협하지 않는 칼뱅파의 교리는 당연히 로마 교회와 각 군주 국가의 지배자들로부터 탄압을 받았다. 칼뱅이 본인의 나라인 프랑스에서 스위스로 도망가야 했을 정도였다. 네덜란드 지배자들은 이렇게 유럽에서 박해받고 있던 칼뱅파 사람들에게 뉴암스테르담에 가서 살지 않겠냐고 권유한 것이다.

네덜란드 내에서도 칼뱅파를 박해하지는 않았지만 "뉴암스테르담에는 종교의 자유가 있다, 우리의 안식처가 있다"라는 말이 유럽 전역에 퍼졌고, 네덜란드를 비롯한 각지에 퍼져 있던 칼뱅파 신도들이 맨해튼섬에 모여들게 되었다.

영국이 빼앗은 후 '뉴욕'이라는 이름을 붙이다

당시 유럽에는 네덜란드와 영국이 세계 무역의 패권을 둘러싸고 충돌을 반복하고 있었다.

때는 뉴암스테르담에 독자적인 자치단체가 탄생했을 무렵이었다. 영국이 '항해법'이라는 법률을 만들어서 영국 해역을 통과하는 네덜란드 선박을 습격한 것이다. 영국이 그 배에 실려 있던 짐을 약탈하기 시작하면서 전쟁으로 번졌다. 이것이 제1차 영국·네덜란드전쟁이다(1652~1654년). 그리고 시간이 흐른 뒤 1664년에는 영국 군대가 맨해튼섬에 들이닥쳤다.

맨해튼섬의 면적은 서울 여의도의 여섯 배 정도다. 세로 20킬로미터, 가로 폭 최장 4킬로미터인 맨해튼섬은 남북으로 길쭉한 형태를 띠고 있다. 네덜란드가 뉴암스테르담이라고 이름 붙인 곳은 맨해튼섬 남단에 가까운 곳으로, 지금의 월스트리트 부근이었다. 참고로 이곳에는 네덜란드가 마을을 지키기 위해 쌓은 성벽(Wall)이 있었기 때문에 '월스트리트'라는 이름이 붙여졌다.

한편, 영국은 북아메리카 대륙 최초의 식민지를 뉴암스테르담의 남단, 버지니아주의 제임스타운Jamestown에 건설했다(1607년). 그리고 1620년에는 청교도들Pilgrim Fathers이 메이플라워호를 타고 넘어와서 매사추세츠주 플리머스에 식민지를 만들었다. 청교도란 영국에 있는 칼뱅파 개신교를 뜻하는 말이다.

영국은 강바닥이 깊고 섬에 둘러싸인 뉴암스테르담항을 꼭 갖고 싶어 했다. 세계 무역과 해상 통제권을 두고 네덜란드와 세력 전쟁을 벌이는 와중에도 맨해튼섬을 점령하려 했던 것이다.

다시 제1차 영국·네덜란드전쟁 이야기로 돌아오면, 네덜란드와 영국의 양군은 맨해튼섬에서 대치했다. 네덜란드 쪽에는 본국에서 파견된 장군도 없을 정도로 영국에 비해 세가 약했다. 결국 뉴암스테르담은 영국 수중으로 넘어갔다. 하지만 영국은 네덜란드 사람들을 쫓아내지 않고 그들이 원하면 그대로 맨해튼섬에 남아 살 수 있게 했다. 양쪽 다 칼뱅파 개신교였기 때문에 아마 그랬던 것 같다. 지금도 뉴욕 주민들 중에는 시조가 네덜란드인이라고 하는 사람들이 적지 않다. 이 무렵부터 뉴암스테르담 주민은 여러 국적의 사람들로 구성되기 시작했다.

제2차 영국·네덜란드전쟁은 뉴암스테르담을 빼앗은 영국을 상대로 네덜란드가 공격을 개시하면서 시작되었다(1665~1667년). 1665년에는 영국의 동맹국인 뮌스터공국이 참전했지만, 이듬해 네덜란드 편으로 참전한 프랑스에 의해 추방당하는 등 전쟁은 복잡하게 전개되었다. 네덜란드는 교전 과정에서 맨해튼섬의 지배권을 되찾기도 했지만 최종적으로는 승패를 가리지 않고 휴전을 했다. 영국과 네덜란드 양국은 네덜란드 브레다에서 화해 조약을 맺었다. 그 조약의 결과 맨해튼섬은 정식으로 영국 소유가 되었으며, 네덜란드는 말루쿠제도 중 반다제도Banda Islands를 손에 넣었다. 반다제도는 향신료의 산지였다.

영국 왕 찰스 2세는 뉴암스테르담을 뉴욕NewYork이라 명명했다. 찰스 2세의 남동생 요크 공작(York, 훗날 제임스 2세)에게 이 땅의 지배권을 맡겼기 때문이다.

뉴욕이라는 이름은 이때 처음으로 등장했는데, 뉴욕이 영국 영토가 되는 길은 그다지 순탄하지 않았다.

왜냐하면 얼마 지나지 않아 제3차 영국·네덜란드전쟁이 발발했기 때문이다(1672~1674년). 이 전쟁은 1672년에 영국과 프랑스가 네덜란드에 선전 포고를 하면서 시작되었는데, 전쟁 과정에서 네덜란드 해군이 뉴욕을 습격하여 다시 이곳을 빼앗았다. 그리고 이름을 '뉴오렌지'로 변경했다. 네덜란드 총독 오렌지 공公 윌리엄의 이름에서 따온 이 명칭은, 윌리엄이 남프랑스 오랑주Orange 지방 귀족의 자손이라는 것에서 기인했다.

하지만 이 3차 영국·네덜란드전쟁이 1674년에 웨스트민스터Westminster 조약을 맺고 종결되자 맨해튼섬은 다시 영국 소유가 되었고 네덜란드는 남미 기아나Guiana에 있는 수리남(Surinam, 지금은 독립된 공화국)을 획득했다.

결국 네덜란드는 맨해튼섬에 손을 떼면서 그 대가로 향신료의 섬과 남미 땅을 얻은 것이다. 하나의 섬을 이용해 두 건의 거래를 성사시켰기 때문에 '좋은 거래였다'고 생각했을지도 모른다. 반면 영국은 끈질기게 뉴욕을 고집한 끝에 그곳을 차지하게 되었다.

계산 빠른 영국이 뉴욕을 식민지로 삼다

뉴욕은 다시 영국의 지배하에 놓이게 되었는데, 영국은 식민지 경영을 통해 확실하게 본국의 이익을 취하려 했다. 그것에 불만을 느끼는 사람들이 늘어나면서 빈번하게 분쟁이 발생했다.

1689년에는 칼뱅파 개신교이자 독일계 미국인인 라이슬러라는 사람이 반란을 일으켰다. 이 반란은 2년 동안 이어지다가 진압되었다.

뉴욕은 이렇게 몇 차례 소동을 겪으면서도 계속해서 발전해 나갔고, 도시로서의 체제도 갖추게 되었다. 영국이 뉴욕을 지배한 지 100년이 지난 1754년, 영국 왕 조지 2세는 뉴욕에 컬럼비아대학을 창설할 것을 허가했다. 이렇게 사립대학을 설립할 수 있었다는 것은 뉴욕이 북미의 중심지가 되어가고 있다는 증거였다고도 할 수 있다.

참고로 미국 최대의 대학은 매사추세츠주 케임브리지에 청교도들이 설립한 하버드대학이다(1636년).

이렇게 대학도 생겨나면서 뉴욕은 도시로서의 완성도를 높여갔지만, 영국 식민지 정책은 본국이 원하는 대로 흘러가지만은 않았다.

무엇이 미국 식민지 독립 운동에 불을 붙였나

유럽에서는 1756년에 7년전쟁이 시작되었다. 이 전쟁은 프랑스·러시아와 동맹 관계를 맺은 오스트리아의 여제 마리아 테레지아와, 영국의 지원을 받은 독일 프로이센의 프리드리히 2세 사이에서 일어났다.

7년전쟁에 영국과 프랑스가 참전한 이유는 식민지 문제로 서로 간에 이해 타산이 얽혀 있기 때문이었다. 그리고 이 유럽전쟁의 불똥이 북아메리카의 식민지로도 튀었기 때문에 프렌치·인디언전쟁이라고도 불리게 되었다. 이 특이한 명칭은 영국의 관점에서 붙여졌다. 영국이 프랑스·인디언 연합체와 싸웠다는 뜻이다. 하지만 이 전쟁의 핵심은 '북아메리카 식민지 지배권을 누가 가져가느냐'에 있었다.

프렌치·인디언전쟁은 결국 영국의 완승으로 막을 내렸다. 프랑스는 전쟁에 패배한 대가로, 캐나다의 세인트로렌스강에서 미시시피강 동쪽으로 펼쳐진 광대한 누벨프랑스의 식민지를 잃었다. 북미 영토를 장악한 것은 영국이었다.

영국이 승리를 거둔 후에 미국 식민지 사람들의 분노를 사게 하는 사건이 일어났다.

프렌치·인디언전쟁은 당연히 국익을 위한 전쟁이었고, 어쩌다 보니 그 전쟁터가 식민지가 되었을 뿐이었다. 그리고 결과적으로는 승리를 거두었지만 전쟁 과정에서 막대한 전쟁 비용을 지출해야 했다. 이 적자를 어떻게든 메워야겠다는 생각 끝에 고안해낸 것이 '수익자 부담의 원칙'이었다. 그 전쟁은 미국 식민지에서 일어났고 전비도 현지에서 썼으니 식민지가 배상해야 한다는 논리였다. 그렇게 시행한 세법이 인지법印紙法이었다(1765년). 식민지 정부 및 사기업이 쓰는 공문서·신문·달력·잡지 등 각종 출판물에 영국 정부의 비싼 인지를 붙이도록 한 것이다.

이렇게 영국은 식민지 정부와 거주민들로부터 프렌치·인디언전쟁에서 치른 비용을 회수하려 했다. 합리적이라면 합리적이라 할 수 있지만 상당히 뻔뻔스러운 발상이기도 했다.

그런데 미국 식민지 주민들은 인지법에 고분고분 따를 만큼 유순하지 않왔다. '자유의 아들단'이라는 단체가 대규모 반란을 일으킨 것이다(1766년). 그들은 인지를 태워 없애거나 영국 기관을 습격하기도 했다. 뉴욕은 그 운동의 중심지였다. 그들은 자신들의 주장을 피력하는 '자유의 깃대'를 뉴욕에 세웠다. 영국 정부가 수차례나 깃대를 쓰러뜨렸지만 그때마다 다시 세워서 시민들에게 어필하며 반대 운동을 계속했다. 하지만 그들은 폭력으로만 대항한 것이 아니었다. 논리적인 근거도 갖추고 있었던 것이다.

그것은 바로 '대표 없이 조세 없다No taxation without representation'라는 원칙이었다.

이 말은 마그나 카르타(Magna Charta, 대헌장大憲章)에 담긴 정신을 나타내고 있었다. 마그나 카르타란, 무능하다는 평을 받았던 영국 왕 존에게 귀족과 런던 시민들이 들이민 권리장전이다. 마그나 카르타의 주장은 쉽게 말해 "왕이시여, 전쟁은 당신 마음대로 일으켰습니다. 그 전쟁 때문에 국고가 비었다며 세금을 걷는 행위는 용납할 수 없습니다. 비용을 지불하는 것은 우리입니다. 우리의 의견을 먼저 듣고 세금을 부과하십시오. 그렇지 않으면 인정할 수 없습니다"라는 내용이다.

이 이론은 오늘날 '대표 없이 조세 없다'는 말로 통한다. 의회도 열지 않은 채 왕이 제멋대로 정한 사항에는 따를 수 없다는, 어쩌면 지극히 당연한 이론이었다.

'자유의 아들단' 및 민주적인 권리를 요구하는 사람들의 주장도 논리적으로는 마그나 카르타의 정신과 일맥상통한다.

"본국의 의회에 출석해서 논의를 거친 후에 납득할 수 있다면 세금을 내겠지만, 그럴 권리가 주어지지 않으면 세금도 납부하지 않겠다. 본국 정부를 위해 세금을 내라니 가당하기나 한 일인가. 그렇다면 우리가 우리의 정부를 만들겠다."

이 인지법 반대 운동은 독립 운동의 전주곡이 되었다.

독립전쟁 중, 그리고 독립전쟁 후에 뉴욕이 한 역할

미국독립전쟁은 많이 알려져 있기 때문에 그 경과에 대해서는 생략하겠다. 여기에서는 주로 뉴욕과 관련된 부분을 다룰 생각이다.

독립전쟁은 1775년에 시작되었다. 미국은 조지 워싱턴을 최고사령관으로 임명했고, 이듬해인 1776년에 독립 선언을 채택했다. 전 세계를 향해 영국과 화해의 길을 걷지 않겠다고 선언한 것이다.

1776년에는 뉴욕에 큰 화재가 발생하기도 했다. 그리

조지 워싱턴

초대 미국 대통령. 독립전쟁을 승리로 이끌었다.

고 같은 해 8월, 워싱턴이 이끌던 미국군은 맨해튼 북부의 워싱턴 하이츠 Washington Heights의 고지대에서 영국군과 대치했다. 하지만 형세가 불리하다고 판단한 워싱턴은 한 명의 병사도 남기지 않고 전군을 이동시켰다. 그리고 그때부터 1783년 독립전쟁이 끝날 때까지 뉴욕은 영국군의 본거지가 되었다. 그래서 맨해튼섬은 그다지 피해를 입지 않았고 주요 건축물도 파손되지 않았다.

독립전쟁에서 승리한 미국군은 뉴욕을 새로운 독립국의 수도로 삼고, 월스트리트에 있던 구뉴욕시 청사를 국회의사당으로 정했다. 1789년 4월, 초대 대통령이 된 워싱턴은 이 건물 발코니에서 취임 연설을 했다.

뉴욕은 1783년부터 1790년까지 미국의 수도였다. 그 후 1800년까지의 수도는 필라델피아였고, 1800년에 워싱턴이 수도로 정해진 후 오늘날까지 이어져 오고 있다. 미국의 지도자들은 처음부터 정치의 중심지는 따로 두고, 항구로서의 입지도 뛰어난 뉴욕을 경제의 중심지로 키워야겠다는 구상을 했다. 1792년이라는 이른 시기에 월스트리트에 증권거래소가 개설된 것만 보아도 알 수 있다.

미영전쟁과 같은 시기에 진행되었던 뉴욕의 도시계획

18세기 말부터 19세기 초, 유럽에서는 프랑스혁명 후 영국을 맹주로 한 대對프랑스 동맹이 간헐적으로 결성되었다. 하지만 1815년에 나폴레옹이 세인트헬레나섬에 유배되면서 동맹 결성은 완전히 끝이 났다. 그러는 사이에 미국은 중립을 지키고 있었다. 1803년에는 나폴레옹으로부터 광대한 루이지애나Louisiana를 사들이면서 뉴욕항이 엄청난 무역 이익을 얻었다.

뉴욕항이 활기를 띠고, 유럽의 전란을 피해 신대륙으로 이주해온 사람들이 뉴욕으로 찾아들자, 맨해튼섬은 토지 개발과 토지 공급을 염두에 둔 도시 계획을 추진하게 되었다. 그리하여 1800년대 초에 뉴욕 시의회에서 새로운 도시 개발을 위한 심의회가 개설되었다.

원래 이 심의회에 특별한 이름은 없었는데, 1811년에 한 가지 계획안이 작성되면서 '1811년 위원회 계획'이라 불리게 되었다. 이 안은 맨해튼섬을 남쪽에서 북쪽까지 격자형으로 일정한 간격을 두고 분할한다는 내용이었기 때문에 '그리드 플랜grid plan'이라 불린다. 그 자세한 계획은 이러했다.

남북으로 난 대로를 애비뉴Avenue라 하고, 애비뉴의 동쪽에서 서쪽 방향으로 1번가 · 2번가라는 이름을 붙인다. 그리고 동서로 난 대로의 이름은 스트리트라고 하고, 스트리트의 남쪽에서 북쪽 방향으로는 1번지 · 2번지로 구분한다.

그리드 플랜의 특징으로는 두 가지를 들 수 있다. 하나는 중심에 있는 광장에서부터 방사형으로 도로가 뻗어나간다는 것이고, 또 하나는 대로 이름에 인명 또는 지명이 거의 쓰이지 않았다는 것이다. 누구나 쉽게 알 수 있도록 기능적인 면을 중시했다는 점에서 획기적이라고 할 수 있다. 이 도시계획은 세 현인이라고도 불리는 남자들이 입안立案했다. 그 세 명은 외교관이기도 했던 거베너르 모리스, 뉴욕주의 측량 국장이었던 시메온 드 위트, 조지 워싱턴의 친구였던 정치가 조지 러더퍼드다.

그런데 뉴욕시가 '그리드 플랜'을 실행하려고 했을 무렵 미국에 커다란 난제가 들이닥쳤다. 대對나폴레옹전쟁 때 중립의 입장을 지키며 해상 무역으로 큰 이윤을 보고 있던 미국을 상대로, 영국이 해상을 봉쇄하고 교역 활동을 방해하기 시작한 것이다. 미국 정부는 영국 정부에 단호하게 항의했고 결국 양국은 전쟁 상태로 들어가게 되었다.

미국 정부는 고전하면서도 영국과의 교전을 지속했고, 뉴욕시는 뉴욕시대로 '그리드 플랜'을 실행했다. 미영전쟁(1812~1814년)이라 불린 이 싸움은, 나폴레옹이 러시아 원정에 실패하면서 대륙 제패의 야망이 좌절되고 엘바섬에 유배되었을 때 끝이 났다.

미국이 고전하면서도 끝끝내 옛 지배자 앞에 무릎 꿇지 않았다는 점에서 미국의 자립심은 경제적·의식적으로 최고조에 달했다. 그래서 이 전쟁은 '제2차 독립전쟁'이라고도 불린다. 참고로 미국 국가國歌 '성조기여 영원하라'는 이 전쟁 중에 탄생했다. 뉴욕은 전시 체제하에서도 그리드 플랜을 수행하여 완전히 새롭게 태어났다. 그리고 새로워진 뉴욕에 또 다른 이민들이 파도처럼 밀려왔다. 그 파도는 미국의 국력 신장으로 이어졌다.

이리 운하와 감자 기근이 뉴욕을 바꾸다

19세기는 미국 영토가 확장된 시대이기도 하다. 루이지애나를 사들인 후 계속해서 서쪽으로 진출한 미국은, 1848년에 미국·멕시코전쟁을 종결시키고 캘리포니아를 포함하는 광대한 영토를 양도받았다. 뿐만 아니라 1853년에 멕시코로부터 애리조나를 넘겨받으면서 지금의 미국 영토와 거의 같은 모습을 갖추었다.

이 무렵 뉴욕에 엄청난 변화를 가져온 두 사건이 있다. 하나는 이리 운하의 개통(1825년)이고, 또 하나는 아일랜드에서 발생한 감자 기근이다.

이리 운하는 허드슨강 중류의 주도州都 올버니에서 이리호의 북동쪽에 있는 버팔로까지 뚫어서 만들었다. 이 운하가 개통되면서 이리호에서 뉴욕까지 한 번에 갈 수 있게 되었으며 유럽까지도 항행할 수 있게 되었다.

그 결과, 오대호 지방의 삼림지대에서 포획되던 밍크 등에서 얻은 고급 모피를 유럽으로 대량 수출할 수 있게 되었다. 뿐만 아니라 대륙 서부에 있는 각 지역의 농산물을 대량으로 뉴욕까지 수송할 수도 있게 되었다.

이리 운하의 개통은 뉴욕 경제를 비약적으로 향상시킴과 동시에 뉴욕에 유입되는 인구가 증대되는 결과를 초래했다. 운하 공사를 위해 작업 인부 모집 공고를 냈을 때 나폴레옹전쟁으로 인해 조국이 전쟁터가 된 독일을 비롯

19세기 미국의 영토 확장과 서부 개척 진전

1803년	나폴레옹에게 루이지애나를 매입
1818년	영국으로부터 레드강 분지를 매입(오클라호마 남부 일대)
1819년	스페인으로부터 플로리다 매수 ⇒ 이 무렵부터 멕시코 영토 텍사스에 미국의 불법 정착이 눈에 띄기 시작함
1830년	인디언 강제 이주법 시행 ⇒ 서부 개척의 진전. 거주지에서 쫓겨나는 원주민의 비극
1845년	멕시코령 텍사스 합병
1846년	캐나다령 오리건 합병
1848년	미국·멕시코전쟁 결과 캘리포니아 및 네바다, 뉴멕시코 등을 양도받음 ⇒ 같은 해 캘리포니아에서 금광 발견, 골드러시가 시작됨
1853년	애리조나를 멕시코에서 합병 ⇒ 지금의 미국 영토가 거의 확립됨

하여 유럽 각지에서 수많은 사람이 몰려든 것이다.

뉴욕의 인구가 증가하면서 빈민가가 밀집되는 현상이 심해졌고, 화재 발생 건수도 증가하여 1835년에 대화재가 발생했다. 거기에 인구 증가의 결정적 원인이 된 사건이 아일랜드에서 일어났다. 1845년에 아일랜드에서 발생한 감자 기근이다. 16세기에 남아메리카 대륙에서 유럽으로 전해진 감자는 18세기 후반부터 유럽 서민들의 귀중한 식량으로 자리매김했다. 그런데 아일랜드에서 감자 역병이 돌면서 감자를 수확할 수가 없게 된 것이다.

이 감자 기근에서 탈출하기 위해 10만 명 이상의 사람들이 뉴욕으로 찾아왔다. 그때까지 뉴욕 시민 대다수는 네덜란드의 칼뱅파 개신교도와 영국의 청교도였는데, 아일랜드에서 온 사람들 대부분은 로마 교회 신자라는 것이 특징이었다.

뉴욕을 바꾼 이리 운하

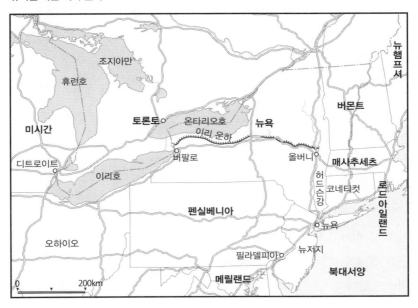

이리 운하 개통과 감자 기근은 뉴욕의 구성원이 다양해지는 계기가 되었다. 그리고 이 무렵부터 뉴욕을 비유적으로 표현할 때 '인종의 도가니'라는 말이 사용되기 시작했다.

참고로 감자 기근 때문에 뉴욕으로 도망 온 사람들 중에는 패트릭 케네디(Patrick Kennedy, 케네디 대통령의 시조)와 훗날 철강왕이라 불린 앤드류 카네기도 있었다.

감자 기근 발생 3년 후인 1848년에 있었던 일이다. 멕시코로부터 광대한 캘리포니아 땅을 빼앗은 미국은 그곳에서 금광을 발견하는 엄청난 행운을 거머쥐게 되었다. 그리고 그 금광을 노리고 서부로 찾아온 사람들 중에는, 서부 개척의 꿈을 품은 미국인뿐만 아니라 유럽에서 일확천금을 노리고 온 사람들도 있었다. 그들도 뉴욕항을 통해서 왔기 때문에 뉴욕은 점점 번성했고 구성원도 점점 다양해졌다. '인종의 도가니'에 이어 '아메리칸 드림'이라는 말도 이때부터 생겨났다.

길고 좁다란 형태의 맨해튼섬은 그리드 플랜을 통해 질서정연한 도시의 모습을 갖추게 되었는데, 원래 이 섬은 허드슨강의 모래톱이었기 때문에 동쪽과 서쪽 강가에는 풍요로운 자연이 있었다. 그래서 그리드 플랜으로 작은 공원을 만들기는 했지만 자연의 숨결을 만끽할 수 있을 정도의 큰 공원은 만들지 않았다.

하지만 상업 중심 도시가 된 뉴욕에서 긴장감 넘치는 생활을 하는 사람들이 급증하면서, 한숨 돌릴 수 있는 녹지대가 가까이에 있었으면 좋겠다는 의견이 쇄도했다.

이제는 야생화된 동물이 사는 숲까지 있는 센트럴 파크Central Park는 1857년 이러한 뉴욕 시민들의 요구에 부응하기 위해 착공되었고 1859년에 문을 열었다. 맨해튼섬 중앙부에 남북 4킬로미터, 동서 800미터 규모로 자리하고 있다.

맨해튼섬은 전역이 매우 단단한 암반으로 덮여 있다. 그래서 공원을 만들 때 나무를 많이 심기 위해 어마어마한 양의 흙을 뉴욕주 여기저기에서 운송해왔다고 한다.

브루클린과 맨해튼 사이에 다리가 걸리다

1861년, 그 유명한 남북전쟁이 일어났다. 남북전쟁은 어떤 전쟁이었을까? 한마디로 말하면 보호무역주의와 자유무역주의의 전쟁이었다. 북부는 이제야 피어나기 시작한 면직물 공업을 중심으로 자국 산업을 육성하려면, 영국의 높은 생산성을 지닌 산업에 대항해 자국을 지키는 보호무역이 필수적이라고 생각했다. 그에 비해 남부는 흑인 노동자를 주체로 한 대규모 농업을 통해 담배·옥수수·콩·목화 등을 수출해서 풍족한 생활을 누리고 있었기 때문에 자유무역을 주장했다. 양측 모두 쉽게 타협할 수 있는 상태가 아니었다.

남북 분열로 이어질 수 있는 문제가 결국 전쟁으로 발전한 것이다. 남북전쟁이라고 하면 노예제도 찬반이 키워드처럼 떠오르기 쉽지만, 깊게 보면 국가의 미래상을 둘러싼 심각한 쟁점이 있었다고 할 수 있다. 양군 통틀어 62만 이상의 사망자가 발생한 이 전쟁은 북측이 승리를 거두면서 1865년에 종결되었다. 다행히 미국은 분열되지 않고 공업 국가의 길을 걷기 시작하여 오늘날에 이르렀다.

뉴욕은 이 전쟁에서 전쟁터가 되지는 않았다.

하지만 남북전쟁 이후로 뉴욕 시민들은 침울한 분위기에 잠겼고, 이에 문화생활에 대한 필요성이 제기되었다. 그 결과 몇 개의 문화시설이 생겨났다. 1872년에 센트럴 파크 안에 개관한 메트로폴리탄 미술관이 대표적인 시설이다. 그 후 1883년에는 브로드웨이에 메트로폴리탄 가극장이 세워졌다.

한편, 같은 해에 맨해튼섬 동남쪽에서 이스트강 너머 브루클린에 이르는 브루클린 브리지가 건설되었다(1883년).

　브루클린 브리지는 선박이 다리 밑으로 통과할 수 있도록 수상 41미터 높이에 길이 486미터로 만들어졌다. 양쪽에서 강철 와이어로 연결한 현수교인데, 아름다운 곡선을 그리는 와이어가 하프를 연상시킨다고 하여 '스틸 하프 steel harp'라는 별명이 붙었다. 지금도 뉴욕의 명소 중 하나로 사랑받고 있다.

프랑스 사람이 '자유의 여신상'을 선물한 이유

　파리를 중심으로 한 프랑스 시민들은 미국이 독립 선언을 한 지 100년이 되는 해인 1876년 뉴욕에 '자유의 여신상'을 선물해야겠다고 생각했다. 제작자는 프레데리크오귀스트 바르톨디라는 조각가였다. 하지만 동상을 만드는 작업이 쉽지 않았을 뿐더러 미국으로 운반하는 것도 쉬운 일이 아니었기 때문에 우여곡절을 거쳐 1886년에 완성되었다. 이 거대한 동상은 받침대만 약 47미터이고 동상의 높이는 약 46미터다. 또 오른손에 들고 있는 횃불만 해도 6미터를 넘는다.

　그런데 프랑스 시민이 자발적으로 모금하면서까지 이 동상을 선물한 이유는 무엇일까?

　프랑스인들은 미국독립전쟁이 프랑스혁명의 정신적인 기폭제가 되었다고 생각하고 있었다. 독립전쟁이 발발했을 때 프랑스는 유럽의 패권을 둘러싸고 영국과 대립하고 있었기 때문에 '적의 적은 아군'이라는 생각으로 미국을 아군처럼 여겼다. 또한 미국의 독립전쟁을 이끈 지도자들의 사상이 당시 프랑스 철학 사상에 영향을 받았다는 점도 있어서 남다른 친근감을 가지고 있기도 했다.

　프랑스는 이러한 연유로 미국에 의용군을 파견하여 신대륙에서 영국과 싸웠다. 시민의 자유를 옹호한 후작 라파예트는 그 대표적인 인물이었다. 미국이 독립을 쟁취하고 프랑스 의용병들이 고국으로 돌아올 때, 그들의 가슴

속에는 미국인들이 전장에서 외친 말이 깊이 새겨져 있었을 것이다.

"대표 없이 과세 없다", "자유와 평등"

이 이데올로기는 이윽고 프랑스혁명의 이데올로기가 되었다. 그리고 마침내 프랑스혁명을 성공시킨 프랑스인들은 미국독립전쟁의 의의를 결코 잊을 수 없었던 것이다. '자유의 여신상'이 바로 그 상징이다. 미국독립전쟁과 프랑스혁명, 그 '자유의 정신'의 산증인이 뉴욕 입구에 서 있는 것처럼 느껴진다. 또한 파리의 센강에도 자유의 여신상 축소상이 있다.

1892년이 되자 엘리스섬에 입국 심사소가 세워졌다. 엘리스섬은 베들로섬Bedloe's Island, 리버티섬의 옛 명칭 북쪽에 있다. 이 기관은 예전에는 맨해튼섬 남단에 있었다.

엘리스섬에 입국 심사소가 생긴 이후 뉴욕항으로 찾아오는 사람들은, 대서양 물마루의 뒤편에서 오른쪽으로는 맨해튼의 고층 빌딩 거리를, 왼쪽으로는 자유의 여신상을 올려다보며 입국 심사를 받게 되었다. 자유의 땅에 발을 내디디는 것만 같은 극적인 무대 장치가 만들어진 것이다. 참고로 자유의 여신상의 성별이 명확하지 않기 때문에 오늘날에는 '자유의 상'이라는 호칭을 일반적으로 사용한다(조각상의 정식 명칭은 '세계를 비추는 자유Liberty Enlightening the World'다. 조각가 바르톨디가 그의 어머니를 모델로 했다고 전해진다).

유럽 이민들의 수가 절정에 이르다

뉴욕시는 1898년에 주변 지역을 병합하여 다섯 개의 구를 만들었다. 기존에 있었던 맨해튼섬, 롱아일랜드섬의 브루클린구와 퀸스구, 스태튼섬의 스태튼아일랜드구, 그리고 미국 대륙의 일부인 브롱크스구가 그것이다. 규모로만 보면 도쿄 23구보다 좁지만, 1898년에 형성된 다섯 개의 구 그대로 오늘날까지 이어져 오고 있다. 또한 1904년에는 지하철이 개통되면서 뉴욕 시민들의 새로운 발이 되었다.

이 무렵부터 자유와 가능성을 찾아 신대륙으로 넘어오는 이민들의 수가 급증했다. 1880년부터 1920년경까지 미국으로 찾아온 이민은 약 2,300만 명인데, 그중 약 1,700만 명이 뉴욕으로 왔다는 기록이 있다. 대부분은 이탈리아 · 독일 · 폴란드 · 러시아에서 온 사람들이었다. 이 중 이탈리아인은 남부의 가난한 농촌지대에서 온 이민이 많았기 때문에 육체 노동자가 된 사람들이 대부분이었지만, 음악계나 영화계로 진출하는 사람도 많았다. 또한 뒷골목을 지배하는 마피아 조직도 출현했다. 뿐만 아니라 러시아에서 19세기부터 자행된 유대인 박해(포그롬pogrom), 그리고 독일과 폴란드에서 퍼져 나간 반유대주의를 피해서 미국으로 오는 유대인도 급증했다. 교육에 열정적이었던 그들은 경제계 등 주요 분야에 진출했고 지금도 미국 사회의 각 분야에서 두각을 나타내고 있다.

이리하여 뉴욕은 점점 인종의 도가니가 되어 갔는데, 미국 내의 남쪽에서 유입되는 흑인들도 눈에 띄게 증가했다. 남북전쟁으로 노예제도가 폐지되자 농장을 버리고 의욕적으로 뉴욕으로 온 흑인들이 많았던 것이다. 그들은 센트럴 파크의 북쪽, 할렘에 살면서 흑인문화의 꽃을 피웠다. 그 신선함에 백인 뉴요커들도 매료되어 갔다.

할렘을 다채로운 흑인문화의 집성지로 만든 대표적인 인물들이 있다. 문학계에는 제임스 웰든 존슨과 클로드 맥케이, 음악계에는 루이 암스트롱, 듀크 엘링턴, 라이오넬 햄프턴, 그리고 '검은 비너스'라 불린 노래와 연극의 엔터테이너 조세핀 베이커 등을 들 수 있다.

그들은 할렘의 나이트클럽을 무대로 삼았다. 코폴라가 1984년에 제작한 영화 〈커튼 클럽〉은 할렘에 실재했던 나이트클럽을 무대로 실존 인물을 등장시켜 당시 할렘의 모습을 그려냈다.

이러한 흑인들의 문화 운동은 할렘 르네상스라고 불렸다.

또한 뉴욕은 급증하는 인구에 대응하고 토지 가격 인상에도 대처하기 위해 고층 건물을 짓기 시작했다. 고층 빌딩을 마음껏 지을 수 있었던 것은 맨해튼섬의 지반이 딱딱한 암반인데다 지진도 없었기 때문이다. 그리고 엘리베이터의 실용화도 고층 빌딩 건설이 늘어난 것에 한몫했다. 1920년대에 들어서는 50층 이상의 빌딩이 경쟁하듯 세워졌다. 이러한 고층 건물을 스카이스크래퍼skyscraper라고 하는데, '하늘을 긁을 수 있을 정도로 높은 건물'이라는 뜻이다. 하늘天을 긁는摩 누각樓閣, '마천루摩天樓'라고 번역된다. 77층 높이의 크라이슬러 빌딩과 102층 높이의 엠파이어스테이트 빌딩은 1930년대 초에 건축된 건물이다.

당시 세계 제국주의의 정점에 서 있던 영국은 대영제국이라 불리는 존재가 되었지만 남아프리카전쟁(1899~1902년)에서 막대한 전쟁 비용을 지출했

엠파이어스테이트 빌딩

뉴욕시 맨해튼구에 있는 초고층 빌딩. '엠파이어스테이트'는 뉴욕주의 또 다른 이름이다.

다. 이 전쟁은 대영제국이 남아프리카의 땅을 둘러싸고 네덜란드계 현지 주민과 싸운 것이었다. 대영제국은 고전 끝에 승리를 거두었지만, 어마어마하게 불어난 적자를 메우기 위해 뉴욕증권거래소에서 자금을 조달했다.

세계 제일의 대영제국이 런던이 아닌 뉴욕에서 돈을 빌렸다는 것은 대영제국의 패권이 흔들리기 시작했다는 방증이기도 했다. 반대로 대영제국에 자금을 공급한 뉴욕증권거래소, 즉 뉴욕은 이때부터 런던과 어깨를 나란히 하는 세계의 금융 도시가 되었다.

금주법이라는 기이한 사건과 월스트리트 주가 대폭락 발생

센트럴 파크의 남쪽, 클라이슬러 빌딩 서쪽에 그랜드 센트럴역이 완공된 것은 1913년으로, 제1차 세계대전이 발발하기 1년 전이었다. 이 철도역은 미국 대륙 전체와 뉴욕을 연결하는 터미널 역할을 톡톡히 했기 때문에 뉴욕은 점점 더 활기를 띠게 되었다. 그리고 4년 후인 1917년, 미국은 의회에서 금주법을 통과시키고 1920년부터 시행했다.

금주법이 시행되자 뉴욕에는 무허가 술집이 4만 점포나 생겨났고 단속 당국과의 소동이 끊이지 않았다. 종교상의 계율이라면 몰라도 국가가 기호품 금지령을 내리다니, 무척이나 미국적인 이상주의의 발로였다고 할 수 있다. 그리고 보고 배울 대상이 없이 신천지에서 성장한 인공 국가다운 졸렬한 사고법이기도 했다. 이 법률은 1933년에 폐지되었다.

금주법으로 조용할`날이 없던 1929년 10월, 뉴욕 월스트리트의 증권거래소에서 주가 대폭락 사건이 발생했다(Wall Street Crush). 이 월스트리트 크러시는 세계 경제를 뒤흔들며 경제대공황으로 이어졌다. 자국의 식민지나 국내에 커다란 경제권을 보유하고 있던 대국은 국가를 봉쇄해서 사회를 지켰지만, 그럴 수 없는 국가들은 곤경에 처했다. 미국에서는 프랭클린 루스벨트 대통령이 뉴딜 정책을 통해 대규모 공공사업을 전개하여 실업자를 흡수했다. 정부가 국가 경제에 적극적으로 개입함으로써 경제를 재건한 것이다. 뉴딜 정책의 대표적인 사업으로는 TVA(Tennessee Valley Authority, 테네시강 유역 개발 공사) 프로젝트를 들 수 있다(1933년).

제2차 세계대전 후 UN 본부가 세워지다

제1차 세계대전(1914~1918년)이 끝나고 미국의 윌슨 대통령은 민족자결의 이념을 내세워 세계 평화를 유지한다는 목적으로 UN을 발족시켰다. 하지만 정작 미국은 의회에서 가입이 부결되어 UN에는 참여하지 않았다. 당시 대영제국을 비롯한 유럽 열강들은 제1차 세계대전을 겪으며 피폐해진 상태였다. 어느새 미국이 세계 제일의 강국이 되어 있었던 것이다.

하지만 미국은 세계를 이끌 실력과 이념이 있었음에도 불구하고 금주법 소동과 월스트리트 주가 대폭락으로 인해 먼로주의_{미국에 대한 유럽의 간섭이나 재식}민지화를 허용하지 않는 대신 미국도 유럽에 대하여 간섭하지 않겠다는 고립주의 외교 방침에 빠져서 앞으로 나서지 않았다.

미국이 문을 걸어 잠근 동안 유럽에서는 독일이 히틀러의 지배하에 다시 강국이 되었고, 제2차 세계대전을 일으켰다. 이때 루스벨트 대통령은 세계 제일의 대국이 먼로주의로 틀어박혀 있어서는 안 된다고 생각했다. 그는 이상만을 추구했던 윌슨의 실패를 교훈으로 삼아 제2차 세계대전 때 '대서양 헌장'이라는 전후戰後 비전을 제시했다. 이 헌장의 정신을 바탕으로 전쟁 후 지구촌의 그랜드 디자인이 그려졌고, 전쟁이 끝난 후 뉴욕에 UN 본부가 설치되었다(1947년). 지금 건물은 1952년에 세워진 것이다.

뉴욕은 독립전쟁 이후 제2차 세계대전에 이르기까지 단 한 번도 전쟁으로 인한 화를 입지 않았다. 세계사를 통틀어 보아도 매우 드문 행운의 도시라 할 수 있다. 제2차 세계대전 때 아시아와 유럽의 주요 도시 대부분은 막대한 피해를 입었다. UN이 뉴욕에 세워진 데에는 그런 이유도 있었다. 이렇게 뉴욕은 세계 정치의 중심지가 되었다.

동란의 1960년대, 스톤월 항쟁이 발발하다

1960년대 들어 미국에서 처음으로 일어난 사건은 1962년 쿠바 위기, 그리고 1963년 케네디 대통령의 암살이다. 이어서 1964년에 흑인의 권리를 보장하는 공민권법이 통과되었다. 또 1965년부터는 미군의 북베트남 공습이 시작되었다.

1960년대 뉴욕은 평온하지 않았다. 1964년 7월, 할렘에서 흑인 소년이 백인 경관에게 사살된 것을 계기로 흑인들의 분노가 폭발한 것이다.

이 할렘 폭동이 도화선이 되어 미국 전역에서 흑인 항쟁이 일어났다. 게다가 같은 해 가을에는 베트남전쟁을 반대하는 움직임과 흑인 문제, 그리고 관리 사회를 향한 항의까지 더해져 대학생들의 투쟁이 일어났다. 그 투쟁이 시작된 곳은 컬럼비아대학이었다.

그리고 또 하나, 시대를 앞장선 사건이 1969년에 일어났다. 바로 스톤월 항쟁이었다. 그리니치빌리지Greenwich Village에는 '스톤월 인Stonewall Inn'이라는 게이 바가 있었다. 어느 날 이 '스톤월 인'이 경찰의 급습을 받자 그 자리에 있던 동성애자들이 경찰의 폭력에 처음으로 폭력으로 맞서면서 폭동이 일어난 것이다.

당시 미국에는 동성애자 간의 성행위를 금지하는 소도미Sodomy 법이라 불리는 법률이 있었다. 그러니 그들의 사생활은 자유로울 수가 없었다. 하지만 진취적이고 다채로운 사람들이 섞여 있는 뉴욕은 다른 도시에 비하면 조금 더 숨통이 트이는 곳이었기 때문에 많은 성적 소수자LGBT가 이곳에 살고 있었다. 그리니치빌리지의 한 모퉁이에는 그들을 받아주는 바Bar나 음식점이 많았고, 스톤월 인은 그중에서도 대표적인 곳이었다. LGBT란 레즈비언 Lesbian, 게이Gay, 양성애자Bisexual, 트랜스젠더Transgender의 첫 글자를 따서 만든 말이다. 스톤월 항쟁은 동성애자의 인권 문제가 세계적으로 인종 · 여성 차별 문제와 같은 선상에서 다뤄지는 계기가 되었기 때문에 그 의미가 깊다고 할 수 있다.

1960년대 들어 또 새로운 사람들이 뉴욕과 서해안으로 이주해왔다. 히스패닉이라 불리는 스페인어를 구사하는 사람들이었다. 푸에르토리코를 포함하여 쿠바 등 서인도제도와 멕시코에서 입국한 사람들이 대부분이었다.

미국에도 뉴욕에도 최악의 시기였던 1970년대

1970년대 미국 경제는 한때 심하게 흔들렸다. 대對일본 무역 적자가 가장 큰 원인이었다.

미국은 제2차 세계대전 후, 라이벌인 소련을 아시아 지역에서 제압할 수 있을 만한 전략적 파트너로서 중화민국의 장제스를 염두에 두고 있었다. 하지만 1949년에 마오쩌둥이 장제스를 대만으로 내쫓고 중화인민공화국을 수립했기 때문에 파트너를 일본으로 변경할 수밖에 없었다. 그리고 일본을 자유주의 진영의 강국으로 키우기 위해 경제 원조를 아끼지 않았다. 그 결과 일본은 미국의 기간산업이었던 섬유 · 철강 · 자동차 · 반도체를 자국 산업으로 발전시켰다. 심지어 그렇게 생산한 제품 대부분을 미국으로 수출했다.

이렇게 일본이 부모의 등골을 빼먹는 모양새로 고도성장을 이룩하자, 강대국인 미국도 불어나는 대일 무역 적자를 감당할 수 없게 되었다. 그리하여 이른바 '일본 때리기Japan-bashing'가 시작되었다. 게다가 베트남전쟁이 수렁으로 빠져들면서 전사자 수도 한국전쟁 당시를 웃돌았다. 미국 사회 전체가 전쟁에 신물을 느꼈고 불황도 점점 심각해졌다.

당시 뉴욕 상황도 열악하기는 마찬가지였다. 거리는 지저분했고 도로는 훼손되었으며 범죄도 증가했다. 호텔 엘리베이터 앞에 경관이 소총을 들고 서 있을 정도였다. 내가 처음으로 뉴욕에 간 것이 1970년대 후반이었는데,

지하철역이 어둑어둑하고 승객도 얼마 없어서 불안했던 기억이 지금도 생생하다.

뉴욕이 세계에서 가장 위험한 도시로 꼽혔던 1970년대의 불황을 만회하기라도 하듯, 1972년 3월에 세계무역센터 빌딩이 세워졌다. 이 빌딩이 완성되면서 뉴욕 시내의 고층 빌딩 건축도 일단락되었다.

여담이지만 1977년에는 대정전이 발생했는데, 그 후 신생아 수가 증가했다는 해프닝도 기록으로 남아 있다.

1980년대에 냉전이 끝나고 부흥의 1990년대로

1980년대에 세계에서 특필할 만한 사건은 냉전 체제가 붕괴했다는 것이다. 냉전 체제의 붕괴는 1985년 소련의 공산당 서기장으로 취임한 고르바초프가 페레스트로이카(perestroika, 개혁)와 글라스노스트(glasnost, 정보 공개)를 내걸고 대담한 개혁을 추진하면서 시작되었다.

1989년 11월에 베를린 장벽이 무너졌고, 12월에 조지 부시George H. W. Bush 대통령과 고르바초프는 지중해 몰타섬에서 회담을 가진 후 냉전을 끝내는 것에 동의했다. 1991년이 되자 소련 내에 있던 많은 공화국이 독립함으로써 1917년 러시아혁명 후 74년간 이어졌던 소비에트사회주의공화국연방이 역사 속으로 사라졌다. 세 차례의 대전(두 차례의 세계대전, 냉전)에서 승리를 거둔 미국은 20세기 세계 최강국의 자리를 지켰다.

냉전이 종식된 결과, 미국과 소련의 군사 기술이 민간에 개방되었다. 이는 평화의 배당이라고도 불렸다. 그 대표적인 사례가 인터넷과 GPS(global positioning system, 전全 지구 위치 파악 시스템)의 보급이다. 그리고 인터넷을 바탕으로 IT혁명이 일어나면서 미국 경제는 보란 듯이 부활했으며 새로운 번영을 향해 나아가기 시작했다.

부활의 1990년대에는 루돌프 줄리아니라는 뉴욕 시장이 등장했다

(1994~2001년). 그는 뉴욕의 치안 회복에 힘쓴 끝에 범죄 발생률을 반으로 줄였다. 그 결과 뉴욕시는 미국 전역에서 가장 안전한 도시가 되었다. 시내의 경관은 물론 도로도 정비되었다.

2001년 9월 11일, 처음으로 파괴된 뉴욕

2001년 9월 11일, 뉴욕과 워싱턴이 동시다발적인 테러 공격을 받으면서 상업 시설의 상징이었던 세계무역센터 쌍둥이 빌딩이 모두 파괴되었다. 그 모습이 전 세계에 실시간으로 생중계되면서 사람들에게 커다란 충격을 주었다. 이것은 세계 제일의 강대국인 미국의 패권에 도전하는 세력이 계획한 게릴라 전술이었고, 수차례나 전쟁의 화마를 피해왔던 뉴욕이 처음으로 받은 외부 공격이었다.

격노한 조지 부시George W. Bush 미국 대통령은 테러의 주도자인 오사마 빈 라덴을 숨겨준 아프가니스탄을 공격했다. 하지만 이성을 잃은 듯한 공격과 이라크 침공은 서아시아·중동에 또 다른 혼란을 야기했고, 결국 오늘날 IS(자칭 이슬람국가)를 만들어내는 데에 직접적인 영향을 끼쳤다는 평을 받고 있다.

21세기 뉴욕의 인구 동태를 보면 인구의 36%가 외국 태생이다. 시내에서 사용되는 언어는 대략 170개 언어에 달한다. 이스라엘을 제외하고 가장 큰 유대인 커뮤니티가 있으며, 뉴욕 도시권의 중국계 인구는 아시아 다음으로 많다. 그리고 2000년 이후 맨해튼에 사는 5세 미만 아동 수는 3.2% 이상 증가 중이라고 한다.

21세기의 지구촌에 최초의 혼란을 가져다준 사건이 이 도시에서 발생했지만, 뉴욕은 지구촌의 밝은 내일을 이끌어갈 힘 또한 충분히 가지고 있다는 생각이 든다.

뉴욕의 심장 소리가 들리는 마천루의 야간 비행

나는 뉴욕에 갈 때마다 시간이 나면 뮤지컬을 보거나 미술관에 간다. 하지만 내가 가장 좋아하는 뉴욕 관광 포인트는 야경을 볼 수 있는 마천루 헬리콥터 투어다.

까마귀들 눈에는 도시의 빌딩들이 숲처럼 보인다는 이야기를 들은 적이 있는데, 밤에 뉴욕 상공을 비행하다 보면 그야말로 별들이 반짝이는 깊은 숲속을 날아다니는 듯한 기분을 느낄 수 있다. 맨해튼섬의 남쪽에서 북쪽을 향해 무수한 불빛을 깜빡이는 고층 빌딩 사이를 날고 있노라면, 동쪽 이스트강과 서쪽 허드슨강을 오가는 배의 등화가 수면 위에서 일렁이는 모습이 보인다. 지구상에 이런 도시도 있구나, 그런 깊은 감회에 빠진다.

뉴욕 관련 연표

서기(연도)	사 건
1524	프랑스에 고용된 이탈리아인 조반니 다 베라차노가 내항. 누벨앙굴렘이라는 이름을 붙임
1609	네덜란드 요청으로 탐험을 온 헨리 허드슨이 맨해튼섬을 발견
1614	네덜란드가 식민지로 삼기 위해 정착하기 시작. 1625년에 뉴암스테르담이라 명명함
1627	네덜란드의 피터 미노이트가 맨해튼섬 등지를 원주민들에게 헐값에 사들임
1643	키프트전쟁(~1645년). 원주민 와파니족과 네덜란드 거주민이 충돌
1652	네덜란드 거주민이 독자적인 정부를 수립. 본국이 승인함. 제1차 영국 · 네덜란드전쟁(~1654년)
1664	영국군이 맨해튼섬을 점령
1665	제2차 영국 · 네덜란드전쟁(~1667년). 브레다 조약으로 반다제도와 교환. 뉴암스테르담은 정식으로 영국령이 되고 뉴욕이라는 이름으로 바뀜
1672	제3차 영국 · 네덜란드전쟁(~1674년). 1673년, 네덜란드가 뉴욕을 되찾음. 1674년 웨스트민스터 조약으로 남미 기아나의 수리남과 교환. 뉴욕은 다시 영국령이 됨
1756	프렌치 · 인디언전쟁(~1763년)에서 영국이 승리. 누벨프랑스가 영국령이 됨
1765	전비 적자를 보전하기 위해 인지법 시행. 이듬해 '자유의 아들단'이 대규모 반란을 일으킴
1775	미국독립전쟁(~1783년)
1783	뉴욕이 신생 미국 수도로 정해짐(~1790년). 필라델피아를 거쳐 1800년부터는 워싱턴이 수도
1792	월스트리트에 증권거래소가 개설됨
1811	1811년 위원회 계획(그리드 플랜). 도시 개발이 시작됨
1812	미영전쟁(~1814년). 전쟁에 굴하지 않고 뉴욕 도시 개발 진행. 국가 '성조기여 영원하라' 탄생
1825	주도와 이리호를 연결하는 이리 운하 완공. 경제 발전과 함께 인구 유입 증대
1845	아일랜드에서 감자 기근 발생. 10만 명 이상이 아일랜드에서 이주함
1861	남북전쟁(~1865년)
1883	브루클린 브리지가 놓임
1886	프랑스가 독립을 기념하여 자유의 여신상을 선물함
1892	엘리스섬에 입국 심사소가 세워짐
1905	대영제국이 뉴욕 증권거래소를 통해 자금을 조달함
1929	주가 대폭락(월스트리트 크러시). 경제 대공황으로 이어짐
1947	UN 본부가 세워짐. 세계 정치의 중심 도시로 거듭남
1969	스톤월 항쟁
1972	세계무역센터가 건설됨(~1973년)
2001	9월 11일, 뉴욕과 워싱턴에서 동시 다발적인 테러가 발생

• **뉴욕의 세계문화유산(건축물)**

　자유의 여신상

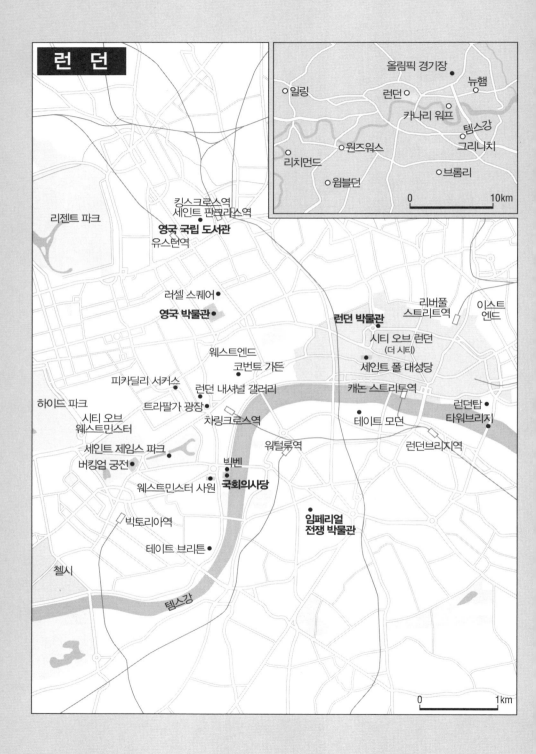

런 던

올림픽 경기장
일링
런던
뉴햄
캐나리 워프
템스강
그리니치
원즈워스
리치먼드
브롬리
윔블던
0   10km

리젠트 파크
킹스크로스역
세인트 판크라스역
영국 국립 도서관
유스턴역

러셀 스퀘어
런던 박물관
리버풀 스트리트역
이스트 엔드
영국 박물관
시티 오브 런던
(더 시티)
웨스트엔드
세인트 폴 대성당
코번트 가든
피카딜리 서커스
런던 내셔널 갤러리
캐논 스트리트역
하이드 파크
트라팔가 광장
런던탑
시티 오브
웨스트민스터
차링크로스역
테이트 모던
타워브리지
세인트 제임스 파크
워털루역
런던브리지역
버킹엄 궁전
빅벤
웨스트민스터 사원
국회의사당
빅토리아역
임페리얼
전쟁 박물관
테이트 브리튼
첼시
템스강
0   1km

제7장

상인과 의회의 도시
런던

도시의 역사가 국가의 지혜와 부의 원천이 된다.

'윔블던 효과'는 영국의 지혜의 산물

잉글랜드를 한자로 표기하면 英吉利(영길리)인데, 일본에서만 쓰는 호칭이다. 영국이라는 호칭은 이 한자에서 파생되었다.

정식 국호는 United Kingdom of Great Britain and Northern Ireland 다. 그레이트 브리튼(잉글랜드, 스코틀랜드)과 북아일랜드의 연합 왕국이라는 뜻이다. UK 또는 브리튼으로 줄여 부르기도 한다. 원래는 그레이트 브리튼 섬에서 스코틀랜드와 웨일스Wales를 제외한 지역이 잉글랜드다.

1707년에 잉글랜드와 스코틀랜드가 합병하여 그레이트 브리튼이 탄생했고, 1800년에 아일랜드를 병합한 후 United Kingdom of Great Britain and Ireland가 되었다. 그리고 그 아일랜드 남부의 26개 주가 1922년에 독립하면서 and Ireland가 and Northern Ireland로 변경되어 오늘날까지 이어지고 있다. 국가의 변천을 잘 알 수 있는 명칭이다. 영국의 역사를 보면 이 국호처럼 구체적이고 현실적인 이유로 일어난 사건들을 접할 수 있다. '윔블던 효과'는 그러한 영국의 전형적인 행동 양식이다.

테니스 대회인 윔블던 선수권은 1877년에 런던 교외의 윔블던에서 시작되었는데, 그 선수권 대회가 유명해지자 정작 영국 선수들이 더 이상 우승하지 못하게 되었다. 하지만 이 세계적인 대회를 보기 위해 세계 각지에서 사람들이 몰려들면서 엄청난 이익을 창출하게 되었다. 그러자 영국은 이렇게 생각했다.

'그러면 된 것 아닌가.'

이렇듯 어떠한 사건이 마켓(시장)에서 평가되어 결과를 낳든 그렇지 못하든, 또는 그것이 사회에 도움이 되든 안 되든, 언제나 구체적인 결과를 중시하는 태도 · 행동을 선택하는 영국의 사고방식을 '윔블던 효과'라고 한다.

나는 이러한 사고와 행동을 하게 된 중심에는 런던의 시민 사회와 의회가 있다고 생각한다. 런던은 영국의 토대를 구축해온 도시이기 때문이다. 이번 장에서는 지금도 여전히 영국의 중추 도시로 활약하고 있는 런던의 역사적 발자취를 돌아보려고 한다.

런던은 로마인이 만들고 앵글로 · 색슨족이 이어받았다

유럽을 처음으로 지배한 사람들은 인도 · 유럽어족의 대선배, 켈트Celt족이다. 그들은 그레이트 브리튼섬과 브리튼섬에도 살고 있었다. 기록에 따르면, 43년경에 갈리아(Gallia, 지금의 프랑스)를 정복한 로마인들이 도버해협을 건너 이 켈트족 사회로 넘어왔다. 그들은 템스강을 거슬러 올라가 지금의 런던이 있는 쪽 일정 구역을 성벽으로 에워싸서 도시를 만들었다. 이 성벽 안쪽이 시티 오브 런던(더 시티)의 원형이다.

이 도시의 이름에 대한 기록을 살펴보면 옛날에는 '론디니움'이라 불렸다고 한다. 이름의 유래가 확실하게 밝혀지지는 않았지만 켈트어로 '습지의 요새'라는 의미였다는 설이 있다. 세월이 지나면서 론디니움 땅은 북쪽의 북해와 발트해에서 오는 사람들, 그리고 남쪽 지중해 방면에서 오는 사람들의 교역 장소가 되었다. 그러면서 이곳에 정착하는 사람들도 늘어나 하나의 독립적인 도시로 기능하기 시작했다.

410년경 로마인은 잉글랜드에서 철수했다. 유럽 대륙에 다양한 민족이 몰려들었기 때문이다. 당시 로마제국은 동방을 중시해서 콘스탄티노플을 수도로 삼았기 때문에 론디니움에는 더 이상 미련이 없었던 것 같다.

로마인이 떠나간 후에 찾아온 이들이 앵글로족과 색슨족이었다. 앵글로·색슨이라 불리는 이 사람들은 런던 주변 지역과 서쪽으로 펼쳐진 템스강 북쪽의 구릉지대, 그리고 템스강 남쪽에 있는 옛 도읍 윈체스터Winchester 등지에 이른바 칠왕국을 건설했다. 칠왕국 중에서도 최강이라 불린 나라는 윈체스터를 본거지로 삼은 색슨족 왕조인 웨섹스Wessex 왕국이었다.

앵글로·색슨족 사람들은 로마인이 세운 런던의 성벽 안을 상업의 중심지로 발달시켰지만, 종교적인 중심지는 템스강 하류 남쪽에 있는 캔터베리Canterbury로 정했다. 그들은 6세기 말에 로마 교회로 귀의해서 캔터베리에 성당을 짓고 로마 교회의 대주교를 초청했다.

런던에서 앵글로·색슨과 바이킹이 충돌하다

9세기에 있었던 일이다. 북유럽에 살던 바이킹이 지구 온난화로 인해 급증하는 인구를 먹여 살리기 위해 어류로 교역을 하면서 북쪽 바다에서 남쪽으로 이동해왔다. 이 북유럽 민족들은 그레이트 브리튼섬과 유럽 각지의 항만을 찾아갔다. 하지만 교역은 그다지 순조롭지 않았다. 어류와 교환한 밀가루에 작은 돌들이 섞여 있는 등 사기를 당하기도 했다. 금발의 푸른 눈을 가진 바이킹들은 커다란 체구에 허름한 옷을 입었지만 점점 무장하게 되었고, 교역이 제대로 진행되지 않자 결국 해적 행위까지 하게 되었다.

바이킹이란 '좁은 강에서 사는 사람'이라는 뜻으로, 북유럽의 피오르fjord, 빙하가 깎아 만든 U자 골짜기에 바닷물이 유입되어 형성된 좁고 기다란 만가 만들어낸 후미진 강에서 마을을 만들어 살던 사람들을 부르는 말이다.

템스강을 거슬러 올라간 최초의 바이킹은 데인인(Danes, 덴마크 사람들)이었다. 그들은 칠왕국과 충돌했다. 칠왕국이 차례로 쓰러져 가던 가운데 웨섹스왕국만 한 발짝도 물러서지 않고 데인인과 싸웠다. 878년, 웨섹스의 알프레드 대왕은 바이킹의 총지휘관 구스럼과 평화조약을 맺었다. 그때 런던은 아직 바이킹 수중에 있었는데, 886년에 알프레드 대왕이 바이킹으로부터 런던을 탈환했다. 그리고 데인인을 동북쪽으로 쫓아냈다. 하지만 사실 런던 이남의 땅을 겨우 확보한 정도에 불과했고, 그레이트 브리튼섬의 대부분은 여전히 바이킹이 지배하고 있었다. 데인인들은 그대로 동북 지역에 정착했고 지금도 데인로Danelaw라는 지명이 남아 있다.

이렇게 알프레드 대왕은 윈체스터를 정치의 중심지로, 런던을 상업의 중심지로 삼고 새롭게 잉글랜드왕국이라는 이름을 지었다. 잉글랜드왕국은 세워진 지 약 100년이 지난 후에 새로운 데인인 바이킹족에 정복되었다. 스벤이라는 강력한 군주가 나타나 런던을 포함한 잉글랜드 전역을 제압한 것이다. 1013년의 일이었다. 그리고 그의 아들인 크누트가 노르웨이까지 정복했고, 발트 해역까지 영토로 삼아 북해제국이라 불리는 대제국을 건설했다. 이때 잉글랜드왕국은 북해제국의 지배하에 들어갔다.

'노르만 정복'으로 소멸한 앵글로 · 색슨의 잉글랜드왕국

잉글랜드왕국의 계승자이자 아직은 소년이었던 에드워드는 암살을 두려워하여 어머니의 고향인 프랑스 노르망디공국으로 망명했다. 에드워드는 노르망디에서 성인이 되었다. 그는 망명 시절, 노르망디 공公 기욤에게 잉글랜드왕국의 왕위를 물려주겠다고 약속했다. 에드워드는 피부에 멜라닌 색소가 없어서 피부가 새하얬다고 전해진다. 그에게는 아이가 없었다.

크누트 왕이 사망하고 북해제국이 멸망하자 에드워드는 본국으로 돌아와 잉글랜드왕국을 부활시켰다. 에드워드 참회왕이 탄생한 것이다(재위

1042~1066년).

그는 로마 교회의 독실한 신자였다. 참회왕은 the confessor를 번역한 단어인데 '신앙을 지키는 신자', 즉 참회자라는 뜻이다. 또한 confessor에는 '고백자'라는 뜻도 있다. 그는 무척이나 깊은 신앙심으로 웨스트민스터 사원을 건립했다(1045년). 이 사원은 파리의 노트르담 대성당에 비하면 규모도 작고 소박하지만, 대관식을 비롯하여 잉글랜드왕국의 중요한 행사를 치르는 장소가 되었다. 지금은 세계문화유산에 등재되어 있다.

에드워드 참회왕은 1066년에 사망했다. 그는 자신의 후계자를 노르망디 공公 기욤으로 정하겠다고 약속했다. 하지만 에드워드의 매형인 해럴드 2세가 왕위에 올라버렸다. 이 사실을 전해들은 노르망디 공公 기욤은 분노를 억누르지 못했고, 곧장 군사를 일으켜서 도버해협을 건너와 해럴드 2세를 쓰러뜨렸다. 그리고 자신의 왕국인 노르만왕조를 세웠다(1066년). 그의 혈통은

웨스트민스터 사원

잉글랜드왕국을 부활시킨 에드워드 참회왕이 1045년에 건립한 성당. 대관식을 비롯해 왕실의 중요 행사가 열리는 곳이었다. 내부에는 역대 왕과 공주 등이 잠들어 있다.

이때부터 지금의 엘리자베스 여왕(2세)에 이르기까지 이어져 오고 있다. 이 시기에 앵글로·색슨의 잉글랜드왕국이 멸망하면서 런던의 지배자는 노르만왕조가 되었다. 이 사건을 '노르만 정복'이라고 한다.

노르만왕조는 어떤 왕조였나

기욤은 노르만왕조의 초대 왕이 되었다(윌리엄 1세, 재위 1066~1086년). 노르만족 또한 노르웨이 출신 바이킹이었다. 노르인이라고도 불렸다. '노르만'은 원래 '북방인'이라는 뜻이다.

10세기 초에 프랑스를 통치하던 카롤링거 왕가의 샤를 3세는 센강을 빈번하게 거슬러 올라와 파리를 습격하는 바이킹 때문에 골머리를 앓고 있었다. 그래서 노르만족 바이킹의 우두머리에게 센강 하구를 넘겨주면서, 그곳에 사는 대신 다른 바이킹의 침입을 막아달라고 부탁했다. 이 방법은 성공적이었다. 노르만족 바이킹은 그곳에 정착하여 프랑스 왕의 신하가 되었고 훗날 노르망디 공公이 되었다.

따라서 잉글랜드는 데인인 바이킹의 뒤를 이어 노르만족 바이킹의 지배를 받았던 것이다.

노르만왕조의 윌리엄 1세는 노르망디 공公 신분인 상태로 잉글랜드 왕이 되었다. 때문에 프랑스 국내에서는 프랑스 왕의 신하이지만 잉글랜드 국왕으로서는 프랑스 국왕과 동등한 위치에 있었다. 자신의 신하로서 자국 내에 토지를 보유하고 있던 대귀족이 다른 나라의 왕이 되었으니, 프랑스 왕의 속내는 내심 복잡했을 것이다. 이것이 바로 수백 년 동안이나 이어진 영국과 프랑스 충돌의 출발점이 되었다.

기욤은 잉글랜드 왕이 되었지만 고향은 프랑스의 노르망디였기 때문에 노르망디에 빈번하게 드나들었다. 그가 태어난 성과 안치된 무덤 모두 노르망디에 있다. 그곳의 일상 언어는 프랑스어다. 그에게 잉글랜드 땅은 해협을 사이에 두고 존재하는 식민지와도 같은 곳이었을지도 모른다.

11세기에 이미 전설화되었던 '앵글로 · 색슨족의 나라'

노르만족을 포함한 바이킹들은 중앙집권적인 경향이 있었다.

바이킹들은 북쪽 바다에서 독특한 모습을 한 기다란 배(바이킹 선)를 타고 찾아와 비즈니스를 하기도 하고 전쟁을 일으키기도 했는데, 배가 침몰하면 전원 사망이었으므로 지도자의 의사 결정에는 무거운 책임이 따랐다. 모두 의 의견 통일 또한 필수적이었다. 그래서 확실한 통제와 관리, 그리고 전체 의 합의를 중시했기 때문에 중앙집권적일 수밖에 없었던 것이다.

이러한 전통이 있다 보니, 윌리엄 1세는 잉글랜드를 지배하게 된 후 모든 영토의 상태를 파악하기 위해 곧장 토지대장(둠즈데이북Domesday Book)을 만 들게 했다(1085년). 이 토지대장은 흥미로운 사실을 보여준다. 이 대장에는 당시 200명에 가까운 영주의 이름이 적혀 있었는데, 그중에 앵글로 · 색슨 계 이름은 약 열 명 정도에 불과했고 나머지는 다 프랑스계 이름이었다.

프랑스인이라고는 해도 프랑크족과 직결된 토박이 프랑스인이 아니라, 윌리엄 1세가 노르망디공국에서 데리고 온 바이킹과 노르만족 호족들이었 다. 그들이 잉글랜드 귀족의 대부분을 차지했던 것이다. 우리는 잉글랜드를 '앵글로 · 색슨의 나라'라고 하는데, 이렇게 불린 국가는 11세기에 이미 전설 화가 되어 있었다. 여담이지만 오늘날 영어의 원형은 앵글로 · 색슨의 언어 로 구성되어 있다. 참고로 England는 '앵글로족의 땅'이라는 뜻이다.

'상업 중심지 런던'과 '정치 중심지 웨스트민스터'

윌리엄 1세가 노르만왕조의 거점으로 삼은 곳은 런던 서쪽에 있는 웨스트 민스터였다. 에드워드 참회왕이 웨스트민스터 사원을 세운 곳이다. 그는 이 곳을 정치 지배의 중심지로 정비했다. 그의 뒤를 이은 윌리엄 2세는 웨스트민스터 홀을 건설하여 궁전으로 사용했고(1097년, 현 국회의사당) 여기에 노르만왕조의 정치 기능을 집중시켰다.

한편, 윌리엄 1세를 비롯한 노르만왕조의 군주들은, '시티'라 불리며 교역상인의 도시로 번영하던 런던 지구에는 직접적으로 개입하지 않았다. 상업이 번영하고 시민들이 강한 힘을 지닌 런던은, 강압적으로 지배하기보다 자유로운 교역을 인정하고 세금을 거두는 쪽이 낫다고 판단한 것이다. 물론 그렇다고 해서 마냥 방치하기만 했던 것은 아니다.

윌리엄 1세는 런던을 둘러싼 성벽의 동쪽 끝에 있는 템스강을 따라 화이트 타워를 건설했다. 런던을 한눈에 담을 수 있는 곳에 높은 탑이 있는 성채를 쌓아 런던을 감시한 것이다.

"만만하게 보지 말거라."

이렇게 말하고 싶었을 것이다.

이 화이트 타워가 런던탑의 전신이 되었다.

이렇게 상업의 중심지 시티 오브 런던(더 시티)과 정치의 중심지 시티 오브 웨스트민스터라는, 오늘날 런던의 원형이 노르만왕조 시대에 만들어졌다.

현재 런던탑의 정식 명칭은 '여왕 폐하의 왕궁 겸 요새Her Majesty's Royal Palace and Fortress'다. 과거 감옥이 되기도 하고 동물원이 되기도 했던 이 건축물은 지금은 국가 및 왕실의 보물 창고 역할을 하고 있다. 엘리자베스 여왕의 대관식 때 사용한 왕관, 대영제국 시대에 인도에서 가져온 세계에서 가장 오래된 다이아몬드인 '코이누르Koh-i-Noor'도 여기에 있다. 런던탑은 세계문화유산에 등재되어 있다.

플랜태저넷왕조가 거대한 앙주제국을 형성하다

노르만왕조가 세워지고 70년에 가까운 세월이 지나 3대 왕인 헨리 1세가 타계했다(1135년). 그에게 자식은 마틸다라는 딸 하나밖에 없었다. 이 공주는 프랑스의 노르망디공국 남쪽에 있는 앙주 백작과 결혼한 상태였다. 원래라면 외동딸인 마틸다가 노르만왕조를 이어받아 여왕이 되고 앙주 백작 조프루아가 공동 군주가 되어야 했지만, 헨리 1세의 조카이자 마틸다의 사촌인 스티븐이 런던에 쳐들어가 왕위를 찬탈했다. 당시 스티븐은 프랑스 지방 영주였다.

이에 격노한 마틸다와 스티븐 사이에 전쟁이 일어났고, 결국 스티븐 다음으로 마틸다의 장남인 앙리가 왕위를 이어받으면서 사태는 진정되었다. 그리고 1154년에 앙리가 헨리 2세라는 칭호로 플랜태저넷왕조를 열었다. '플랜태저넷'은 콩과科 식물 금작화를 뜻하는데, 헨리 2세의 아버지인 앙주 백작 조프루아가 출전할 때 투구에 금작화의 가지를 꽂았던 것에서 유래했다고 한다.

헨리 2세는 아키텐Aquitaine공국의 상속녀 알리에노르와 결혼했다. 아키텐공국은 앙주 백작령의 남쪽으로 펼쳐진, 보르도에서 피레네산맥에 이르는 땅을 가진 풍요로운 대국이었다. 면적은 노르망디공국과 앙주 백작령을 모두 합한 넓이의 두 배 이상에 달했다. 그런데 카페Capet왕조의 프랑스 왕이 직접 지배하는 왕실 영토는 노르망디공국과 앙주 백작령 면적 정도밖에 되지 않았다. 그 말은, 노르망디공국·앙주 백작령·아키텐공국·잉글랜드왕국까지 총 네 나라의 군주가 된 헨리 2세의 플랜태저넷왕조는 프랑스 쪽 영토만 보아도 프랑스 왕가의 네 배를 뛰어넘는 대국이 되었다는 뜻이다. 그래서 당시 플랜태저넷왕조는 앙주제국이라고 불리게 되었다.

그런데 아키텐공국의 알리에노르는 헨리 2세와의 결혼이 초혼이 아니었다. 전 남편은 프랑스 왕인 루이 7세였다. 가장 큰 이혼 사유는 아들을 낳지 못했기 때문이었는데, 알리에노르가 남국南國의 궁정에서 자유분방하게 자랐고 재주가 뛰어난데다 지기 싫어하는 성격이었던 것도 이유가 되었을지도 모른다. 헨리 2세와는 아들 다섯과 딸 셋을 두었지만 부부 사이가 좋지만

12세기 플랜태저넷왕조(앙주제국)

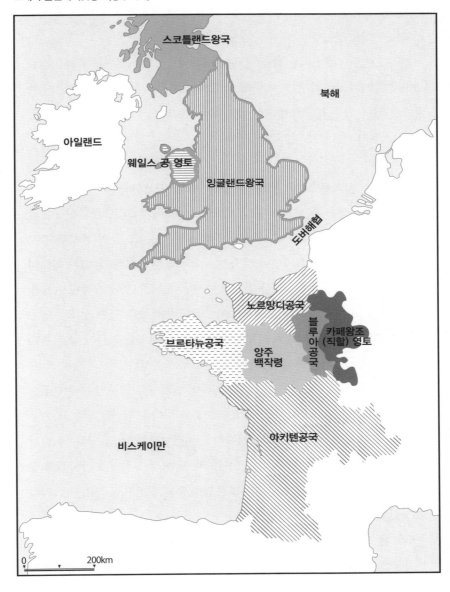

은 않았던 듯, 그와 관련된 수많은 에피소드가 남아 있다. 영화 〈겨울의 라이언The Lion In Winter〉은 이 부부의 모습을 그려낸 명작으로, 캐서린 햅번이 알리에노르 역을 맡았다.

헨리 2세는 용감했지만 다소 난폭한 사람이기도 했다. 마음에 들지 않는 성직자를 자기 손으로 벌하기 위해 성직자를 재판할 권리를 교회로부터 빼앗으려 했다. 그리고 이에 반대한 캔터베리 교회의 대주교 토머스 베켓을 암살한(1170년) 것으로도 이름을 남겼다.

프랑스 왕 필리프 2세에게 많은 영토를 빼앗긴 실지왕 존

헨리 2세가 죽은 후 셋째 아들인 리처드 1세가 플랜태저넷왕조의 2대 군주가 되었다(재위 1189~1199년). 그는 사자심왕이라고도 불린 용맹한 장수였다. 아이유브왕조의 살라딘이 성지 예루살렘을 탈환했을 때, 그는 어머니인 알리에노르에게 자기 자리를 맡기고 제3회 십자군전쟁에 참가 중이었다. 이 전쟁에는 프랑스 왕 필리프 2세(오귀스트)도 참전했다. 그는 선대 프랑스 왕 루이 7세가 알리에노르와 이혼한 후 새로운 반려자를 만나서 낳은 왕자였다. 그는 침착하면서도 지략이 뛰어난 군주로 성장했다.

필리프 2세는 팔레스타인 전장에 도착하여 살라딘 진영과 병사를 관찰했다. 그러고는 그들이 십자군보다 압도적으로 강하다는 판단을 내렸고, 싸우지 않고 프랑스로 돌아와 국력을 보강하기 시작했다. 리처드 1세는 이슬람군과 열심히 싸웠지만 예루살렘을 탈환하지 못한 채 휴전하고 귀국길에 올랐다. 귀환하던 도중에 독일 황제에게 붙잡혀 포로가 되기도 하는 등 그야말로 파란만장한 인생이었다.

귀국한 리처드 1세는 자신이 없는 동안 국정을 맡았던 동생 존이 실정한 사실을 알게 되었다. 존이 먼저 프랑스로 돌아갔던 필리프 2세의 감언이설에 속아서 앙주제국 영토 여기저기를 빼앗긴 상태였던 것이다. 화가 머리끝까지 치민 리처드 1세는 곧장 병사를 일으켜 필리프 2세와 격돌했다. 하지만 최전선에서 말단 병사가 쏜 화살에 맞아 목숨을 잃었다(1199년).

리처드 1세가 사망한 후 존이 왕위에 오르자, 필리프 2세는 기다렸다는 듯 앙주제국으로 쳐들어왔다. 존은 완패했으며 아키텐 남부의 땅 약간을 제외하고 프랑스 내에 있던 앙주제국 영토를 모두 빼앗겨버렸다(1206년). 이것이 그가 '실지왕失地王'이라 불린 이유라고 하는데, 원래는 아버지인 헨리 2세가 존에게 "형들에게 다 나누어 준 바람에 네게 줄 토지가 없다"고 한 것에서 붙여졌다고 한다.

1. 귀족들은 존에게 마그나 카르타를 들이밀었다

필리프 2세에 패배하고 프랑스 영토를 거의 다 잃은 존은 그럼에도 좌절하지 않고 프랑스와 다시 싸우려 했다. 전쟁을 하려면 돈이 필요했다. 그런데 필리프 2세와의 전쟁에서 지고 프랑스 영토를 잃은 곳은 플랜태저넷 왕실뿐만이 아니었다. 존과 함께 싸운 귀족들도 원래는 노르망디공국·앙주 백작령·아키텐공국의 호족들이었으니 그들 또한 프랑스 토지를 잃은 것이다. 존이 그 사실을 고려하지 않고 전쟁 비용을 충당하기 위해 새로운 세금을 부과하자 귀족들은 결국 폭발했다.

그들은 국왕에게 거세게 항의하며 문서를 들이밀었다. '국왕이 마음대로 세금을 걷는 행위는 용납할 수 없다. 반드시 우리의 승인을 받아야 한다'는 내용이었다. 과세 대상이었던 상인들도 귀족들의 봉기를 지지했다. 고립무원의 상태가 된 존은 마지못해 서명했다. 이 문서가 '마그나 카르타(대헌장)'라고 불린 영국 최초의 헌법이다(1215년).

2. 존의 실정으로 프랑스군이 런던을 점령하다

존은 마그나 카르타에 따를 생각이 티끌만큼도 없었다. 협박 때문에 어쩔 수 없이 사인했으니 무효라고 로마 교황에게 호소하다가, 결국은 귀족들을 상대로 다시 전쟁을 벌였다. 이렇게 잉글랜드는 아무 소득도 없는 내전 상태에 빠졌다.

존에게 정나미가 떨어질 대로 떨어진 귀족들은 프랑스의 왕태자(필리프 2세의 적자, 루이 8세)와 손을 잡아야겠다는 생각을 하게 되었다. 루이 8세의 부인은 알리에노르의 손녀인 블랑슈였다. 혈통으로도 나무랄 데가 없었다. 귀족들은 '그냥 프랑스 산하로 들어가는 게 낫겠다'라고 생각했을 것이다. 그리고 마침내 1216년, 프랑스군이 런던을 점령했다. 후세의 나폴레옹도 히틀러도 해내지 못한 일이 이때 실현된 것이다.

그런데 같은 해에 존이 사망하자, 그의 장남 헨리 3세가 제후와 화해하고 플랜태저넷왕조를 잇기로 하면서 내전 상태가 종결되었다. 프랑스 왕태자 루이도 프랑스로 돌아갔다. 이 일련의 소동을 제1차 배런전쟁Barons' War이라 부른다.

시몽 드 몽포르의 의회와 에드워드 1세의 모범의회

플랜태저넷왕조를 이어받은 헨리 3세 또한 존과 마찬가지로 마그나 카르타를 경시하며 폭정을 일삼았다. 이때 노르망디 출신 귀족인 시몽 드 몽포르가 헨리 3세를 체포했다. 그리고 마그나 카르타를 따를 것을 촉구하며 의회를 소집했다(1265년). 이 의회가 영국 의회의 기원이 되었다. 하지만 의회 소집에 성공한 시몽 드 몽포르가 왕위를 노리고 있다는 소문이 퍼지면서 다시 내란이 시작되었다. 시몽 드 몽포르는 이때 전쟁에 참가했다가 사망했다. 이 내란을 제2차 배런전쟁(1264~1265년)이라고 한다.

참고로 시몽 드 몽포르에게는 동성동명의 아버지가 있었다. 아버지는 프랑스의 알비 지방을 중심으로 세력을 떨치던 이단 종파인 카타리파Catharism를 박멸하는 활동을 했다. 카타리파는 로마 교회를 거세게 비판하며 이원론

二元論을 내세운 종파였다.

시몽 드 몽포르가 의회를 소집한 때로부터 30년이 지난 1295년, 현왕이라 불린 에드워드 1세가 의회를 열었다. 훗날 모범의회라고 불린 이 의회는 고위 성직자·귀족 외에도 각 주의 기사와 시민 두 명씩으로 구성되어 있었다. 주요 시민은 더 시티의 상인들이었다. 상인의 경제력이 얕잡아 볼 수 없을 정도로 성장했다는 것을 나타내는 대목이기도 하다.

이 의회에서는 국왕이 독단으로 권력을 행사할 수 없었고, 전쟁을 벌이거나 세금을 부과하는 일에도 의회와의 협의가 필요했다. 오늘날 의회 정치의 원형이 일찍이 완성되었던 것이다.

의회에 서민원이 생겨나고 의장이 스피커라 불리다

1337년, 잉글랜드와 프랑스는 백년전쟁에 돌입했다. 프랑스 왕(카페 왕가)의 직계가 끊겨서 잉글랜드 왕이 왕위 계승 문제에 개입한 것을 계기로, 간헐적인 전쟁이 백 년 가까이 계속된 것이다. 이 백년전쟁이 시작되기 전날 밤, 잉글랜드 의회에서 서민원(庶民院, House of Commons of the United Kingdom)이 파생되었다.

서민원의 구성원은 더 시티 시민으로 대표되는 상인들이었다. 상인들은 기존 의회에도 소속되어 있었는데, 기존 의회에서는 귀족들이나 토지를 소유한 부호들과 함께해야 했다. 귀족들은 더 시티에서 장사를 하는 상인들과는 이해관계가 달랐다. 그래서 서민은 서민들끼리 모여서 의견을 취합한 뒤 의회에 제출하자는 결론을 내린 것이다.

귀족들도 반대할 수는 없었다. 어찌됐든 세금을 주로 내는 쪽은 그들이었기 때문이다. 상인들은 무시할 수 있는 존재가 아니었다. 더 시티에서는 12세기 이후, 독자적으로 시장을 선출했다. 그리고 14세기 중반에는 지금의 시의회와 비슷한 시참사회(參事会, chapter)가 갖추어졌다. 이렇게 잉글랜드

의회는 귀족 중심의 상원과 시민 중심의 하원(서민원)으로 나뉘게 되었다.

또한 상원에서 서민원의 의견을 발표하는 것은 서민원 의장의 역할이 되었다. 시민 대표들이 논의한 끝에 도출한 의견은 왕후 귀족들의 이해와 상반되는 경우가 제법 있었다. 그러한 의견을 당당하게 발언하려면 용기와 공정한 정신이 필요했다. 그래서 잉글랜드 의회에서는 하원(서민원) 의장을 존경하는 마음을 담아 '스피커speaker'라고 부르게 되었다.

백년전쟁이 한창이던 때, 이런 사건도 일어났다. 전비를 충당하기 위해 과중한 세금을 내고 있던 농민들이 견디지 못하고 반란을 일으킨 것이다. 그들은 놀라운 기세로 런던을 습격해서 점거하기에 이르렀다. 봉기를 이끈 자는 와트 타일러라는 사람이었는데, 그는 런던에서 당시의 왕인 리처드 2세와의 면담을 요구했다. 국왕은 그 요청에 응했다. 와트 타일러는 두 차례에 걸친 면담에서 요청 사항을 전달했다. 하지만 이후 책략에 걸려 왕의 장교들에게 살해당했다(1381년).

리처드 2세는 그 후에도 실정을 멈추지 않다가 사촌 동생인 랭커스터 왕가의 헨리 4세에게 왕위를 찬탈당했다(1399년). 플랜태저넷왕조는 이렇게 막을 내렸고 이어서 랭커스터왕조가 시작되었다.

장미전쟁의 결과, 세력 있는 귀족들의 대가 끊기다

랭커스터왕조의 2대 왕인 헨리 5세는 휴전 상태였던 백년전쟁을 재개했다. 프랑스가 혼란을 겪고 있다는 사실을 알고는 승산이 있다고 판단한 것이다. 그는 혁혁한 공을 세우며 전쟁을 승리로 이끌었다. 하지만 전염병에 걸려 허무하게 생을 마감했다(1422년).

이렇듯 우여곡절을 거쳤지만 결국 잉글랜드의 야망은 물거품이 되었고, 백년전쟁은 1453년이 되어서야 끝이 났다.

백년전쟁 후, 병약한 헨리 6세를 왕으로 두었던 랭커스터왕조는 피비린내

나는 후계자 쟁탈전에 휘말리게 되었다. 이것이 바로 랭커스터가와 요크가가 벌인 장미전쟁이다(1455~1485년). 랭커스터가의 시조는 플랜태저넷왕조 7대 왕인 에드워드 3세의 넷째 아들이었고, 요크가의 시조는 다섯째 아들이었다.

장미전쟁이라는 이름은 19세기에 월터 스콧이라는 소설가가 자신의 글에서 처음 사용했다. 랭커스터가의 휘장이 붉은 장미, 요크가의 휘장이 하얀 장미라는 점에 착안한 것이다.

장미전쟁도 마그나 카르타와 같은 이유로 일어났다.

마그나 카르타가 일어난 간접적인 이유는, 존이 프랑스 왕과 득이 될 것이 없는 전쟁을 계속하느라 노르만왕조 이후의 귀족들이 프랑스에 가지고 있던 토지를 죄다 잃었기 때문이다. 장미전쟁 또한 랭커스터왕조가 프랑스와 전쟁을 계속한 끝에 전비와 병력을 낭비해버렸고, 귀족들은 아무런 이익도 보지 못한 것에서 촉발되었다.

하지만 결국 왕위를 둘러싼 내전을 30년이나 이어간 결과 무슨 일이 일어났을까?

귀족들이 둘로 나뉘어 이기고 지는 싸움을 반복하는 동안 세력을 떨치던 귀족들이 다 사망해버렸다. 그래서 결과적으로는 왕권만 강해졌다. 잉글랜드의 마지막 왕위를 물려받은 사람은 랭커스터가와 먼 혈연관계에 있는 헨리 7세였다(1485년). 이 웨일스 출신의 새로운 왕조는 튜더Tudor왕조라고 불렸다.

엘리자베스 1세가 런던을 번영시키다

1. 헨리 8세의 이혼이 프로테스탄트(개신교도)의 런던 이주를 초래하다

튜더왕조의 2대 왕 헨리 8세(재위 1509~1547년)는 왕비가 아들을 낳지 못

한다는 이유로 이혼하려 했지만, 로마 교황이 이를 허락하지 않자 분노하여 국왕지상법國王至上法을 발표했다. 잉글랜드 교회의 수장은 로마 교황이 아니라 국왕이라고 규정한 뒤 로마 교회에서 이탈하여 잉글랜드 국교회(성공회의 모체)를 만든 것이다. 그러고는 당당하게 이혼한 후 재혼했다. 이렇게 재혼한 왕비 앤 불린 사이에서 태어난 딸이 엘리자베스 1세다.

헨리 8세가 잉글랜드 국교회를 만든 목적은 이혼하기 위해서만이 아니었다. 진정한 목적은 수도원의 재산을 빼앗는 것이었다. 수도원은 세금을 내지 않았다. 그곳에 축적되는 모든 부는 신의 소유물, 즉 로마 교회의 재산이었다. 그러니 자신이 교회의 수장이 되면 그 부 또한 자신의 소유가 되는 셈이었다.

그는 국왕지상법을 통과시키고 6년이라는 시간 동안 모든 수도원을 해산시켰다. 그때 중심적인 역할을 했던 사람이 토머스 크롬웰이라는 정치가였다. 또한 헨리 8세는 국왕지상법을 반대한 고명한 인문학자 토머스 모어도 사형에 처했다. 헨리 8세는 토머스 베케트를 살해한 헨리 2세와 다를 바 없는 폭군이었다. 그가 국왕지상법을 지나치게 강압적으로 통과시키기는 했지만, 런던에는 다음과 같은 효과도 있었다.

당시 16세기 전반 유럽에서는 칼뱅파 개신교도들이 탄압을 받고 있었다. 성경이 곧 진리라고 믿는 엄격한 교리를 지켜왔기 때문이었다. 그 개신교도들이 런던으로 왔다.

잉글랜드 국교회와 로마 교회의 교리는 별반 다르지 않았다. 하지만 최고 권력자가 로마 교황이 아닌 잉글랜드 국왕이라는 것이 결정적인 차이점이었다. 로마 교회의 과격한 이단 박해가 런던까지 미치지는 않았던 것이다. 개신교도들은 지적 수준이 높았으며 근면 성실했다. 상인의 도시인 런던에 그들이 있으면 교역이 활발해질 테니 오는 것을 마다할 이유가 없었다.

참고로 잉글랜드 국교회의 본산은 캔터베리 대성당이다.

2. 개신교도의 옹호, 해외 진출 추진

튜더왕조는 헨리 8세 이후 3대 왕 에드워드 6세(1547~1553년), 4대 여왕 메리 1세(재위 1553~1558년)를 옹립했다. 둘 다 헨리 8세의 이복 자녀였다. 세 번째 부인의 아들 에드워드 6세는 국왕지상법을 지지했기 때문에 잉글랜드 국교회의 교리를 개신교 교리와 유사하게 채택하려 했다. 하지만 헨리 8세의 첫 부인 딸인 4대 여왕 메리 1세는 개신교를 철저히 싫어했다. 그녀는 로마 교회의 광신도인 스페인 왕 펠리페 2세와 결혼한 후 개신교도를 무자비하게 박해했다. '피의 메리(블러디 메리Bloody Mary)'라는 별칭을 얻었을 정도였다.

메리 1세가 죽은 후에는 엘리자베스 1세가 왕위를 이어받았다(재위 1558~1603년). 그녀는 헨리 8세의 두 번째 부인이 낳은 딸이었다.

그녀는 메리 1세의 개신교 박해가 런던 시민의 지지를 얻지 못했기 때문에 국왕지상법을 부활시켰다. 그리고 윌리엄 세실을 비롯한 참모들의 도움을 받으며 훌륭한 정치를 펼쳤다. 개신교도들도 런던으로 돌아오기 시작했고, 런던은 점점 활기를 띠게 되었다.

또한 그녀는 해외 진출을 적극적으로 추진했다. 당시는 콜럼버스가 신대륙을 발견한 이후로 스페인이 신대륙의 금과 은을 독점하던 때였다. 스페인은 잉글랜드의 진출 또한 허락하지 않았다. 여왕은 이에 맞서기 위해 금은金銀과 신대륙 산물을 싣고 유럽으로 돌아오는 스페인 선박을 습격할 목적으로 해적 행위를 인정했다. 신대륙에서 돌아오던 스페인의 배는 스페인 항구가 아닌 네덜란드의 암스테르담 또는 로테르담으로 귀항했다. 당시 네덜란드는 스페인의 영토였고, 대서양 쪽으로는 포르투갈이 있어서 스페인 본국에는 마땅한 항구가 없기도 했다. 잉글랜드 해적은 네덜란드 항구로 가는 스페인 선박을 덮쳤다.

이 해적 행위는 여왕이 공인했으니 해군의 성격을 띠었다고 할 수 있다.

엘리자베스 1세

튜더왕조의 잉글랜드 여왕. 무적함대를 격파하고 잉글랜드 절대 왕정의 황금기를 이끌었다.

비도덕적이라고 생각될 수도 있지만, 신대륙에 마음대로 상륙해서 원주민을 박해하고 약탈한 스페인과 그 스페인 배를 덮친 잉글랜드 중 어느 나라가 더 나쁜지 쉽게 단언할 수 없는 문제이기도 하다. 당시 해군은 군인인 동시에 해적이기도 했던 시대였기 때문에 딱히 잉글랜드만 그런 것도 아니었다.

또한 그녀는 네덜란드 시민의 대부분이 개신교도였다는 점을 스페인 선박을 공격할 구실로 삼기도 했다. 그들은 스페인 왕가가 광적으로 로마 교회를 신봉한다는 이유로 지겹도록 박해받고 있던 터였다. 따라서 독립 운동도 격해지고 있었다. 엘리자베스 1세는 그들의 독립 운동을 슬며시 원조할 목적을 가지고 스페인 선박을 습격했다.

잉글랜드 해군(해적)의 행동에 분노한 스페인은 도버해협으로 무적함대를 파견했다(1588년). 하지만 거센 폭풍이 불어 닥치는 바람에 스페인 무적함대는 엄청난 피해를 입었다. 소형함 위주였던 잉글랜드가 대승을 거둔 것이다. 이 해전 이후 런던도 무역항으로서 눈에 띄게 번성했고, 한산한 습원지였던 런던탑 동쪽(이스트엔드)에 항만 노동자의 마을이 조성되기 시작했다.

그리고 엘리자베스 1세의 치세 시절은 더 시티가 성장한 시대이기도 했다. 상품이나 유가증권 등을 거래하는 상설 시장으로 왕실거래소도 세워졌다(1566년). 또한 인도 · 중국 진출의 중심이 될 동인도회사도 설립했다(1600년).

엘리자베스 1세 시대, 호황을 누리던 런던에 셰익스피어가 등장한다. 셰익스피어는 르네상스 연극의 기수로서 전 세계에 이름을 남겼다. 템스강 남쪽에 셰익스피어의 명작을 상연하는 극장인 글로브 극장Globe Theatre도 만들어졌다. 1599년에 문을 연 이 극장은 1995년에 건축 당시의 모습으로 재건되었다. 그때와 마찬가지로 야외극장으로 재건했기 때문에 이 극장의 입석立席에는 지붕이 없다.

엘리자베스 1세는 평생 독신으로 지내다 1603년에 타계했다.

스튜어트왕조에서 공화제로, 하지만 다시 왕정이 부활하다

아이가 없었던 엘리자베스 1세가 죽은 후 먼 친척인 스코틀랜드 왕 제임스 6세가 잉글랜드 왕위를 물려받았고 그는 제임스 1세라는 칭호로 즉위했다(재위 1603~1625년). 이 왕조는 스튜어트왕조라 불렸다.

당시 스코틀랜드에는 의회의 전통이 없었다. 왕실은 여전히 왕권신수설왕권은 신에게서 주어진 것으로 왕에게 절대 복종해야 한다는 이론을 신봉했다. 또한 잉글랜드는 엘리자베스 1세 시절에 잉글랜드 국교회를 채택했지만, 스코틀랜드는 로마 교회를 믿고 있었다. 이쯤 되면 스튜어트왕조의 앞날이 우려되지 않을 수 없다. 초대 왕인 제임스 1세가 로마 교회를 믿자 스튜어트왕조에 불안감을 느끼고 일찍이 런던을 떠난 청교도들도 있었다. 그들이 바로 메이플라워호를 타고 신대륙으로 간 청교도들이었다.

심지어 2대 왕인 찰스 1세(재위 1625~1649년)는 의회를 완전히 무시한 채 내키는 대로 통치했다. 결국 의회는 그에게 권리청원의 승인을 요구하고 나섰다(1628년). 권리청원은 마그나 카르타 이래로 잉글랜드 의회가 획득해온 권리를 지켜달라고 왕에게 요구한 문서다.

찰스 1세는 마지못해 승인하기는 했지만 결국 다시 원상태로 돌아와 폭정을 일삼았고, 본인이 원하는 대로 주무를 수 없는 런던을 벗어나서 의회를 상대로 군사를 일으켰다. 이렇게 국왕과 의회는 전쟁에 돌입했는데, 올리버 크롬웰이라는 뛰어난 지도자가 등장하여 의회 쪽을 승리로 이끌었다. 결국 찰스 1세가 참수되면서 전쟁은 끝이 났다.

크롬웰이 독실한 청교도였기 때문에 이 전쟁은 '청교도혁명(퓨리턴혁명)'이라 불렸다. 역사 수업 시간에 이 명칭을 들은 적이 있을 것이다. 하지만 최근에는 잉글랜드와 스코틀랜드, 그리고 아일랜드도 참전했다는 점에서 '삼왕국전쟁(三王國戰爭, Wars of the Three Kingdoms, 1642~1649년)'이라 불린다.

삼왕국전쟁이 끝난 후 올리버 크롬웰은 호국경(護國卿, Lord Protector, 1653~1658년) 자리에 올랐고 잉글랜드는 공화국이 되었다. 크롬웰은 강권을 행사하며 국익을 최우선하는 통치를 했지만, 그가 죽은 후에 그의 아들이 공화제를 유지하지 못했기 때문에 잉글랜드의 왕정은 부활했다.

왕정복고가 이루어진 잉글랜드 왕위에 등극한 사람은 참수된 찰스 1세의 아들인 찰스 2세(재위 1660~1685년)였다. 엄청난 호색가였던 찰스 2세

크롬웰

삼왕국전쟁을 지휘하고 잉글랜드에서 공화제를 실시했다.

는 알려진 사생아만 14명이나 됐다. 그 자녀들에게는 왕위 계승권이 없었기 때문에 그들의 가문은 모두 귀족이 되었다. 영국의 왕세자비였던 다이애나와 앤드류 왕자의 부인이었던 사라 퍼거슨도 이때 생겨난 가문 출신이다.

시간이 흘러 찰스 2세가 사망했지만 그에게는 적자가 없었다. 그래서 아우인 요크공 제임스 2세가 즉위하게 되었다(재위 1685~1688년). 하지만 그가 왕권신수설의 신봉자이자 열렬한 로마 교회파였기 때문에 즉위를 둘러싸고 의회에는 찬반양론이 팽팽하게 갈렸다. 찬성한 사람들은 토리당(훗날 보수당), 반대한 사람들은 휘그당(훗날 자유당)이 되었다고 하는데 아무래도 이 설은 속설인 듯하다.

여담이지만 올리버 크롬웰 시대에 런던 최초의 커피하우스가 생겨났다.

명예혁명 결과, 더욱 강한 존재가 된 의회

우려했던 바와 같이 제임스 2세는 로마 교회의 입장에서 강압적인 종교 정책을 펼쳤다. 잉글랜드 의회는 그의 폭정을 용인하지 못하고 그를 추방했다. 그리고 제임스 2세의 딸이자 네덜란드 오라녜 공公의 부인이 된 메리를 여왕으로 추대했다. 이때 남편인 오라녜 공公 윌리엄 3세도 왕으로 인정받아 메리 2세와 오렌지 공公 윌리엄 3세라는 칭호로 함께 왕위에 올랐다.

이 정변은 유혈 사태 없이 이뤄졌기 때문에 명예혁명(1688~1689년)이라 불렸다. 이 혁명은 잉글랜드 의회가 더욱 강력해지고 안정을 찾는 계기가 되었다.

1. 권리장전과 국채 발행, 그리고 중앙은행의 설립

명예혁명 당시 윌리엄 3세는 권리장전을 승인했다. 이는 잉글랜드 의회가 윌리엄 3세와 메리 2세에게 제출한 문서(권리의 선언)를 반영해서 새롭게 발표한 것이었다. 여기에는 입법·과세·군사·언론의 자유·왕위 계승 등에 관한 의회의 주권이 명기되어 있었다. 오늘날까지도 영국 헌법의 일부로 남아 있다.

윌리엄 3세는 네덜란드 시대 때부터 숙적이었던 프랑스의 루이 14세와 계속해서 싸우고 있었고, 그 전쟁을 위해 네덜란드에서 세금을 거두었다. 잉글랜드에서도 세금을 걷고 싶었지만, 거기에서는 사위의 입장이었으니 시민이 반기지 않을 만한 일은 하고 싶지 않았다. 물론 그 외에도 권리장전이 있기 때문에 하고 싶다고 해서 할 수 있는 것도 아니었다.

그래서 그는 국채를 발행했다. 국채의 전례는 네덜란드에도 있었다. 네덜란드 사회의 중심인 홀랜드Holland 주의회가 징세권을 담보로 국채를 발행한 적이 있었던 것이다. 윌리엄 3세는 이 사례를 생각해내어 의회가 국채 발행을 승인하도록 했다. 이에 의회는 국채 발행을 통제하고 관리하는 기관으로서 중앙은행, 즉 잉글랜드은행을 설립했다(1694년). 잉글랜드는 권리장전을 통해 국왕 또는 정부가 세금을 멋대로 부과할 수 없도록 한 대신, 의회가 국채를 인정하고 관리 기관으로 중앙은행을 설립하는 현대적 금융 정책 시스템을 그때 이미 도입했던 것이다.

2. 왕위 계승법으로 국왕이 될 일족을 정해버리다

메리 2세와 윌리엄 3세는 자녀 복이 없었다. 그래서 두 사람이 죽은 후 메리 2세의 여동생 앤이 여왕의 자리에 올랐다. 하지만 그녀는 심각한 비만 체질이었기 때문에 출산은 거의 불가능했다. 이 사태를 방치하면 명예혁명으로 추방한 제임스 2세의 유복자들이 다음 왕위를 내놓으라며 달려들 우려가 있었다. 그렇지 않아도 그들은 파리에서 루이 14세의 원조를 받으며 왕위 부활을 위해 꿈틀대고 있었기 때문이다. 그들은 제임스의 라틴어형 야곱에서 따온 말로 야곱파(Jacobite, 재커바이트)라고 불렸다.

개신교도들의 재기 넘치는 활약으로 호황을 누리던 런던에 '블러디 메리'

같은 로마 교회파 국왕이 부활하는 상상은 하고 싶지도 않았다. 이에 의회는 야곱파 대책을 세웠고 왕족 중에서 로마 교회와 연고가 없는 일족을 찾았다. 그리고 스튜어트왕조의 초대 왕 제임스 1세의 손녀이자, 독일 하노버 Hannover 선제후選帝侯, 중세 독일에서 황제 선거의 자격을 가진 제후와 결혼한 소피Sophie를 찾아냈다. 이 일족은 개신교 중에서도 루터파였다. 그리고 의회는 소피의 자손이면서도 로마 교회파가 아닌 사람에게만 왕위를 계승할 권리를 부여하기로 했다(1701년). 기상천외하다 해야 할지 합리적이라 해야 할지 아리송한 이 법률은 왕위 계승법이라 불렸고, 지금까지도 유효하게 적용되고 있다.

이렇게 마침내 로마 교회를 신봉하는 일족은 영구적으로 잉글랜드 왕위에 오를 수 없게 되었다. 이 왕위 계승법으로 인해 지금은 왕위 계승권을 가진 사람들 수천 명의 순위가 이미 정해져 있다고 한다.

앤 여왕이 서거하자 독일에서 하노버 선제후 조지 1세가 찾아와 잉글랜드 국왕이 되었다(1714년). 그런데 그는 독일어밖에 구사할 줄 몰랐다. 일본의 천황이 일본어를 모른다면 '이래도 되나' 싶었을 텐데 잉글랜드는 그에 개의치 않았다. 정치의 주체는 의회였기 때문이다.

"왕은 군림하되 통치하지 않는다."

영국 왕실의 이러한 전통은 이때부터 시작되었다. 생각해보면 '왕위 계승법'이라는 것은 영국의 특징인 윔블던 효과가 일찍이 발현되었던 사례가 아닌가 싶다. 도움이 된다면 그게 제일인 것이다. 조지 1세 일족은 독일인끼리 혼인 관계를 맺었기 때문에 혈통으로만 보면 거의 완전한 독일인이나 다름없었다.

"런던에 질린 사람은 인생에 질린 사람이다"

17세기 후반, 스페인으로부터 독립하고 강력한 해군 국가가 된 네덜란드는 잉글랜드와 수차례에 걸쳐 전쟁을 했다. 최후의 승자는 잉글랜드였다. 그 결과 18세기 런던은 세계 무역의 중심지가 되었다.

이 무렵의 잉글랜드를 상징하기라도 하듯 런던에 세인트 폴 대성당이 세워졌다(1708년). 이 건축물은 왕실 건축가였던 크리스토퍼 렌의 최고 걸작이라 불리는, 잉글랜드를 대표하는 바로크 양식 건축물이다. 원래 604년에 지금의 세인트 폴 대성당 자리에 목조로 된 성당이 지어졌지만, 이후 수차례의 화재를 겪고 다시 짓기를 반복했다. 그러다 1666년 런던 대화재 당시 원래 모습을 찾아보기 힘들 정도로 심각하게 파손되어 1708년에 완전히 새롭게 지은 것이 지금의 세인트 폴 대성당이다. 이 성당은 템스강 왼쪽에 있는 런던탑과 웨스트민스터 사원 중간쯤에 있다. 런던 시내의 거의 모든 장소에서 보이는 이 건축물은 오늘날 런던의 상징적인 존재가 되었다.

세인트 폴 대성당

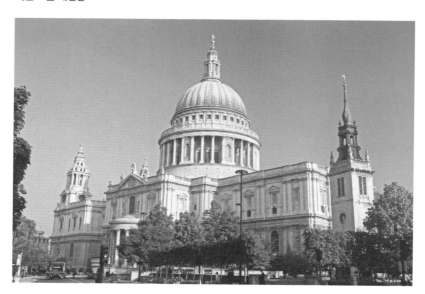

잉글랜드를 대표하는 바로크 건축물. 왕실 건축가 크리스토퍼 렌의 최고 걸작이다. 18세기 세계 무역의 중심지가 된 런던의 금융 거리 더 시티에 있다. 604년에 최초로 세워졌다. 찰스 황태자와 다이애나비의 결혼식도 여기에서 거행되었다.

당시 전형적인 런던 사람이라 불렸던 시인이자 비평가인 사무엘 존슨은 《영어사전》편집이라는 대업을 달성했다. 그가 1770년 전후에 남긴 유명한 말이 있다.

　　"When a man is tired of London, he is tired of Life."

　　"런던에 질린 사람은 인생에 질린 사람이다"라니, 이렇게나 오만방자한 나라 자랑도 보기 드물 것이다. 하지만 실제로 18세기 당시 런던은 경제적 · 문화적으로 세계에서 단연 돋보이는 도시가 되어 있었다. 그 거리를 거닐다 보면 시대의 모든 것이 살아 숨 쉬는 것을 느낄 수 있다.

안개의 도시 런던에 홈스가 등장하다

　　19세기, 아편전쟁으로 중국을 대국의 자리에서 끌어내리고 인도를 완전히 식민지로 삼은 영국은 세계 최강이자 최대의 제국이 되었다. 이른바 대영제국이 탄생한 것이다. 수도 런던은 세계에서 가장 인구가 많은 부유하고 화려한 도시가 되었다. 런던 최대의 고급 백화점 해러즈Harrod's가 탄생했고 국제적인 유대계 금융 재벌인 로스차일드은행도 런던에서 발전했다. 뿐만 아니라 도시권의 교통 정체를 완화시키기 위해 세계 최초로 지하철을 개통했다(1863년). 또한 1859년에는 템스강 강가에 국회의사당과 나란히 선 시계탑 빅벤이 세워졌다.

　　하지만 그 반작용으로 환경문제가 발생했다. 스모그가 심해지고 템스강의 수질 오염도 두드러지게 나타난 것이다. 이로 인해 런던은 '안개의 도시'라 불리게 되었다.

　　이 런던에 1887년, 코난 도일이라는 작가의 손을 통해 명탐정 셜록 홈스가 등장했다. 첫 작품은 《주홍색 연구》였다. 그리고 이듬해, 결국은 미궁에 빠지고야 만 여성 연쇄 살인 사건의 용의자 '살인마 잭'으로 인해 런던 주민들은 밤마다 공포에 떨어야 했다.

문호 나쓰메 소세키는 1900년부터 1906년까지 런던에서 유학 생활을 했다. 그는 수필 〈런던탑倫敦塔〉을 통해 당시 런던에서 받았던 인상을 이렇게 묘사했다.

'밖으로 나가면 인파에 휩쓸리지 않을까 싶고 집에 돌아가면 기차가 내 방으로 들이닥치지 않을까 의심되고.'

그 후 격동의 20세기 때 대영제국은 세계를 이끄는 중심 국가가 되었다. 그리고 제1차 세계대전과 제2차 세계대전이 일어났다.

제2차 세계대전 당시 런던은 나치 독일의 극심한 공습을 받았다. 이때 나치스를 피해 잉글랜드로 망명했던 폴란드 공군이 런던 방어에 공을 세웠다. 런던 시민과 군부는 외국 군대가 수도 방어에 협력해주기를 적극적으로 요청했고, 또 감사해했다. 그만큼 사람이 부족했기 때문에 체면을 따질 때가 아니라고 생각했을 것이다.

전쟁이 끝난 후 공원의 잔디도 불에 타버릴 정도로 런던은 파괴되었지만, 1948년에 런던 올림픽을 개최하면서 평화의 제전을 전 세계에 선사했다. 올림픽 개최는 런던 부흥의 발판이 되어 주기도 했다. 또한 1956년에는 대기정화법을 시행하여 '안개의 도시'에서 대기오염이 없는 현대 도시로 변모시켜 나갔다.

청년문화의 발상지가 된 웨스트엔드

런던시는 금융의 중심지, 웨스트민스터시는 정치의 중심지. 런던은 예로부터 이렇게 구분되었다. 또 예로부터 존재했던 시티 오브 런던의 동쪽을 이스트엔드, 서쪽을 웨스트엔드라고 구분하기도 한다.

웨스트엔드는 지금의 지하철역 이름으로 말하면 코번트 가든Covent Garden역과 피커딜리 서커스Piccadilly Circus역을 중심으로 한 지역이다. 이 지역에는 옛날부터 예술 관련 시설·전문점·음식점이 많았는데, 60년대 들어 전 세계의 청년들을 끌어들이는 청년문화의 발상지가 되었다.

　그 예로 뮤지컬 작곡가 로이드 웨버의 많은 작품이 웨스트엔드에서 상연된 후 세계적으로 화제를 불러일으켰다. 지금까지도 사랑받고 있는 〈지저스 크라이스트 수퍼스타〉, 〈캣츠〉, 〈오페라의 유령〉이 모두 당시 그의 작품이다. 모델이었던 트위기도 큰 인기를 끌었다. 하지만 뭐니 뭐니 해도 청년문화를 대표하는 존재는 비틀스였다. 그들의 인기는 음악사를 뒤바꿀 정도였다. 그리고 이때 실로 많은 뮤지션이 런던에서 전 세계로 뻗어 나갔다. 엘튼 존, 데이비드 보위, 롤링스톤스, 그리고 펑크록의 전설 섹스 피스톨스, 더 클래시가 그들이다. 펑크록과 함께 펑크 패션도 탄생했다. 지금까지도 퀸스 극장에서 장기 공연 중인 〈레 미제라블〉 같은 뮤지컬도 있다.

　오래된 도시에서 젊은 문화가 태어나기란 쉽지 않은 일이지만, 런던이라는 도시는 언제나 이데올로기가 아닌 현실을 바라보며 오늘날에 이르렀다. 그래서 언제나 새로운 것을 인정하고 받아들이는 토대를 만들 수 있었던 것인지도 모른다. 이 또한 윔블던 효과의 한 면이라고 할 수 있지 않을까.

이스트엔드의 재개발과 2012년 올림픽 · 패럴림픽

　런던탑 동쪽, 옛날에는 사람들로 붐비는 항구였던 지역이 이스트엔드다. 당시에는 항만 노동자들이 모여 사는 곳이기도 했지만 제2차 세계대전 때 파괴되었다. 이후 대형 선박이 드나들고 컨테이너 수송이 일반화되면서 이스트엔드는 슬럼가로 변해버렸다.

　잉글랜드 환경부는 1980년대부터 도크랜즈Docklands, 부두dock가 집중된 곳라 불린 이스트엔드의 중심부에서 대규모 재개발을 추진했다. 카나리 워프Canary Wharf라 불리는 거대한 상업 부두였던 지역이 그 중심이었다.

　그 결과 카나리 워프는 시티에 맞먹을 수 있을 정도의 금융 센터로 탈바꿈했고, 뉴욕을 연상시키는 고층 빌딩들이 들어선 곳이 되었다.

런던은 2012년에도 올림픽·패럴림픽을 개최했는데, 이때 경기장 대부분은 카나리 워크 구역에 건설되었다. 도시 재개발과 세계의 축제를 잘 엮은 것이다. 이 발상은 1948년 올림픽 때도 빛을 발했었다. 역시 상인의 마을다운 계산이었다. 또한 런던은 올림픽이 세 번 열린 세계 유일의 도시다. 각각 1908년, 1948년, 2012년에 개최되었다. 근세 이후의 세계사에 빠지지 않고 등장하는 도시이다 보니, 지구촌에 가장 많이 알려졌다는 이유로 세 번이나 선택받은 것일지도 모른다. 지금도 런던은 세계에서 가장 많은 사람들이 찾는 도시 중 하나다.

참고로 영국은 2016년 6월 23일, 국민 투표로 EU 탈퇴를 결정했다. 유럽 제일의 금융 센터가 앞으로 어떠한 변화를 겪을지 주목할 필요가 있다.

마지막으로 런던에 대한 책을 세 권 소개하고자 한다. 특히 옛날부터 깊은 연이 있는 파리와 런던의 관계가 선명하게 드러나 있는 책이다.

찰스 디킨스의 《두 도시 이야기》, 에드워드 러더퍼드의 《런던》, 조나단 콘린의 《프랑스가 낳은 런던, 영국이 만든 파리》가 그 책들이다.

런던 관련 연표

서기(연도)	사 건
43년경	로마인이 성벽 도시 론도니움을 건설. 시티 오브 런던의 원형이 됨
410년경	로마인이 철수. 5세기 중반에 앵글로 · 색슨족이 칠왕국을 건국함
6세기말	런던이 상업의 중심지로서 발전(종교의 중심지는 캔터베리)
9세기	바이킹이 침입하여 런던을 빼앗다
878	웨섹스왕국의 알프레드 대왕과 바이킹 총지휘관 구스럼이 화의를 맺음
886	알프레드 대왕, 바이킹으로부터 런던을 탈환. 잉글랜드왕국이라 칭함
1013	데인인 군주 스벤, 잉글랜드 전역을 제압
1016	스벤의 아들인 크누트, 북해제국을 쌓아올리고 잉글랜드왕국을 지배하에 둠
1042	참회왕 에드워드, 잉글랜드왕국을 부활시키다. 1045년, 웨스트민스터 사원 건립
1066	노르망디 공公 기욤, 잉글랜드왕국을 쓰러뜨리고 노르만왕조를 건국(노르만 정복). 윌리엄 1세가 됨
1097	윌리엄 2세, 노르만왕조 정치 기능의 중심인 웨스트민스터 홀을 건설
1154	헨리 2세가 즉위, 플랜태저넷왕조(앙주제국)가 시작됨
1215	존 왕에게 귀족들이 마그나 카르타(대헌장) 승인을 요구함
1295	에드워드 1세, 시민도 참여하는 형태의 의회를 소집(훗날 모범의회라 불림)
1337	잉글랜드와 프랑스, 백년전쟁에 돌입
1381	전비 충당을 위한 중세重稅에 대항하여 와트 타일러의 난이 일어났고 농민들이 한때 런던을 점거함
1399	헨리 4세가 즉위, 랭커스터왕조가 세워짐
1455	랭커스터가와 요크가 사이에 장미전쟁이 발발함
1485	헨리 7세가 즉위하고 튜더왕조가 시작됨
1534	헨리 8세, 국왕지상법 시행. 로마 교회에서 이탈. 잉글랜드 국교회 성립
1558	엘리자베스 1세가 즉위. 전 왕이 박해한 개신교를 인정. 시티가 활기를 되찾음
1603	제임스 1세가 즉위. 스튜어트왕조가 건설됨
1628	의회가 찰스 1세에게 '권리청원' 승인을 요구함
1642	삼왕국전쟁(청교도혁명, ~1649년)이 일어남
1649	크롬웰의 지휘하에 의회는 찰스 1세를 참수. 공화국이 됨
1660	왕정복고. 찰스 2세가 즉위
1666	런던 대화재
1688	명예혁명(~1689년)으로 정권 교체. 권리장전 발표
1708	세인트 폴 대성당이 완공됨(최초의 성당은 604년)
1863	세계 최초로 런던에 지하철이 개통됨
1908	런던 올림픽 개최(두 번째 1948년, 세 번째 2012년)
2016	국민투표를 통해 EU 탈퇴 결정

• 런던의 세계문화유산(구조물)

웨스트민스터 사원 / 웨스트민스터 궁전(국회의사당, 빅벤) / 세인트 마거릿 교회 / 런던탑

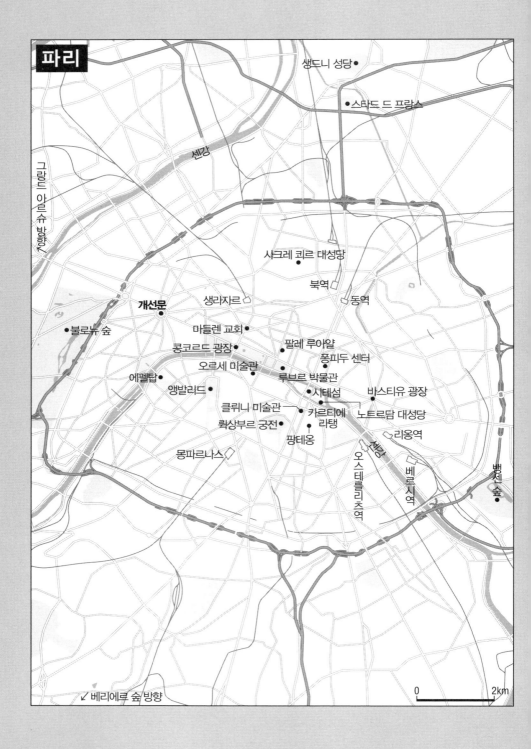

파리

생드니 성당 •

스타드 드 프랑스 •

센강

그랑드 아르슈 방향

사크레 쾨르 대성당 •

북역

생라자르

동역

개선문

불로뉴 숲 •

마들렌 교회 •

콩코르드 광장 •

팔레 루아얄 •

풍피두 센터 •

오르세 미술관 •

루브르 박물관 •

에펠탑 •

앵발리드 •

시테섬 •

바스티유 광장 •

클뤼니 미술관

카르티에

라탱

노트르담 대성당

뤽상부르 궁전 •

리옹역

팡테옹 •

센강

몽파르나스

오스테를리츠역

베르시역

뱅센 숲 •

↙ 베리에르 숲 방향

0   2km

제8장

유럽에 활짝 핀 꽃의 도시
파리

히틀러의 권력으로도 파괴하지 못했던 아름다운 도시

'루테티아는 세쿠아나의 섬 위에 파리시족이 만든 마을이다'

위의 소제목에 적힌 문장은 기원전 51년에 간행된 율리우스 카이사르의 《갈리아 전기》에 나오는 한 구절이다.

《갈리아 전기》는 카이사르가 당시 갈리아라고 불리던 프랑스에서 대반란을 일으킨 켈트족을 제압한 기록이다. 로마 사람들은 켈트족을 갈리아인이라 불렀다. '세쿠아나'는 지금의 센강, '루테티아Lutetia'는 파리, '파리시족Parisii 族'은 켈트족 중 한 부족의 이름이다. 그리고 섬은 센강에 떠 있는 시테섬Cité을 가르킨다.

앞 장에서 런던의 옛 이름인 론도니움에는 '습지의 요새'라는 의미가 있다고 이야기했는데, 루테티아는 '진흙'이라는 뜻이라고 한다. 《갈리아 전기》에는 센강과 시테섬 주변이 습지대라고 적혀 있는 부분도 있다. 커다란 강의 모래톱에 있는 습지 마을이라는 의미였을 것이다.

이 루테티아에는 이미 기원전 4세기에 사람이 살고 있었던 듯한데, 그들이 어떤 사람들이었는지는 알려진 바가 없다. 그곳은 기원전 250년경부터 켈트족이 지배하게 되었고 카이사르가 켈트족을 제압한 후에는 로마제국의 영토가 되었다. 로마제국이 지배한 지역은 루테티아를 중심으로 한 시테섬과 센강의 왼쪽이었다. 지금도 클뤼니 미술관 옆에는 로마 시대 공중목욕탕의 흔적이 남아 있다.

루테티아라는 이름이 파리로 바뀐 시기가 언제였는지는 분명하지 않지만, 로마인이 갈리아를 지배하고 있는 동안 '파리시족이 사는 마을'이라는 뜻에서 파리라고 불리게 되었을 것이라는 추측이 있다. 2~3세기 무렵이었을 것이다.

이렇게 우리 앞에 모습을 드러낸 파리가 꽃의 도시 또는 세계에서 가장 아름다운 도시라고 불리게 된 이유가 무엇일지 생각해보면서 파리 이야기를 해보려 한다.

센강이 파리를 만들고 키워냈다

파리를 지배한 로마인은 센강의 시테섬을 거점으로 삼고자 성새城塞를 쌓았다. 그리고 그 오른쪽과 왼쪽에 다리를 걸어 지배 영역을 확장했다. 센강은 파리 시내를 구불구불하게 가로지르며 북서쪽으로 흐르다가, 에펠탑이 있는 왼쪽 기슭에서 남서쪽으로 꺾인다.

갑자기 현대 이야기로 넘어가 흐름이 끊길 수도 있지만, 파리의 행정 체계에 대해 잠깐 이야기해보기로 하자.

파리를 대표하는 많은 건축물이 센강 강가에 있다. 오늘날 파리는 단독으로 주를 구성한 이른바 특별시다. 파리주에는 파리시밖에 없는 것이다. 파리시는 총 스무 개의 행정구로 구분되어 있는데 그중 1구는 루브르 박물관이 있는 센강의 오른쪽 강변이다.

이 1구를 중심으로 시계 방향으로 둥글게 뻗어나가며 달팽이 모양을 그리는 20구는 센강의 오른쪽 강변에 있는 열네 개 구, 왼쪽 강변에 있는 여섯 개 구로 구성되어 있다.

파리의 20개 행정구

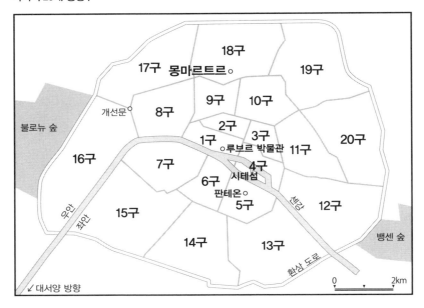

파리시의 최고 표고는 130미터로, 오른쪽 강변에 몽마르트르Montmartre 언덕이 있는 곳이 가장 높다. 가장 낮은 곳은 35미터로 센강 강가다. 센강의 오른쪽에서든 왼쪽에서든 언덕을 내려가듯 걸으면 가장 낮은 표고에 도달할 수 있다.

센강의 수원지는 프랑스 북동부에 있는 랑그르Langres 고원이다. 그곳에는 수량이 풍부하고 완만하게 흐르는 강이 있다. 그래서 고대부터 교역 루트로도 발달하여 갈리아의 중심이 되기도 했다. 파리는 센강 중류에 있지만 항구로서도 충분히 그 기능을 다해왔다. 프랑스 최대의 항구는 마르세유Marseille 이지만, 파리는 지금도 프랑스 유수의 항구 중 하나다. 조금은 의외라는 생각이 들기도 한다.

로마 지배 시절 파리에 등장한 유명인들

1. 생드니―그 성당은 프랑스 왕가의 무덤

3세기 중엽, 로마 교회는 갈리아에 기독교를 전파하기 위해 주교를 파견했다. 그 주교의 이름은 생드니Saint-Denis였다. 하지만 당시 로마제국의 국교는 아직 기독교가 아니었던 터라 생드니는 이교도에게 체포되었고, 결국 몽마르트르 언덕에서 참수당하고 말았다. 몽마르트르는 '순교자의 언덕'이라는 뜻이다.

참수된 생드니는 믿을 수 없게도 자신의 목을 품에 안고 걷기 시작했다고 한다. 그리고 북방의 한촌寒村에 멈춰 서서 그곳에 자신의 머리를 묻었다고 전해진다. 그 장소에 생드니 수도원이 세워졌다. 지금은 생드니 성당이라고 불린다. 이 성당은 프랑스 왕가의 무덤이 되었다.

2. 황제 율리아누스―루테티아에서 로마 황제로

율리아누스(재위 361~363년)에 대해서는 제1장 이스탄불 편에서 언급한 바 있다. 그가 갈리아에서 기억해두어야 할 인물인 이유는, 콘스탄티노플을 공격하기 위해 갈리아에서 우수한 군인들과 관료들을 몽땅 데리고 가버렸기 때문이다.

율리아누스는 로마 황제가 되기 전 약 4년 동안 갈리아를 통치했었다. 330년에 콘스탄티노플로 천도한 황제 콘스탄티누스도 그가 다스리던 독일 남서부 지역에서 우수한 인재들을 동쪽으로 데려간 적이 있다. 두 차례에 걸쳐 인재들이 빠져나가자 로마제국의 서쪽에는 지도층이 고갈되어버렸다. 최근 들어서는 다른 부족이 침입했을 때 핵심 인물들이 부재했던 것이, 로마제국이 서유럽을 잃는 원인이 되었다는 설이 제기되고 있다.

다시 본론으로 돌아와서, 율리아누스가 통치하던 무렵의 파리는 로마제국 시대의 하이라이트라 할 수 있을 정도로 활기를 띠었다.

3. 성녀 주느비에브―파리를 지킨 수호성인

파리에는 성녀 주느비에브Sainte Geneviève라는 여성 수호성인의 이야기도 전해진다.

유라시아 동쪽에 흉노라는 대大유목국가를 세운 사람들은 유럽에서 '훈족'이라 불렸다. 훈족의 영웅인 아틸라는 헝가리를 정복한 후 파리를 공격했다(451년). 이때 성녀 주느비에브라는 기독교 신자인 여성이 아틸라를 설득하여 파리 공격을 단념하게 했다고 한다. 그녀의 용기로 파리 사람들은 무사할 수 있었다. 그녀는 센강 왼쪽 기슭에 있는 야트막한 언덕에 묻혔다. 그곳에는 소박한 교회가 있었는데 18세기 후반 프랑스혁명 이후 판테온(Pantheon, 만신전)이라 불리는, 종교적으로 자유로운 교회가 세워졌다(자금 부족과 지반 사고 등으로 공사가 지연되어 완공까지 30년이 걸렸는데, 정부는 어렵게 완성된 건물을 교회로 사용하지 않고 혁명 위인을 안치하기로 결정했다). 이곳에는 철학자 볼테르, 사상가 장 자크 루소, 시인·극작가·소설가인 위고 등 많은 위인이 잠들어 있다. 이 언덕 주변은 '생주느비에브 언덕'이라 불리며 지금도 많은 사람에게 사랑받고 있다.

한편, 아틸라는 파리 공격을 포기한 후 이탈리아반도로 눈을 돌려서 로마를 침략하려 했다. 하지만 이번에는 당시 로마 교황 레오 1세의 설득으로 로마 공격을 단념했다고 한다(452년). 이야기가 과장된 감도 없지 않은데, 아무래도 성녀와 교황이 돋보이도록 아틸라를 악역으로 이용한 것 같다는 생각이 든다.

아틸라가 로마 침략을 단념한 이유는 역병이 돌았기 때문이라는 설도 전해지고 있다.

로마제국이 기운 후 프랑크족이 지배하다

5세기에 들어선 후에는 프랑크족이 갈리아를 지배했다. 투르네(현재 벨기에) 출신 프랑크족 일족인 살리족의 수령인 클로비스(Clovis, 재위 481~511년)는 지금의 독일 서부에 프랑스 전체를 지배하는 메로빙거왕조를 세웠다. 그리고 파리를 수도로 정했다(506년). 프랑크왕국이 탄생한 것이다.

메로빙거왕조는 7세기 후반까지 분열과 통일을 반복하면서 이어졌는데, 왕가의 내정을 관할하는 비서관장(궁재宮宰) 역할을 하던 피핀 일족이 프랑크왕국을 찬탈해버렸다. 그러고 나서 세운 나라가 카롤링거왕조였다. 피핀 일족에서 샤를마뉴(Charlemagne, 카를 대제)가 등장했는데(재위 768~814년), 그는 엘베Elbe강에서 피레네산맥까지 거의 서유럽 전역을 판도로 삼은 대제국을 건설했다. 하지만 8세기 말, 샤를마뉴는 벨기에 국경에 가까운 독일 아헨Aachen으로 천도했다. 당시 프랑크왕국은 독일에 중심을 두고 있었기 때문이다.

그 후 프랑크왕국에서 파리 백작이라 칭하는 지방행정관이 파리를 지배하게 되었다. 하지만 파리는 더 이상 왕국의 수도가 아니었기 때문에 점점 활기를 잃었다. 885년, 파리는 바이킹의 습격을 받았다. 수량이 풍부한 센강을 거슬러 올라와 찾아온 바이킹은 대규모 포위망을 만들어 파리를 점거하려고 했다. 이때 파리

위그 카페

'카페의 기적'이라 불리며 350년간 이어진 카페왕조를 세운 프랑스 왕

백작인 우드가 고군분투한 끝에 바이킹을 물리쳤다.

카롤링거왕조가 끊긴 후 우드가家가 프랑스 국왕 자리에 올랐다. 위그 카페를 초대 왕(재위 987~996년)으로 내세운 카페왕조였다. 이때부터 14세기 전반까지 카페왕조에는 350년간 계속해서 적자嫡子가 태어나 왕가의 혈통을 이어갔다. 이것을 '카페의 기적'이라고 한다. 처음에는 작은 백작령伯爵領에 불과했던 프랑스는 이 기간 동안 조금씩 대국의 모습을 갖추기 시작했다. 그리고 다시 수도가 된 파리도 훌륭한 도시가 되어 갔다.

카페왕조 시대, 오늘날 파리의 모습이 탄생하기 시작하다

1. 카르티에라탱, 파리대학—학생들의 쉼터

카페왕조가 탄생하고 11세기에 들어설 무렵부터 유라시아의 기후 온난화 현상이 두드러지게 나타났다. 이 때문에 인구도 급증했다. 특히 유럽에서는 삼포식 농업農地를 셋으로 나누고 그중 하나를 해마다 번갈아 휴경지로 하는 경작 방식이 보급되면서 농업 생산성이 향상되었다. 그 영향으로 1000년에 2,500만 명 정도였던 인구가 1200년에는 약 7,500만 명으로 증가했다.

인구 증가를 배경으로 유럽에서는 시민 계급이 대두하기 시작했고, 도시도 활기를 띠었다. 한편, 하급 귀족이 지배하는 농촌에서는 늘어나는 인구에 대응하지 못해서 토지와 식량이 부족해지기 시작했다. 특히 재산을 상속받을 수 없는 둘째나 셋째 아들의 실업 상태가 심각해졌다. 그래서 로마 교황이 십자군 동방 침략 정책을 추진했던 것이다. 당시 이슬람 세력이 분열되어 약해지고 있었다는 사실 또한 교황의 계산에 포함되었을 것이다.

카페왕조는 이러한 상황에서 탄생했다.

이 시기에는 센강 왼쪽에서 생주느비에브 언덕으로 이어지는 카르티에라탱에, 신학과 철학을 배우고 싶어 하는 청년·교사들이 유럽 각지에서 모여들었다. 로마 시대 때는 이곳에 로마인들이 많이 살았었다. 게다가 파리의 수호성인이 묻혀 있는 교회도 있었기 때문에 예로부터 기독교와 관련된 시설이 많았다. 유럽 각지에서 학구열을 품고 찾아온 사람들은 이곳에 있는 교회와 광장에서 철학자·신학자의 강화講話, 강의하듯 쉽게 풀어서 하는 이야기를 들었다.

그런데 이 시대에는 어느 나라에도 '국어'라는 것이 없었다. 국가라는 것도 존재하지 않았기에 군주의 주거나 힘 있는 부족의 부락이 중심이었다. 그들은 각각의 방언(자국 언어)으로 이야기했다. 유일하게 지식계급 사이에서 공통어로 쓰이던 언어가 로마제국의 언어인 라틴어였다. 때문에 공부를 위해 카르티에라탱으로 찾아온 학생과 교사들은 라틴어를 배워서 라틴어로 이야기했다. 당시 라틴어는 링구아프랑카lingua franca, 모국어를 달리하는 사람들이 상호 이해를 위해 습관적으로 사용하는 언어로 남아 있었던 것이다. '카르티에라탱Quartier Latin' 이란 '라틴어 지역'이라는 뜻이다.

카르티에라탱에서 학생들이 모여 공부하는 장소를 스콜라schola라고 불렀다. 말할 것도 없이 오늘날 학교를 뜻하는 '스쿨school'의 어원이다. 스콜라에서 강의된 내용을 기반으로 발전한 철학을 훗날 '스콜라 철학'이라 부르게 된다.

카르티에라탱의 교실은 학생이나 교사들이 자체적으로 운영하고 있었다. 교황인 인노첸시오 3세는 카르티에라탱이 학문적으로 번영하는 것을 보고 이 종교적인 자치 조직을 대학으로 공인했다. 때는 1215년이었다. 파리대학은 이렇게 탄생했다.

파리대학은 이탈리아의 볼로냐대학(1088년 창설)에 이어 유럽에서 두 번째로 오래된 대학이다. 볼로냐대학은 기독교의 교회법을 배우는 학생들이 학생 조합을 결성하면서 탄생했다. 참고로 말하면 볼로냐에서 학생들이 결성한 조합과 카르티에라탱의 자치 조직 모두 라틴어로는 같은 '우니베르시타스universitas'다. 이 단어는 오늘날 유니버시티(university, 대학)의 어원이 되었다.

지금도 그렇지만 옛날에도 형편이 어려운 학생들이 많았다. 파리대학도 예외는 아니었다. 가난 때문에 학업을 거의 포기하는 학생도 있었다. 그들을 구제하기 위해 궁정 사제인 로베르 드 소르봉(Robert de Sorbon, 1201~1274년)은 자비를 들여 '소르본'이라 불리는 학생 기숙사를 지었다. '소르본'은 가난한 학생뿐만 아니라 가난한 교사도 이용할 수 있었다. 이윽고 이 학생 기숙사는 파리대학 신학부라는 명칭을 갖게 되었다. 그리고 오늘날에는 네 개의 학구學區로 나뉜 파리대학 중 제4대학이 되어 소르본대학이라 불리고 있다.

카르티에라탱은 지금도 여전히 학생들의 거리다. 그리고 지금도 복잡하게 뒤얽힌 그 골목길에는 중세 시대 파리가 얼굴을 내비친다.

2. 노트르담 대성당—필리프 2세가 파리를 만들다

인구가 급증하고 도시가 활성화되기 시작한 이 시기에 마리아 신앙이 확산되었다. 아기들이 많이 태어나자 모성에 대한 신앙이 고조된 것이다. 그리고 제각각 성모 마리아를 모시는 노트르담 성당들이 프랑스 각지에 세워졌다. 그 대표격이라 할 수 있는 곳이 시테섬에 있는 노트르담 대성당이다. 1163년, 프랑스 왕 루이 7세 시대 때 공사가 시작되었다. 완공된 것은 1345년이었다. 노트르담을 영어로 말하면 '노트르'가 our, '담'이 lady다. '우리의 귀부인', 즉 성모 마리아의 호칭인 것이다.

그런데 앞 장에도 등장했지만 루이 7세라는 군주는 프랑스령 내에 있는 아키텐공국의 후계자인 공녀 알리에노르와 결혼했다가 이혼한 군주였다. 알리에노르가 잉글랜드 왕 헨리 2세와 재혼하면서 잉글랜드의 플랜태저넷 왕조가 프랑스령 내에 엄청나게 넓은 앙주제국을 세워버렸다는 이야기도 앞 장에서 한 바 있다. 하지만 당시 파리는 노트르담 대성당을 지을 수 있을 정도의 힘을 가지고 있었다.

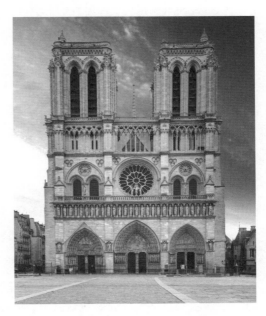

파리 시테섬에 있는 로마 교회의 대성당. 노트르담이란 '우리의 귀부인'이라는 뜻의 프랑스어로, 성모 마리아를 위해 지은 대성당이다.

루이 7세의 뒤를 이은 군주가 필리프 2세다(재위 1180~1223년). 그는 오귀스트(존엄왕)라는 별명을 가지고 있었다. 로마제국의 초대 황제 아우구스투스를 프랑스어로 읽으면 '오귀스트'다. 그리고 그는 오귀스트라는 이름에 걸맞게 프랑스 내에 있는 잉글랜드 영토를 보란 듯이 탈환했다.

이 명군은 현대 파리로까지 이어지는 도시계획을 실행했다. 그는 센강 오른쪽 강변에 레 알(Les Halles, 중앙 식료품 도매 시장)을 만들었다. 레 알은 1183년경부터 1969년까지 파리의 위장 역할을 했다. 뿐만 아니라 그는 센강 왼쪽에서 금융업을 하던 유대인들·직물 상인들의 주거지를 오른쪽 강변으로 옮겼다.

이렇게 센강의 오른쪽은 필리프 2세의 손을 거쳐 상공업의 중심지가 되었고, 왼쪽 강변은 카르티에라탱으로 대표되는 학문 및 예술의 중심지가 되었다. 그리고 센강의 모래톱인 시테섬은 노트르담 대성당을 중심으로 종교적 중심지가 되었다.

또한 그는 파리를 성벽으로 에워쌌다. 그리고 그 센강 오른쪽 강기슭에 요새를 만들었다. 이 요새가 훗날 루브르 궁전으로 발전하게 된다.

파리의 중앙 시장은 지금은 파리의 남쪽 외곽, 오를리Orly 공항 가까이로 옮겨졌다. 그리고 레 알의 옛 부지에는 '포럼 데 알Forum des Halles'이라는 대형 종합 쇼핑센터가 세워졌다. 참고로 '루브르'의 어원은 늑대를 잡는 사냥개의 집이라고 한다. 뱅센 숲과 불로뉴 숲은 원래 왕가가 사냥을 하던 곳이었다.

백년전쟁 후 자크리의 난을 통해 시민들이 일어서다

350년 동안 직계 혈통이 이어졌던 카페왕조는 14대 왕인 샤를 4세를 끝으로 막을 내렸다(1328년). 그의 아버지인 11대 왕 필리프 4세에게는 세 아들이 있었는데, 이 세 명 모두 왕위를 물려줄 수 있는 아들이 없었기 때문이다. 그리하여 샤를 드 발루아의 장남이 프랑스 왕 필리프 6세가 되었다(재위 1328~1350년). 샤를 드 발루아는 필리프 4세의 남동생이었다. 이때부터 프랑스의 왕조는 발루아왕조가 되었다. 잉글랜드 등과 비교하면 정통성 있는 왕위계승이었기 때문에 카페왕조라고 계속 불렸더라도 이상할 것이 없었다.

그런데 이 왕위 교체 시기에 일어난 사건이 앞 장에서 이야기했던 백년전쟁이었다(1337~1453년). 필리프 4세는 미남왕(le Bel)이라는 별명을 가지고 있을 정도로 인물이 훤칠했다. 그에게는 이자벨이라는 매우 아름다운 딸이 있었다. 잉글랜드 왕 에드워드 2세는 그녀에게 반하여 그녀를 아내로 맞았다. 그리고 두 사람 사이에 에드워드 3세가 태어났다. 이 에드워드 3세가 다음과 같은 이유로 프랑스 왕위 계승권을 주장했다. 그런데 그 주장이 받아들여지지 않았기 때문에 백년전쟁을 일으킨 것이었다. 에드워드 3세의 주장이란 이러했다.

"나는 프랑스 왕 필리프 4세의 손자다. 반면 발루아 왕가의 필리프 6세는 조카다. 내가 더 가까운 혈족이다. 그러니 왕위 계승권은 나에게 있다."

에드워드 3세는 노르만족 가계였다. 노르만족은 여성의 왕위 계승권을 인정하기 때문에 당연히 에드워드 3세의 어머니(이자벨)도 왕위 계승자다. 하지만 프랑스 왕가는 프랑크족인 살리족이다. 그들의 생활 규범인 살리카 법전은 여성의 왕위 계승을 인정하지 않는다. 따라서 카페왕조에서 발루아왕조로 왕위를 넘겨준다는 것은 지극히 당연한 일이었다.

이리하여 양국은 진흙탕 싸움과도 같은 전쟁을 시작했다. 하지만 이것은 귀족들의 싸움이었고, 피해를 떠안는 것은 시민과 농민이었다. 백년전쟁의 전장은 프랑스였다. 논과 밭은 황폐해졌고 수확물이 탈취당했으며 상공업자는 상품을 약탈당했다. 이에 북프랑스에서 농민들과 수공업자들이 반란을 일으켰다. 이것이 바로 자크리Jacquerie의 난이다(1358년). 그 당시 '잭'이 농민의 통칭이었기 때문에 이런 이름이 붙여졌다. 귀족의 횡포에 맞서 파리 시민들도 들고 일어났다. 그 중심에는 에티엔 마르셀이 있었다(1357년). 그는 실질적으로 파리 시장과 동등한 권리 및 자치권을 쥐고 있던 센강의 파리 수상水上 상인 조합장이었다. 그들은 국왕에게 제멋대로인 징세와 정책을 금지해줄 것을 요청했다. 하지만 의견은 받아들여지지 않았고 오히려 탄압을 받았다. 마르셀은 결국 암살되었다.

프랑스를 중앙집권 국가로 강화시킨 샤를 5세

발루아왕조의 3대 왕이 된 샤를 5세는 현명한 왕이라 불렸다(재위 1364~1380년). 백년전쟁 전반에 등장하여 프랑스가 우위에 서도록 이끌었던 군주다. 1356년에 그의 아버지 장John 2세가 잉글랜드에서 대패하고 포로가 된후 섭정을 거쳐 왕위에 올랐다. 그는 국력과 인구 면에서 잉글랜드를 앞서는 프랑스가 질 리가 없다고 믿었기 때문에 전략을 다시 수립했다. 우선 국가의

발루아왕조의 계보

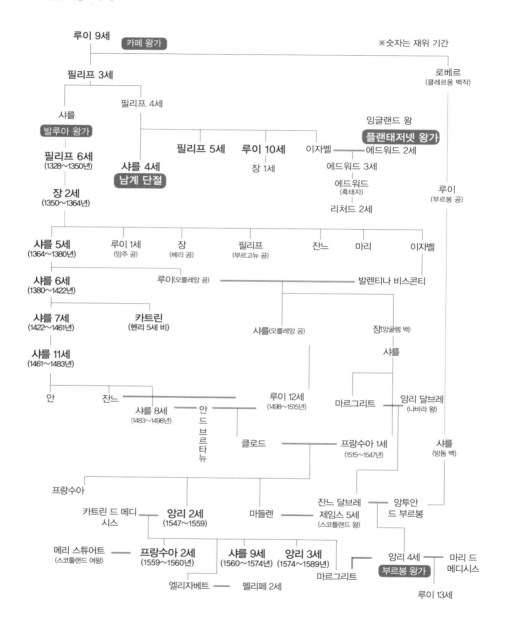

※숫자는 재위 기간

루이 9세 — 카페 왕가

로베르
(클레르몽 백작)

필리프 3세

샤를 — 발루아 왕가

필리프 4세

잉글랜드 왕 — 플랜태저넷 왕가

필리프 6세
(1328~1350년)

샤를 4세
남계 단절

필리프 5세

루이 10세
장 1세

이자벨 — 에드워드 2세

에드워드 3세

루이
(부르봉 공)

장 2세
(1350~1364년)

에드워드
(흑태자)

리처드 2세

샤를 5세
(1364~1380년)

루이 1세
(앙주 공)

장
(베리 공)

필리프
(부르고뉴 공)

잔느

마리

이자벨

샤를 6세
(1380~1422년)

루이(오를레앙 공) — 발렌티나 비스콘티

샤를 7세
(1422~1461년)

카트린
(헨리 5세 비)

샤를(오를레앙 공)

장(앙굴렘 백)

샤를 11세
(1461~1483년)

샤를

안

잔느

샤를 8세
(1483~1498년) — 안 드 브르타뉴

루이 12세
(1498~1515년)

마르그리트

앙리 달브레
(나바라 왕)

샤를
(방돔 백)

클로드 — 프랑수아 1세
(1515~1547년)

프랑수아

카트린 드 메디시스 — 앙리 2세
(1547~1559)

마들렌

잔느 달브레
제임스 5세
(스코틀랜드 왕)

앙투안
드 부르봉

메리 스튜어트
(스코틀랜드 여왕) — 프랑수아 2세
(1559~1560년)

샤를 9세
(1560~1574년)

앙리 3세
(1574~1589년)

앙리 4세 — 마리 드 메디시스
부르봉 왕가

마르그리트

엘리자베트 — 펠리페 2세

루이 13세

재정 기반을 강화하기 위해 세금의 세 가지 축, 즉 인두세, 소비세, 소금세(8세 이상의 모든 사람이 정해진 가격대로 매주 최소량의 소금을 사도록 하는 것)를 확립시켰다.

이 정책은 훌륭한 성공을 거두었기 때문에 그는 훗날 '세금의 아버지'라 불렸다. 또한 중앙집권을 강화함으로써 절대 왕정의 기초라고도 할 수 있는 정치를 펼쳤다. 운 좋게도 뒤 게클랭이라는 명장의 도움을 받기도 하여 군대도 강화시켰다. 바스티유 감옥을 세운 것도, 에티엔 마르셀의 파리 반란을 진압한 것도 샤를 5세였다. 그는 강력한 군주였다.

여담이지만 프랑스에서는 왕태자를 '프린스 오브 돌핀'이라고 부른다. 이 명칭은 백년전쟁 초기에 발루아왕조 초대 왕인 필리프 6세가 패전을 거듭하는 상황 속에서, 당시 독일로부터 빼앗은 남프랑스의 도피네Dauphiné 지방을 훗날 왕태자가 될 손자 샤를 5세에게 주었던 것에서 유래했다. 이후 프랑스 왕태자는 도피네 지방의 이름에서 따와 도팽Dauphin이라 불리게 되었다. 도팽은 돌핀, 즉 돌고래를 말한다. 휘장에는 두 마리의 돌고래가 그려져 있다. 샤를 5세는 도팽이라 불린 최초의 왕태자였다.

한편, 잉글랜드에서는 지금도 왕태자를 프린스 오브 웨일스라고 부른다. 이것은 웨일스를 점거한 플랜태저넷왕조의 에드워드 1세(재위 1272~1307년)가 웨일스 사람들을 회유하기 위해 임신한 왕비를 웨일스로 데리고 갔고, 그곳에서 태어난 장남을 프린스 오브 웨일스라고 부른 것에서 시작되었다. '잉글랜드의 군주가 되는 사람은 웨일스에서 태어난 사람이다.' 이러한 태도를 취함으로써 웨일스 사람들의 마음을 달랜 것이다.

이처럼 왕태자를 돌고래라고 부른 프랑스와 정치적인 배려가 느껴지는 잉글랜드의 작명 배경은 흥미로운 대조를 보이고 있다.

프랑수아 1세가 루브르 궁전을 짓기 시작하다

오랫동안 계속된 백년전쟁 기간 중 '세금의 아버지'라 불린 프랑스 왕 샤를 5세가 승리한 후에는 한동안 평화가 이어졌다. 하지만 샤를 5세의 뒤를 이은 샤를 6세에게서 정신 질환의 징후가 나타나자 이를 빌미로 왕권을 둘러싼 치열한 다툼이 벌어졌다. 이에 왕족인 부르고뉴 공公이 개입하면서 프랑스의 집안싸움은 일촉즉발의 상태가 되었다. 이 부분도 앞 장에서 언급한 내용과 중복되는데, 잉글랜드 왕인 헨리 5세는 부르고뉴 공公과 손을 맞잡고 백년전쟁을 재개했고 승리한 뒤 파리를 통치했다. 하지만 그로부터 2년 후에 병으로 숨을 거뒀다.

결국 백년전쟁은 잔 다르크의 활약에 힘입어 프랑스가 승리를 거두었고 잉글랜드는 대륙에서 철수했다(1453년). 발루아왕조에서는 샤를 6세와 헨리 5세의 트루아 조약1420년 5월, 백년전쟁이 한창일 때 헨리 5세와 샤를 6세가 체결한 조약. 샤를 7세를 왕위 계승권에서 제외시킨다는 내용이 포함되어 있다에 따라 배척되었던 왕태자가 샤를 7세가 되어 왕위를 계승했다. 그로부터 54년이 지난 후 9대 왕인 프랑수아 1세가 등장한다(재위 1515~1547년).

프랑수아 1세는 긍지가 드높은 프랑스 왕이었다. 그렇기 때문에 유럽의 패자霸者는 프랑스여야 한다고 생각했다. 그는 당시 문화적으로 두드러진 발전을 보였던 이탈리아에 집착했다. 그의 증조부의 부인이 밀라노 공公 비스콘티가Visconti家의 피를 이어받았다는 이유로 밀라노 공公 계승권을 주장하며 밀라노를 점령했다. 그리고 그때 밀라노에 있던 천재 레오나르도 다빈치를 데리고 돌아왔다. 다빈치의 거처는 클로뤼세 성(르 클로 뤼세Le Clos Lucé)에 마련되었다. 이 성은 프랑수아 1세의 거성 앙부아즈 성(루아르주) 가까이에 있었다. 다빈치는 이곳에서 말년을 보냈다(1519년 사망). 그리고 프랑스에 〈모나리자〉를 남겼다.

프랑수아 1세에게는 그야말로 철천지원수가 있었다. 합스부르크 왕가의 카를 5세였다. 그는 오스트리아, 독일, 플랑드르Flandre 지방(현재 네덜란드)을 포함해 스페인까지도 지배하는 군주였다. 프랑스 측에서 보면 스위스를 제외하고 국경과 접한 육지가 죄다 카를 5세의 지배하에 있었던 것이다. 심지어 카를 5세는 오스트리아 남쪽에 있는 이탈리아 지배에도 강한 의욕을 보이고 있었다.

프랑수아 1세는 밀라노를 기지로 삼고 이탈리아 전장에서 카를 5세의 군대와 수차례 맞붙었다. 이렇게 지겹도록 전쟁을 했던 프랑수아 1세는 파리를 사랑하는 군주이기도 했다. 그는 샤를 5세가 지은 루브르 성새를 궁전으로 개조하는 공사를 시작했다. 루브르 궁전은 그가 죽은 후 수많은 군주들의 손을 거쳐 나폴레옹 3세 때 완공되었다. 그 대략적인 토대를 갖춘 사람이 프랑수아 1세였다.

생바르텔레미 학살 등을 계기로 발루아왕조가 끝나고 부르봉왕조가 시작되다

프랑수아 1세가 죽은 후 그의 차남인 앙리 2세가 프랑스의 왕이 되었다(재위 1547~1559년). 앙리 2세의 부인은 피렌체의 메디치 가문 출신인 카트린 드 메디시스였다.

당시 프랑스에서는 칼뱅파 개신교도들이 급증하여 로마 교회파와 눈에 띄게 대립하기 시작했다. 로마 교회파는 칼뱅파를 위그노Huguenot라고 불렀다. 이 호칭에는 멸시하는 뉘앙스가 들어 있었다. 앙리 2세가 마상 창 시합에서 사고사한 후 왕태후가 된 카트린 드 메디시스는 어린 아들 프랑수아 2세(즉위한 지 1년 만에 사망), 샤를 9세(재위 1560~1574년)를 국왕으로 세우고 섭정을 통해 국정을 다스렸다. 그녀는 로마 교회파와 위그노의 대립을 우려하고 화해를 중재하려 했지만 받아들여지지 않았고, 위그노 사람들이 기즈Guise 公의 군대에 의해 살해당하는 사건(바시의 학살)이 일어났다(1562년). 이 사건이 일어난 후 프랑스는 40년에 가까운 시간 동안 위그노전쟁에 휘말리게 되었다.

카트린은 전쟁 상태를 해결하기 위해 딸인 마르그리트(마르고)를 위그노 세력의 지도자였던 부르봉 왕가의 나바라 왕 앙리와 결혼하게 했다. 그 결혼식 때문에 파리에는 위그노와 로마 교회파 사람들이 많이 모여 들었다. 하지만 결혼식이 끝나고 수일이 지난 후인 1572년 8월 24일, 생바르텔레미 축일에 로마 교회파가 파리에서 수천 명의 위그노들을 살해했다. 이 생바르텔레미 학살로 인해 위그노전쟁은 진흙탕 싸움이 되었다.

이 싸움은 '세 앙리의 전쟁'이라 불렸다.

세 앙리는 위그노파인 부르봉 왕가의 나바라 왕 앙리, 프랑스 왕 앙리 3세(샤를 9세의 남동생), 그리고 로마 교회파의 명문 귀족 기즈 공公 앙리를 지칭한다. 이 세 사람의 전쟁에서는 프랑스 왕 앙리 3세가 기즈 공公 앙리를 암살했지만 그 또한 기즈 공公 일파에게 암살되었다. 그리고 남은 위그노파인 부르봉 왕가의 나바라 왕 앙리가 프랑스 왕위를 이어받았고, 부르봉왕조의 초대 왕 앙리 4세가 되었다(재위 1589~1610년).

발루아왕조는 앙리 2세와 카트린 드 메디시스 사이에서 태어난 세 왕자에게서 대를 이을 자식이 태어나지 않아 혈통이 끊겨버렸다. 이 대목은 기이하게도 카페왕조에서 필리프 4세의 세 왕자에게 후사가 태어나지 않아 대가 끊긴 것과 흡사하다.

카트린 드 메디시스와 앙리 4세가 파리에 남긴 것

카트린 드 메디시스는 피렌체 명문 중의 명문인 메디치 가문의 로렌초Lorenzo 직계 혈통으로 마지막 증손에 해당하는 여성이었다. 카트린 드 메디시스의 먼 친척이었던 로마 교황 클레멘스 7세는, 그녀가 맛있는 식사를 할 수 있도록 이탈리아 최고의 요리사를 그녀와 함께 파리에 보냈다. 당시 유럽에서 최고의 문화를 자랑하던 이탈리아에서 벽촌이었던 파리로 시집간 그녀를 위해서였다.

당시 프랑스는 궁정에서도 식사 시간이면 테이블 앞에 놓인 기다란 의자에 나란히 앉아 요리를 손으로 집어 먹었다. 고기는 단도로 잘라 먹었다. 하지만 같은 시기에 이탈리아 궁정에서는 이미 나이프와 포크를 사용했고, 모든 사람이 각자의 의자에 앉아 식사를 했다.

이런 이탈리아의 문화는 이슬람문화권인 바그다드 궁정에서 시리아를 거쳐 이탈리아의 도시 귀족들에게 전해졌고, 그들의 식사 예절로 자리 잡은 것이다. 그리고 카트린의 요리사들을 통해 훗날 세계적인 명성을 얻게 되는 프랑스 요리가 탄생했다.

부르봉왕조의 초대 왕이 된 앙리 4세는 지금의 센강에 걸려 있는 가장 오래된 다리 퐁네프Pont Neuf를 만들었다. 퐁은 '다리', 네프는 '새로운'이라는 뜻으로, 당시에는 이 다리가 가장 새로운 다리였다. 새롭다는 수식이 붙은 이유는, 이 다리가 그 시대에는 좀처럼 보기 힘든 타입의 다리였기 때문이다. 당시 큰 다리는 그 위에 주택이 줄지어 들어서는 것이 일반적이었다. 지금도 이탈리아 피렌체의 아르노강에 내걸린 베키오 다리에 가면 그런 모습을 볼 수 있다. 그에 비해 퐁네프 위에는 집이 한 채도 없다. 오로지 사람이 건너기 위한 목적으로만 지어진 최초의 다리가 바로 퐁네프였던 것이다. 다리 위는 사람들이 대화를 나누는 곳이 되기도 했다.

또한 물리적인 형태로 남은 것은 아니지만, 앙리 4세가 파리에서 세운 가장 큰 업적으로 낭트칙령을 공포한 것을 들 수 있다(1598년). 피로 피를 씻어낸 위그노전쟁이 끝난 후, 프랑스 왕이 된 그는 파리와 프랑스에서는 로마 교회파가 주류라는 현실을 직시했다. 그리고 자신이 개신교라는 점이 또다시 종교전쟁의 빌미가 될 수 있다고 우려한 끝에 로마 교회로 개종해버렸다. 그와 동시에 낭트칙령을 공포했다.

이 칙령은 로마 교회를 프랑스의 국가적인 종교로 인정함과 동시에, 개신교 측에도 로마 교회와 동등한 종교적 권리를 인정한다는 내용이었다. 이 칙령을 계기로 프랑스에서 로마 교회와 개신교의 대립은 해소되는 양상을 띠었고, 40년 가까이 계속되었던 위그노전쟁도 막을 내렸다. 그리고 이 소식이 유럽 전역에 퍼지자 현명하고 부지런한 칼뱅파 개신교도들이 파리에 모여들었다. 이내 파리는 상인과 수공업자들이 활약하는 도시가 되어 활기를 띠기 시작했다. 훗날 루이 14세가 낭트칙령을 폐지하자 그들은 실의에 빠져서 파리를 떠나버렸다. 뛰어난 시계 장인들이 스위스로 넘어가서 그곳에서 시계 산업을 일으킨 것도 이때의 일이었다.

앙리 4세는 지금도 여전히 프랑스에서 인기 있는 왕이다. 역사상 원수元首들의 인기투표를 하면 1위가 샤를 드골, 2위가 황제 나폴레옹 1세, 3위가 앙리 4세인데 이 순위는 좀처럼 바뀌는 법이 없다고 한다.

앙리 4세의 마지막 부인은 메디치 가문 출신인 마리 드 메디시스였다. 그녀가 고향인 피렌체를 그리워하며 세운 궁전과 정원이, 센강 왼쪽 강변에 남아 있는 뤽상부르 궁전과 공원이다. 궁전은 현재 프랑스 의회 상원으로 쓰이고 있으며 공원은 파리에서도 가장 아름다운 공원 중 하나로 정평이 나 있다. 그녀와 앙리 4세의 아들이 루이 13세다. 그의 치세 시절 재상이자 추기경이었던 지략가 리슐리외가 루브르 궁전 북쪽에 저택을 세웠는데, 그가 죽은 후 왕가에 기증되면서 '왕궁'을 뜻하는 팔레 루아얄Palais Royal이라 불리게 되었다.

루이 14세의 등장, 프랑스혁명, 그리고 나폴레옹

루이 13세가 사망하고 루이 14세가 뒤를 이었을 때(재위 1643~1715년) 그는 겨우 다섯 살이었다. 이럴 때는 후계 문제를 둘러싸고 집안싸움이 일어나기 십상이지만 루이 13세의 재상이었던 리슐리외는 자신이 세상을 떠나기 전에 다음 재상이 될 인물을 지명하여 혼란을 막으려 했다. 그런데 그 인물인 마자랭은 이탈리아인이었을 뿐만 아니라 리슐리외와 마찬가지로 로마 교회의 추기경이었기 때문에 프랑스 귀족들의 반발이 만만치 않았다. 자존심이 상하기도 하고, 어린 루이 14세를 이용하려던 속셈이 어긋나기도 했기 때문이다. 결국 그들은 반란을 일으켰고 루이 14세는 한때 파리에서 쫓겨났다. 이것이 프랑스 귀족의 마지막 반란이라 불린 '프롱드의 난'이다 (1648~1653년).

이 난을 평정한 후 프랑스는 루이 14세가 군림하는 시대를 맞이한다. 그는 베르사유 궁전을 짓고 수도를 다른 곳으로 옮겼다. 하지만 그가 위대한 프랑스를 추구하며 패권 전쟁을 잇달아 일으키는 바람에 프랑스는 피폐해졌다. 이것이 도화선이 되어 프랑스혁명이 일어났고(1789년), 왕정이 무너진 뒤 제1공화정이 성립되었다(1792년). 하지만 혁명력 테르미도르Thermidor, 프랑스혁명력 중 11번째 달 9일에 일어난 반란으로 인해 공화정은 1794년에 해체되었

마들렌 교회

파리 8구에 있는 성녀 막달라 마리아를 수호성인으로 모시는 로마 교회. 내부는 천장이 높고, 외관만 보았을 때는 상상하기 힘든 장엄한 분위기의 교회다운 공간이 펼쳐져 있다.

다. 그리고 나폴레옹 1세 시대(제1제정)가 시작되었다. 나폴레옹이 세력을 잃고 지위에서 물러나기까지 일어났던 수많은 사건들은 서양사에서도 중요하게 다뤄지지만, 여기에서는 마들렌 교회의 에피소드만 언급하겠다.

마들렌 교회는 콩코르드Concorde 광장의 북쪽, 파리 한복판에 있다. 마들렌이란 성녀 막달라 마리아를 가리키는 말이다. 이 교회는 부르봉왕조 말기에 지어지기 시작했는데 프랑스혁명이 일어나 공사가 중단되었다. 황제가 된 나폴레옹은 공사가 중단된 마들렌 교회를 보고 "우리 대륙군의 영광을 상징할 수 있는 대궁전으로 지어라"고 명령했다. 언뜻 보면 교회라고 생각되지 않는 파르테논 신전 같은 건축물이 된 것은 그러한 이유 때문이다. 하지만 나폴레옹이 물러난 후에는 다시 교회가 되었다. 그래서 내부는 전통적인 교회의 모습을 갖추고 있고 훌륭한 미술품과 조각들로 장식되어 있다.

에투알 개선문을 완성시킨 루이 필리프 왕의 치세

프랑스혁명과 나폴레옹의 몰락 이후, 유럽 국가들은 빈에 모여 유럽 질서를 회복하기 위한 회의를 열었고(1814~1815년, 빈 회의) 모든 것을 프랑스혁명 전으로 돌리자는(정통주의) 빈 체제가 탄생했다. 그 결과 프랑스에서는 부르봉왕조가 부활했다. 하지만 왕위에 오른 루이 18세와 그 뒤를 이은 남동생 샤를 10세의 반동적인 정책이 시민들의 불만을 고조시킨 탓에 파리 시민을 중심으로 7월혁명(1830년)이 일어났다. 샤를 10세는 추방되었고 오를레앙 가문의 루이 필리프가 새로운 왕조를 열었다(1830~1848년).

오를레앙 가문은 루이 14세의 남동생 계통이다. 그런데 루이 필리프의 아버지는 프랑스혁명으로 몰락한 부르봉가家의 루이 16세가 사형에 처해지는 것을 용인한 자유인이었다. 루이 필리프 역시 자유를 사랑했는데, 에투알 광장(현재의 드골 광장)의 개선문은 그의 치세 시절에 완공되었다. 무척이나 유명한 이 개선문은 원래 나폴레옹이 샹젤리제 거리가 있는 에투알 광장에 '승리자의 문'으로서 건설할 것을 명령했지만 1836년 루이 필리프 손에서 완성된 것이다. 그리고 센강 왼쪽 강변에는 앵발리드Invalides라 불리는 건물이 있다. 루이 14세가 부상병 수용 시설로 지었기 때문에 '폐병원廢兵院'으로 번역된다.

1821년에 남대서양의 세인트헬레나섬에서 사망한 나폴레옹은 "내가 사랑하는 프랑스 국민에게 둘러싸여 센강에서 쉴 수 있기를 바란다"는 유언을 남겼다. 그 유언을 루이 필리프가 이루어준 것이다.

1840년 12월, 나폴레옹의 시신은 개선문을 지나 샹젤리제 거리를 거쳐 앵발리드 지하실에 안치되었다. 엄동설한의 날씨에도 샹젤리제 거리에는 10만 명에 가까운 사람들이 모여 영웅의 관을 배웅했다고 한다.

프랑스는 7월혁명을 거치며 부르봉왕조에서 루이 필리프를 옹립한 입헌군주국(7월 왕정)이 되었는데, 시민의 권리를 주장하는 목소리가 더욱 높아지면서 보통선거를 실시할 것을 요구했다. 이 운동은 점점 거세졌고 마침내 1848년에 2월혁명이 일어나 루이 필리프가 퇴위하면서 프랑스는 제2공화정 시대로 접어들었다.

나폴레옹 1세

제1제정 황제. 자유·평등·박애의 이념을 내걸고 국민국가를 표방한 군사력으로 유럽을 석권한 프랑스의 영웅이다.

프랑스에서 시작된 2월혁명은 독일과 오스트리아에도 영향을 끼쳐 독일어권 3월혁명이 일어났다. 이 두 국가에는 군주제가 남기는 했지만 권한이 대폭적으로 축소되었다. 혁명이 일어났던 1848년은 훗날 '유럽혁명의 해'라고 불리게 되었다.

같은 해 유럽 각국에서 일어난 정변으로 인해 빈 체제는 실질적으로 소멸되었다. 바꿔 말하면 왕정 타도를 외친 프랑스혁명은 1848년 혁명을 통해 비로소 성공했던 것이다. 국민국가(네이션 스테이트)의 시대는 이렇게 시작되었다.

나폴레옹 3세 시대 파리에서 특필할 만한 두 가지 사건

1. 오스만이 주도한 파리 개조 계획

1848년에 일어난 2월혁명에서 공화정으로 탈바꿈한 프랑스는 같은 해 12월, 세계 최초로 남자 보통선거를 실시했다. 그 결과 나폴레옹 1세의 조카인 루이 나폴레옹이 대통령에 취임했다. 그는 프랑스 국민들에게서 위대한 영웅의 향수를 불러일으키며 엄청난 인기를 끌었다. 그는 그 인기를 이용하여 쿠데타를 일으켜 공화정 체제를 붕괴시키고 국민투표를 통해 황제 나폴레옹 3세가 되었다(재위 1852~1870년). 제2제정이 탄생한 것이다.

나폴레옹 3세는 병적인 여성 편력의 소유자였다. 그리고 숙부 나폴레옹 1세의 철천지원수였던 영국에 호의를 표시하거나 군주제와 공상적 사회주의의 양립을 진지하게 생각하는 등 종잡을 수 없는 성격의 소유자이기도 했다. 하지만 부국강병을 위해 적극적으로 산업혁명을 추진했으며 파리를 풍요롭고 아름다운 도시로 만들고자 온 힘을 쏟았다. 그는 금융업을 발전시켰으며 세계 최초의 백화점 봉 마르셰Bon Marché를 개점했다. 뿐만 아니라 중세 분위기를 물씬 풍기는 구불구불한 골목길이 많았던 파리를 근대적인 도시로 개조하는 계획에 착수했다. 그 도시계획을 위해 나폴레옹 3세는 민완한 행정 관료였던 오스만을 당시 파리를 포함한 센주의 지사로 임명했고, 17년에 걸친 파리 개조 계획을 전면적으로 맡겼다.

오스만은 파리에 동쪽에서 서쪽, 북쪽에서 남쪽으로 뻗어 나가는 가로수가 있는 도로를 건설했다. 에투알 광장의 개선문을 중심으로 사방팔방으로 뻗어 나가는 도로가 그 전형적인 사례다. 그중에서도 개선문에서 일직선으로 콩코르드 광장을 빠져나가 루브르 궁전 정문까지 이어지는 널찍한 도로가 단연 압권이라 할 수 있다. 그 길이 바로 샹젤리제 거리다. 이 직선은 훗날 파리 역사의 축이 되었다. 게다가 오스만은 시가지의 건물 높이를 일정하게 정하고 벽면의 색조와 입구의 형태도 모두 통일했다. 오페라좌(지금의 팔레 가르니에Palais Garnier)와 파리 시청도 이때 지어졌다. 가스등燈으로 거리에 불을 밝히고 상하수도를 정비한 것도 그의 업적이다.

파리는 오스만의 손을 통해 다시 태어났다. 오늘날 파리의 아름다운 모습은 그때부터 갖추게 된 것이다. 또한 프랑스 와인(보르도 와인)의 등급을 매기기 시작한 것도 나폴레옹 3세였다(1855년, 파리 최초의 만국박람회).

2. 프로이센에 패배, 파리 코뮌 정권 수립

파리의 도시계획에 지대한 공헌을 한 나폴레옹 3세였지만, 프로이센의 철혈 재상鐵血宰相, '이 시대의 문제는 철과 피로만 해결할 수 있다'는 연설을 하고 실제 그런 정책을 밀어 붙였기에 '철혈 재상'이라 불렸다 비스마르크의 도발에 넘어가 프로이센·프랑스전쟁(1870~1871년)을 일으킨 뒤 대패하고 말았다.

파리는 프로이센군에 포위되었고 시민들은 총을 들고 파리 방어전에서 싸웠다. 하지만 결국 프로이센에 항복하면서 제2제정이 무너지고 제3공화정이 들어섰다. 이 굴욕적인 항복에 반대하던 파리 시민들은 계속해서 대항했고, 세계 최초로 노동자 계급 정부인 파리 코뮌Commune de Paris이 수립되었다. 파리 코뮌 정부는 약 2개월 동안 존재했지만 제3공화정 정부와 프로이센 연합군에 의해 제압되었다(1871년).

파리 코뮌이 세워졌을 때, 거의 같은 시기에 마르세유와 리옹 등 일곱 개의 도시에서도 코뮌이 수립되었으나 모두 다 진압되었다. 단, 정교분리政敎分離 및 무상 의무 교육 등 훌륭한 정책들은 제3공화정까지 이어졌다(여성의 참정권은 1893년 뉴질랜드로 이어졌다).

프랑스혁명으로부터 100년 후, 파리는 벨에포크로

프로이센 · 프랑스전쟁에서 패배한 프랑스는 비옥한 지역인 알자스로렌 지역을 프로이센에 내주고 거액의 배상금을 지불해야 했다. 하지만 19세기 후반, 프랑스에서는 나폴레옹 3세가 주도한 산업혁명이 결실을 보았고 덕분에 충분한 경제력을 갖추게 되었다. 그 결과 2년 만에 배상금을 완납할 수 있었다.

프랑스는 1889년 프랑스혁명 100주년을 기념하여 파리에서 네 번째 세계만국박람회를 개최했다. 이 해에 에펠탑이 센강 왼쪽에 세워졌다. 구스타브 에펠이 설계한 이 철제 탑은 완성 당시 모파상 등 문화인으로부터 '추악한 탑'이라는 비난을 집중적으로 받았다고 한다. 하지만 만국박람회가 개최되자 전 세계 사람들이 몰려들어 엄청난 인기를 끌었다.

파리는 1900년에 올림픽을 열었으며 동시에 다섯 번째 세계만국박람회도 개최했다. 그에 맞추어 메트로(지하철)도 개통했다. 또한 센강 왼쪽 기슭에 새롭게 오르세역도 세웠다. 이 오르세역은 '미술관 같은 멋진 역'이라는 호평을 받았는데 훗날 정말 미술관이 되어버렸다.

파리는 19세기 말에서부터 제1차 세계대전이 발발한 1914년까지 '벨에포크(아름다운 시대)'라고 불렸다. 프랑스혁명을 통해 세계 최초로 군주가 없어진 도시. 시민의 손으로 코뮌을 세우고 침략군과 싸우며 피를 흘린 도시.

파리에는 뜨거운 자유의 숨결이 세차게 타올랐던 것이다. 나폴레옹 3세와 오스만의 합리적이면서도 아름다운 도시계획 또한 빛을 발하기 시작했다. 세월이 흐르며 성장한 가로수의 초록, 그리고 일정한 높이·색채·형태를 갖춘 건물들이 어우러져 만들어내는 음영과 색조는 도시의 새로운 아름다움을 창조했다.

전 세계의 예술가들은 새로운 시대를 꿈꾸며 이 매력적인 도시로 모여들었다. 멀리 떨어진 일본의 마에바시시에서 시인 하기와라 사쿠타로는 파리를 향한 뜨거운 마음을 이렇게 표현했다.

'프랑스에 가고 싶다고는 생각해도 / 프랑스는 너무나 멀어 / 하다못해 새 양복을 입고라도 / 발길 닿는 대로 여행길에 나서 보자'

파리를 불태우라는 히틀러의 명령을 거부한 독일 장군

제1차 세계대전은 1914년에 시작되어 1918년에 끝났고 제2차 세계대전은 1939년에 발발하여 1945년에 막을 내렸다. 이 두 차례에 걸친 세계대전에서 프랑스는 승전국이 되었지만 국력은 쇠퇴했다.

대량살상무기의 대부분은 이 두 세계대전 때 등장했다. 특히 제2차 세계대전은 비행기의 발달로 인해 공습 피해가 막대했다. 이 때문에 유럽의 주요 도시들은 거의 궤멸 상태가 되었다. 하지만 파리는 공습을 면했다.

제2차 세계대전은 나치 독일이 폴란드 침공을 하면서 시작되었는데, 프랑스가 패배하면서 눈 깜짝할 사이에 독일군이 프랑스를 점령해버렸다. 프랑스에서는 중부 비시vichy에 대독對獨 협력 정권이 수립되는 한편, 샤를 드골 장군이 런던에 거점을 두고 대독 해방 운동인 '자유 프랑스'를 주도하기도 했다. 파리에서는 그를 따르는 시민들이 레지스탕스 운동을 계속하고 있었다. 이 때문에 노르망디 상륙 작전의 성공으로 우위를 점했던 영국도 파리에 있는 독일군을 공습하기를 꺼렸다. 파리의 귀중한 문화유산은 이렇게 공습의 위험을 피할 수 있게 된 것이다.

전쟁이 불리하게 돌아가고 결국 파리에서 철수할 수밖에 없게 되자 히틀러는 독일군 파리 방위사령관이었던 디트리히 폰 콜티츠 장군에게 명령을 내렸다.

"파리 전역에 폭탄을 설치하여 잔해 더미로 만든 후에 철수하라."

하지만 도저히 이 아름다운 도시를 파괴할 수 없었던 콜티츠 장군은 파리에 아무 상흔도 남기지 않은 채 연합군에 투항했다.

훗날 제작된 〈파리는 불타고 있는가〉(1966년, 미국·프랑스 합작 영화)라는 영화 속에는 콜티츠를 비롯한 모든 독일군이 떠난 후, 독일군 방위사령관실에 비스듬하게 놓인 수화기 너머에서 히틀러가 몇 번이고 악을 쓰는 장면이 나온다. "파리는 불타고 있는가? 파리는 불타고 있느냔 말이다!"

그 방은 나치 독일군이 실제 파리 사령부로 사용했던 호텔 무리스의 스위트룸이었다.

훌륭한 도시계획의 구상력을 파리에서 발휘한 세 명의 프랑스 대통령

제2차 세계대전 후 프랑스에는 제4공화정 정부가 수립되었지만, 다당제의 영향으로 정국이 불안정하여 내각도 자주 바뀌었다. 결국 1958년 5월, 알제리에서 프랑스군이 쿠데타를 일으켰고 제2차 세계대전의 영웅인 샤를 드골이 모든 권한을 넘겨받았다(1958년). 드골은 뛰어난 수완을 발휘하여 쿠데타를 진정시켰고, 국민투표를 통해 새로운 헌법을 제정하여 제5공화정을 발족시켰다.

제5공화정의 대통령이 된 드골은 막대한 권력을 행사하며 프랑스 정국을 안정시키고 알제리 독립도 인정했다. 프랑스의 강대화와 번영을 위해 수많은 정치적 업적을 남긴 드골은 파리를 위해서도 훌륭한 일들을 했다.

1. 드골 대통령—라데팡스 계획을 입안하고 새 개선문을 건설하다

에투알 광장의 개선문은 나폴레옹 1세가 건설을 명령한 후 7월 왕정의 루이 필리프 때 완공되었다. 하지만 나폴레옹은 또 하나의 개선문을 만들었다. 그것은 루브르 궁전 정문에 있는 카루젤 개선문이었다. 에투알 광장의 개선문의 높이는 50미터인데, 카루젤 개선문의 높이는 19미터였다. 규모는 조금 작지만 수려한 개선문이었다. 오스만의 파리 개조 계획은 에투알 광장의 개선문, 콩코르드 광장, 카루젤 개선문, 그리고 루브르 궁전을 일직선의 도로(파리 역사축)로 묶는 것이었다. 높이 50미터의 개선문 위에 서서 동쪽을 바라보면 그 역사적인 기록들을 한눈에 담을 수 있도록 한 것이다.

드골은 오스만의 파리 개조 계획과 결부된 새로운 파리 개조 계획을 고안했다. 그 계획은 라데팡스La Defense라고 불렸다. 개조 계획의 대상인 지역에, 프로이센 · 프랑스전쟁 당시 파리 방어전(데팡스)을 기린 기념비가 있었기 때문이다. 그 지역은 파리의 서북부로 구불거리며 나아가는 센강을 건너는 지점에 있다.

드골의 구상은 오스만의 '파리 역사축' 위에 새로운 개선문을 만들고 그 광장 서쪽에 고층 빌딩 거리를 건설하는 것이었다. 드골은 1200년대에 요새로 탄생한 루브르 궁전에서 끝났던 파리 역사축을 현대 건축물까지 연장시킴으로써 파리의 영광과 긍지를, 나아가서는 프랑스의 긍지를 형태화시키고 싶었을 것이다.

2. 퐁피두 대통령—현대 예술의 거점을 센강 오른쪽에 건설하다

1968년 5월, 파리 학생들이 정부의 대학 개혁안에 항의한 것이 발단이 되어 전국적인 정치 운동이 일어났다(5월혁명). 이를 계기로 드골이 퇴임한 후 퐁피두가 대통령이 되었다(1969년). 파리의 예술계를 사랑했던 그는 제2차 세계대전 후 세계 예술의 중심이 뉴욕으로 쏠리는 현실을 우려했다.

그는 파리의 중심지, 센강 오른쪽 강변에 다양한 현대 예술을 한자리에 모은 일대 예술 센터를 창설했다. 그것이 바로 퐁피두 센터다(1977년 개관). 노출된 파이프와 유리면으로 구성된, 짓다 만 것 같은 형태를 띠는 이 건물에는 현대 미술과 음악·댄스·영화 등 제1차 세계대전 후의 예술적 성과가 모였다. 지금도 그 작품군은 계속해서 늘고 있다. 전 세계에서 이곳을 찾는 사람들도 꾸준히 늘고 있다.

3. 미테랑 대통령—대개조 계획이 파리에 남긴 수많은 과실

1981년에 프랑스 대통령이 된 프랑수아 미테랑은 1983년에서 1989년에 걸쳐 대규모 파리 개조 계획을 추진했다. 1989년은 프랑스혁명 200주년에 해당하는 해였다.

그해, 드골이 구상한 새로운 개선문 '그랑드 아르슈Grande Arche'가 완공되었다. 그랑드 아르슈는 '커다란 문'이라는 뜻이다. 높이 110미터에 달하는 거대한 유리와 하얀 대리석으로 된 문이었다. 이 문 위에 올라 서쪽을 바라보면 마치 뉴욕을 보는 것 같은 초고층 빌딩 숲을 볼 수 있다. 시간의 흐름이 멈춘 것만 같은 '파리 역사축'의 경관이다.

이 외의 업적으로는 루브르 박물관을 완공시켰다는 것을 들 수 있다. 루브르 궁전은 루이 14세가 베르사유 궁전으로 옮길 때까지는 왕궁이었지만 그 후에는 왕실의 미술품을 저장하고 관리하는 곳으로 사용되었으며 프랑스혁명 후에 국립 박물관이 되었었다. 하지만 재무부는 여전히 궁전 내에 남아 있는 상태였다. 미테랑은 이 재무부를 이전하여 루브르 궁전을 완전한 박물관으로 완성시켰다. 그리고 박물관 입구에 유리로 된 피라미드를 건설했다. 이 참신한 피라미드는 아름다운 오브제임과 동시에, 좁디좁은 입구에 줄지어 있던 방문객들의 행렬을 대폭적으로 완화시키는 새로운 입구가 되어주었다.

미테랑은 오르세 미술관도 만들었다. 원래 역사^{驛舍}였던 터라 훤히 뚫려 있던 구조를 그럴싸하게 활용한 것이다. 미테랑은 오르세 미술관에 새로운 역할을 부여했다. 그는 이 미술관에 1848년 유럽혁명에서부터 제1차 세계 대전이 발발한 1914년까지의 예술 작품만을 전시하게 했다. 벨에포크라 불린 시대 때 인상파에서부터 후기 인상파로 대표되는 수많은 작품이 루브르 박물관 등 다른 미술관에서 이곳으로 옮겨졌다.

한편, 미테랑은 루브르에 진열할 미술품을 1848년 이전의 작품만으로 한정했다. 1848년 이전의 프랑스는 군주제도였으니, 루브르 박물관은 군주가 있던 시대의 예술품만을 소장하게 된 것이다. 그리고 제1차 세계대전 이후의 예술 작품은 모두 퐁피두 센터에 모았다.

프랑스인답게 너무나도 세련되고 훌륭하게 정리한 예술 작품들은 파리를 찾는 사람들의 가슴을 설레게 한다. 뿐만 아니라 그는 1989년 바스티유 광장에 '바스티유 오페라 극장'을 건설했다. 옛날의 감옥이 있었던 광장에 세워진 무척이나 모던한 건축물인 이 오페라 하우스는 오스만 시대에 세워진 호화찬란한 오페라좌(팔레 가르니에)와 대조적인 분위기를 풍긴다.

4. 어떻게 파리는 아름다운 도시가 되었는가

세 명의 대통령은 오스만이 구축한 파리의 기본 설계를 거의 망가뜨리지 않고 오히려 더 살리는 방향으로 업적을 남겼다.

파리는 지금도 세계에서 가장 인기 있는 도시다. 전 세계에서 방문한 많은 관광객으로 언제나 북적인다. 프랑스 역사에 등장하는 많은 유명인이 만든 건물·공원이 온전한 모습을 갖추고 있는 보기 드문 도시이기도 하다. 제각 각의 역사 속 인물들이 '우리 파리'를 사랑했던 결과가 구체적으로 남아 있다는 생각이 든다. 그리고 그 대표적인 사례가 나폴레옹 3세와 오스만의 도시계획으로 구상된 도로와 건물 들이다. 파리는 히틀러의 공격도 피했다. 그리고 드골, 퐁피두, 미테랑의 새로운 성과까지 더해져 지금의 파리가 완성된 것이다.

생각해보면 파리의 행운은 강한 권력자가 나타나서 도시계획을 강단 있게 추진한 것에서 시작되었다. 현실적으로 사람이 살고 있는 지역을 대대적으로 당장 개혁하려면 주민들이 주장할 각양각색의 의견을 허용하지 않는 강력한 권력이 필요하다.

예를 들어 옛날부터 시민의 도시였던 런던에서는 무슨 일이든 다 의회에서 정했다. 그러니 도시 전체를 하나의 이상理想으로 개혁한다는 발상은 좀처럼 할 수 없었다. 해당 지역에 사는 주민들의 이해관계가 얽혀 있기 때문이다. 7세기에 완성되어 런던시의 상징적인 존재가 된 세인트 폴 대성당이, 어디서든 보일 수 있도록 배려하는 정도의 도시계획에 그친 건 상징하는 바가 크다.

생루이섬의 작은 호텔과 센강에서 올려다보는 파리의 풍경

파리는 프랑스혁명을 통해 세계 최초의 공화국 수도가 되었다. 프랑스혁명 당시 왕실이 무너지면서 일자리를 잃게 된 궁정 요리사들이 파리 시내에서 레스토랑을 개점한 것이, 파리를 미식의 도시로 만들었다. 또한 왕실과 귀족의 의상을 디자인하던 사람들도 파리 시내에 피팅 숍을 낼 수밖에 없게 되면서 패션의 수도 파리가 탄생하는 계기가 되었다. 이렇게 파리의 시민문화는 공화정이 된 것을 계기로 더욱 풍성해졌다.

그리고 수많은 예술가들도 파리에 모여들었다. 황제나 군주가 통치하는 다른 도시에는 없는, 시민들만의 자유가 파리에는 있었기 때문이다. 예술가들에게 가장 중요한 것은 마음의 자유다. 그리고 권력으로 억압받지 않는 자유는 보통 사람들에게도 귀중한 가치다.

시테섬 동쪽에는 생루이Saint-Louis섬이 있다. 눈에 띄는 건물이 적고 조용

파리의 거리 풍경

'꽃의 도시'로서 전 세계 사람들로부터 사랑받는 파리. 생제르맹데프레 교회나 노트르담 대성당 등 당시 세워진 고딕 양식의 교회가 지금도 남아 있다.

한 주택지가 많은 이곳에는 식당 설비도 없는 간소한 호텔이 몇 군데 있다. 나는 파리에 가면 가끔 이 섬의 호텔에 묵고는 한다.

따뜻한 계절, 창문을 살짝 열어두고 자면 이른 아침 노트르담 대성당의 종소리를 들으며 잠에서 깬다. 졸린 눈을 비비며 일어나 수백 미터 정도 걸어서 노트르담 대성당으로 향한다. 그 후 생제르맹Saint-Germain 일대의 카페에서 밀크 커피와 크루아상으로 아침 식사를 해결한다. 이 일련의 행동을 하는 동안은 거의 아무 생각도 하지 않는다. 하지만 나중에 돌이켜보면 무척이나 풍요로운 시간을 보냈던 것 같은 느낌이 든다.

그래서 나는 지금도 가끔씩 센강의 유람선(바토무슈)에 오른다. 유람선을 탈 때마다 처음 탔을 때의 신선함이 생생하게 되살아난다. 파리의 주요 명소들은 센강을 내려다보듯 지어져 있다. 유람선에는 프랑스 관광을 하러 온 시골 사람들로 가득하다. 뉴욕은 하늘에서, 파리는 물 위에서 실감할 수 있는 듯하다.

최근 파리는 과격파 조직이 자행하는 테러로 인해 불안감이 감돌기도 했다. 이 도시에 무수히 존재하는, 말 그대로 전 세계의 사랑을 받고 있는 세계 문화유산들이 부디 파괴되는 일이 없기를 바란다. 파리는 언제까지나 '꽃의 도시'로 남아 있어야 한다. 그만큼 아름다운 도시이기 때문이다.

파리 관련 연표

서기(연도)	사 건
기원전 250년경	파리시족(켈트족)이 세쿠아나 주변에 부락을 형성함
기원전 52	카이사르가 루테티아에 입성하여 로마제국의 영토가 됨
2~3세기	루테티아가 파리(파리시족 마을)로 개명되다
361	율리아누스가 루테티아를 공격하여 로마 황제가 됨(361~363년)
451	훈족인 아틸라가 파리 공략을 꾀하지만 성녀 주느비에브가 단념시킴
506	살리족(프랑크족)인 클로비스가 메로빙거왕조를 세우고 파리를 수도로 삼음
8세기 말	서유럽을 지배한 샤를마뉴, 수도를 아헨으로 옮김
885	바이킹이 센강을 거슬러 올라가 파리를 포위. 파리 백작 우드가 격퇴함
987	우드족인 위그 카페가 왕위에 오르면서 카페왕조가 시작됨
1163	시테섬의 노트르담 대성당이 착공됨(1345년 완공)
1328	필리프 6세가 즉위(~1350년), 발루아왕조가 시작됨
1337	백년전쟁 발발(~1453년)
1358	농민과 수공업자들이 자크리의 난을 일으킴
1420	잉글랜드 왕 헨리 5세, 파리를 지배함
1515	프랑수아 1세가 즉위(~1547년). 루브르 성채를 궁전으로 개축하기 시작함
1572	생바르텔레미 학살. 위그노(칼뱅파 개신교도)가 다수 살해됨
1589	앙리 4세가 즉위(~1610년), 부르봉왕조가 시작됨
1610	루이 13세 즉위(~1643년). 뤽상부르 궁전·팔레 루아얄이 지어짐
1648	프랑스 귀족이 프롱드의 난을 일으키고(~1653년) 루이 14세가 파리에서 쫓겨남
1682	루이 14세, 베르사유 궁전을 짓고 파리에서 수도를 옮김
1789	프랑스혁명 발발. 1792년, 왕정이 무너지고 제1공화정 발족(~1794년)
1804	나폴레옹 1세, 제1제정을 시작함. 마들렌 교회를 완공시킴
1815	워털루 전투에서 나폴레옹 패배. 빈 체제를 통해 부르봉왕조 부활
1830	7월혁명. 루이 필리프, 입헌군주정(7월 왕정)을 시작함
1836	에투알 광장의 개선문이 완공됨
1848	2월혁명. 루이 필리프 퇴위, 제2공화정이 시작됨
1852	나폴레옹 3세, 제2제정 개시. 오스만에게 명령하여 파리 개조 계획에 착수함(~1870년)
1870	프로이센·프랑스전쟁(~1871년). 파리에 프로이센군이 입성함. 제3공화정 시작
1871	파리 코뮌 성립. 프로이센과 제3공화정에 대항하지만 약 2개월 만에 진압됨
1889	파리 만국박람회. 에펠탑이 건설됨
1900	파리 올림픽과 만국박람회. 메트로(지하철)가 개통됨
1940	제2차 세계대전 중 나치가 파리를 점령(~1944년)
1958	샤를 드골이 제5공화정을 발족. 라데팡스 개발(파리 개조 계획)에 착수
1983	미테랑 대통령, 파리 대개조 계획 추진(~1989년)

• 파리의 세계문화유산(구조물)

파리 시청사 / 루브르 궁전(루브르 박물관) / 카루젤 개선문 / 마들렌 교회 / 샤요궁 / 오르세 미술관 / 부르봉 궁전 / 앵발리드 / 육군사관학교(에콜 밀리테르) / 에펠탑 / 노트르담 대성당 / 팔레 드 쥐스티스 / 생샤펠 / 콩시에르쥬리 / 생루이 앙 릴 교회 / 퐁네프 / 알렉산드르 3세 다리

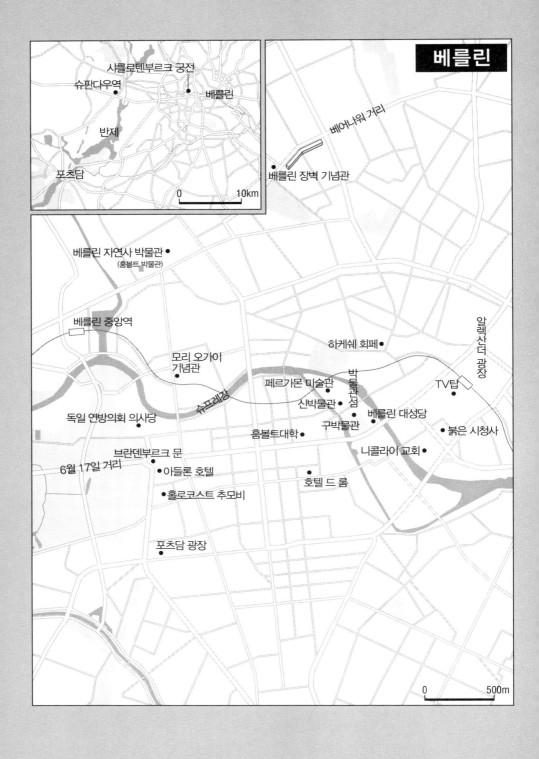

베를린

샤를로텐부르크 궁전
슈판다우역
베를린
반제
포츠담

0   10km

베에나워 거리

베를린 장벽 기념관

베를린 자연사 박물관
(훔볼트 박물관)

베를린 중앙역

모리 오가이 기념관

하케쉐 회페

알렉산더 광장

슈프레강

페르가몬 미술관
박물관섬
신박물관
TV탑

독일 연방의회 의사당

훔볼트대학
구박물관
베를린 대성당

붉은 시청사

브란덴부르크 문
6월 17일 거리
아들론 호텔

니콜라이 교회

홀로코스트 추모비

호텔 드 롬

포츠담 광장

0   500m

제9장

20세기를 연출한 도시
베를린

숲과 강이 있는 벽촌에서 시작되다

로마 황제와 독일 왕

두 차례에 걸친 세계대전. 그리고 동서 양진영의 차가운 싸움, 냉전 시대.

이 냉전의 종결을 상징적으로 보여주는 사건이 바로 베를린 장벽 붕괴라고 할 수 있다. 그리고 보니 〈베를린 천사의 시〉라는 명작 영화도 있다.

현대사에서도 독보적인 존재감을 드러내는 베를린이 최초로 문헌에 등장한 때는 1244년이다. 파리나 런던에 비하면 상당히 최근에 등장한 셈이다. 이번 장에서는 베를린이 있는 독일연방공화국의 북동 지역 이야기부터 시작해보겠다.

지금의 베를린 시내에는 널찍한 삼림 공원이 있다. 수량이 풍부한 슈프레 강도 흐르고 있다. 예로부터 이 지역은 숲·강·호수가 많고 산맥과 높은 구릉지가 적은 평원이었다. 12~13세기 무렵에는 모피와 고기, 목재 등을 취급하며 교역에 종사하던 부족이 크고 작은 하천을 유통 경로로 삼아 생활을 영위했다. 그때만 해도 아직 도시의 규모가 아니었다.

당시 이 지역을 지배하던 사람은 로마 황제의 왕관을 쓴 독일 왕이었다.

프랑크왕국(카롤링거왕조)이 10세기에 종말을 고한 후, 지금의 독일에 해당하는 지역에서는 제후라고 불린 호족들이 세력을 떨쳤다. 그중에서도 뛰어난 군사력과 통솔력을 보유한 인물을 지도자로 선출하여 독일 왕으로 옹립했다. 이 사정은 프랑스와 마찬가지였다. 프랑스의 카페 왕가보다 앞선 919년부터 작센Sachsen 왕가가 독일을 지배하기 시작했지만, 약 100년 만에 적자 혈통이 끊겼고 살리족왕조 · 호엔슈타우펜왕조가 각각 약 100년씩 이어졌다. 즉, 독일에서는 카페 왕가의 기적이 일어나지 않았던 것이다.

카롤링거왕조의 샤를마뉴가 프랑크왕국을 통치하던 시절, 로마 교황이 프랑크 왕에게 전통 있는 로마 황제의 왕관을 수여하는 대신 이탈리아 내의 로마 교황령을 군사력으로 보호받는 거래가 성립했었다(레오 3세가 성상 숭배 금지령을 내리면서 교황과 대립하게 되었는데, 교황은 직접적으로 군사력을 동원할 수 없었기 때문에 생존을 위해 프랑크왕국의 힘을 빌렸다. 샤를마뉴에게 로마 황제의 왕관을 준 것 또한 이 때문이다). 물론 그곳에 황제 고유의 영토는 없었다. 이 거래가 프랑크왕국의 주요 부분을 계승한 독일 왕, 오토 1세(Otto, 재위 962~973년) 때도 적용되었던 것이다.

콘스탄티노플을 본거지로 삼은 본래의 로마제국이 거래에 격하게 반발했다는 것은 말할 필요도 없다. 이로 인해 로마 교황과의 관계가 소원해지면서 독일 왕의 칭호는 신성 로마 황제라는 명칭으로 변모했다. '신성 로마제국'이라는 명칭이 사료에 구체적으로 등장한 시기는 13세기 중반 이후였다. 15세기 중반이 되자 로마 지배와는 아무런 관련이 없어졌고 '독일 민족의 신성 로마제국'이라는 명칭으로 바뀌면서 이름만 '로마'인 셈이 되었다(신성 로마제국의 영토가 독일에 한정되었기 때문에 신성 로마제국 앞에 '독일 민족의'라는 말이 붙었다).

13세기 중반, 베를린이 역사에 등장하다

로마 황제 · 독일 왕이 호엔슈타우펜왕조의 프리드리히 1세였던 시절, 그는 브란덴부르크 변경백('백'은 지방 통치 요직) 자리에 아스카니어 가문의 알브레히트 곰Bear 백작을 임명했다(1157년).

브란덴부르크는 지금의 베를린 서쪽에 있는 작은 도시다. 숲과 강이 있는 평원을 등지고 있다. 12세기 당시에는 슬라브Slav계 이민족의 터전이었지만 독일인들도 제법 살고 있었다. 프리드리히 1세는 이 소도시를 새로운 영토 개발의 전선 기지로 삼을 생각으로 알브레히트를 변경백으로 임명했을 것이다.

에도 시대 때 에조 지역에 마쓰마에 번에도 시대 때 봉건 영주인 다이묘가 지배한 영지, 통치 기구를 통칭하는 말을 둔 것과 브란덴부르크 변경백령을 배치한 것은 비슷하다고도 볼 수 있다. 마쓰마에는 홋카이도 남단에 위치해 있다. 쓰가루해협을 건너면 혼슈로 갈 수 있으니 그곳에 사는 사람들도 약간은 있었을 것이다. 에도 막부는 그곳에 번을 두고, 얼마나 넓은지 알 수 없는 에조치에 교두보를 건설하여 전선 기지로 삼았다.

브란덴부르크 변경백령이 배치된 이후 동쪽 슈프레강 유역에 정착하는 독일인도 늘었다. 그들 대부분은 독일 중심부인 라인강 유역의 선진 지역에서 생계를 이어가지 못하던 사람들이었을 것이다.

지금의 베를린시에서 가장 서쪽에 있는 구區인 슈판다우는 슈프레강과 하펠강이라는 두 하천이 합류하는 지점에 있다. 베를린의 역사와 관련하여 고문서에 가장 먼저 등장하는 지명이 바로 슈판다우다(1197). 1232년, 호엔슈타우펜왕조의 프리드리히 2세는 슈판다우에 도시로서의 특권을 부여했다. 이 시기에 인구가 증가하면서 '도시'로 인식될 정도로 성장했다는 이야기가 있다.

뿐만 아니라 브란덴부르크 대성당 박물관에 있는 고문서에는 슈프레강 모래톱에 '퀼른Köln'이라는 도시명이(1237년), 슈프레강 오른쪽 기슭에 '베를린'이라는 도시명이 등장한다(1244년). 그리고 1307년에는 베를린과 퀼른

이 쌍둥이 마을로 통합되어 브란덴부르크 변경백령의 도시로서 발전하기 시작했다는 기록이 있다.

여담이지만, 오늘날 베를린시의 깃발과 문장紋章에는 똑바로 서 있는 곰이 그려져 있다. 어쩌면 초대 브란덴부르크 변경백인 알브레히트의 별칭이 곰이었던 것과 관련이 있을지도 모른다. '베를린'이 '곰'을 뜻하는 독일어 Bär에서 유래했다는 설이 있기 때문이다. 그 외에는 오늘날 베를린 일대가 옛날에는 습지대였으니 슬라브계 고어로 습지를 뜻하는 'berl'에서 'berlin'이라는 이름이 붙여졌다는 설도 있다. 이것이 사실이라면 런던 · 파리와 똑같다. 런던의 옛 이름인 론도니움에는 '습지의 요새'라는 뜻이 있고, 파리의 옛 이름인 루테티아의 뜻은 '진흙'이기 때문이다. 인류는 물이 가까이에 있는 습지대에 최초의 도시를 만들었던 것이다. 그리고 문명이 발달한 후에야 전염병의 위험이 적은 고지대로 옮겨 갔다.

호엔촐레른가家가 베를린을 '수도'로 정하다

브란덴부르크 변경백이 된 아스카니어 가문은 1320년 후계자가 태어나지 않아 대가 끊기고 말았다. 그렇게 되자 당시 로마 황제이자 독일 왕인 비텔스바흐 가문의 루트비히 4세(Ludwig, 재위 1314~1347년)가 변경백 자리를 물려받았다. 비텔스바흐 가문은 뮌헨으로 대표되는 독일 남부 바이에른 지방의 강력한 제후였다.

다음으로 로마 황제 · 독일 왕이 된 사람은 룩셈부르크 가문 출신이었으며, 브란덴부르크 변경백 자리도 이어받았다.

룩셈부르크 가문은 오늘날 룩셈부르크대공국의 전신인데, 당시에는 보헤미아(현재 체코공화국)를 통치하고 있었다. 룩셈부르크 가문의 로마 황제가 카를 4세(재위 1347~1378년)다.

카를 4세는 1356년에 금인칙서를 공포한 왕으로 이름을 남겼다.

카를 4세는 금인칙서를 통해 로마 황제와 독일 왕을 선출하는 권한을 일곱 명의 제후에게만 주기로 결정했다. 7선제후라 불리는 이 선제후 내역은 다음과 같다.

독일 3대 교회인 마인츠, 트리어, 쾰른의 각 대주교 세 명과 라인 궁중백, 작센 공公, 브란덴부르크 변경백, 보헤미아 왕(세속 제후), 이렇게 총 일곱 명이었다.

이 선제후들은 세력을 기준으로 결정된 것은 아니었다. 당시 위세를 떨치던 합스부르크가(오스트리아 빈 거점)와 비텔스바흐가(바이에른 뮌헨 거점)가 제외되었기 때문이다. 당시 황제였던 룩셈부르크가의 카를 4세는, 라이벌 관계에 있는 두 가문을 배제하고 2인자급으로 선제후를 선정했다. 특히 브란덴부르크 변경백이 선출된 것은 상당히 파격적인 조치였다. 예를 들자면 마

7선제후와 주변국(15세기)

쓰마에 번을 로주老中, 에도 막부 직명 중 하나로, 전국의 통치 관련 업무를 총괄하는 최고직 후보번으로 지명한 것과 마찬가지였다고 할 수 있다.

뿐만 아니라 카를 4세는 브란덴부르크 변경백령을 비텔스바흐가에서 사들인 후 룩셈부르크가의 영토로 삼았다(1373년). 하지만 그로부터 불과 7년 후인 1380년에 베를린에 대화재가 발생했다. 이 화재로 시청도 교회도 소실되어버렸다.

1415년, 당시 로마 황제·독일 왕이었던 룩셈부르크가의 지기스문트는 브란덴부르크 선제후로 호엔촐레른Hohenzollern의 프리드리히 1세를 지명했다. 호엔촐레른가는 독일의 최남단 슈바벤 지방 출신으로 호엔슈타우펜가를 모시던 일족이다. 보헤미아 공公이기도 한 지기스문트가 프라하의 종교개혁가 얀 후스를 이단으로 취급하여 화형에 처하자, 이에 분노한 시민들이 대반란을 일으켰다. 이때 호엔촐레른가가 지기스문트 편에 서서 싸웠다. 지기스문트는 그 공에 보답한 것이다. 프리드리히 1세가 선제후로 선출됨으로써 호엔촐레른가는 브란덴부르크 변경백령이라는 국가를 지배할 수 있게 되었다.

이 일은 소규모 영주에 불과했던 호엔촐레른가 입장에서 보면 기대 이상의 행운이었을 것이다. 프리드리히 1세는 브란덴부르크 선제후 자격으로 수도를 베를린으로 옮겼다(1417년). 그리고 다음 영주가 된 프리드리히 2세는 베를린에 호엔촐레른가의 새로운 궁전을 지으려 했다. 그런데 사실 그 일은 베를린 시민들과는 아무런 관계가 없는 일이었다. 왕족들의 상황에 따라 권력자가 바뀐다 해도 교역 중심으로 살아가는 그들의 생활과는 무관했던 것이다. 결국 시민들은 성을 신축하기 위한 세금 납부에 질색하며 반란을 일으켰다(1443년).

당시 베를린은 아직 작은 시골 마을이었다. 슈프레강을 교역 루트로 삼아 생활하던 사람들은 그리 멀지 않은 하류에 있던 슈판다우 마을 사람들과 경쟁하면서 살았다. 함께 하천 공사를 하기도 하고 때로는 싸우기도 하면서 성장한 듯하다. 서로의 전통과 무력을 겨루며 치고받는 형태의 축제도 함께 개최했다. 하지만 언제부터인가 슈판다우 쪽이 항상 패배했고, 이에 슈판다우 사람들이 불만을 드러내면서 정말 죽기 살기로 싸우는 전투로 번졌다. 3일 동안 계속된 이 소규모 전쟁은 '곤봉전쟁'이라는 이름으로 전해지고 있다 (1567년).

마치 전설 같았던 이 전쟁은 베를린의 세력이 슈판다우까지 미쳤다는 것을 의미한다. 어찌됐든 베를린은 16세기경까지 한가롭고 목가적인 시골 마을이었던 것이다.

독일 기사단령이 프로이센공국의 원형이 되다

베를린을 수도로 삼은 브란덴부르크 선제후인 호엔촐레른가는 곤봉전쟁 등을 거치며 독일의 동북 지역을 통치했다. 그런데 17세기에 들어서자 독일에서 개신교파와 로마 교회파가 극심하게 대립했다.

그리고 마침내 1618년, 독일 전역은 30년전쟁이라 불린 종교전쟁에 휘말렸다. 30년전쟁은 훗날 덴마크와 스웨덴, 그리고 프랑스까지 개입하면서 기나긴 전쟁이 되었다. 호엔촐레른가는 같은 해인 1618년에 프로이센공국의 군주 자리를 차지하게 되었다. 프로이센공국은 마침내 프로이센왕국이 되었고, 수도인 베를린도 비약적으로 발전했다. 이에 관련해서는 우선 프로이센공국의 유래부터 이야기해보기로 하자.

이야기는 십자군전쟁 시대로 거슬러 올라간다. 제1회 십자군이 예루살렘과 트리폴리 등지에 세운 십자군 국가 중에는, 교황이 무장을 허용한 기사수도회라 불리는 종교 기사단이 있었다. 그들의 주요 임무는 성지를 찾아오는 순례자들을 지키는 것이었다. 요한네스 기사단과 템플 기사단, 그리고 독일 기사단이 중세 서유럽의 3대 종교 기사단으로 유명하다.

독일 기사단의 4대 총장인
헤르만 폰 살차는 뛰어난 정치
가이기도 했다. 당시 로마 황
제·독일 왕이자 프로이센을
강대국의 반열에 올린 명군, 호
엔슈타우펜가 출신인 프리드
리히 2세(재위 1215~1250년)의
중신으로도 활약했다. 그는 복
수를 시작한 이슬람군이 십자
군 국가의 영토를 차례차례 탈
환하는 것을 보고 십자군 국가
가 가망이 없을 것이라는 판단
을 일찌감치 내렸다. 하지만 무
력과 자금이 있었기 때문에 어
딘가에 영토를 확보하려 했다.
'이교도의 토지는 이슬람교도

헤르만 폰 살차

독일 기사단 4대 총장으로, 프로이센에서 독일 기사 수
도회의 지위를 확보했다.

의 토지가 아니니 빼앗아버려도 될 것이다.' 난폭한 이야기로 들리지만 당시
에는 이것이 당연한 발상이었다.

　그런 그가 최종 목표로 삼은 곳이 발트해 연안이었다. 지금의 리투아니아
공화국과 폴란드공화국 사이에는 칼리닌그라드(Kaliningrad, 옛 이름은 쾨니히
스베르크)라는 도시를 주축으로 한 비지飛地가 있었다. 이 주변에는 당시 프로
이센인人이라 불리는 사람들이 살고 있었다. 헤르만 폰 살차는 어느 나라에
도 속해 있지 않은 미개의 땅으로 이 땅을 취급하여 정복하기로 했다. 그리
고 독일 기사단이 무방비 상태인 프로이센인을 공격하여 점령한 것이다.

　프로이센인은 어떤 사람들이었는지, 어떤 종교를 믿었는지 지금까지도 알려진 바가 없다. 하지만 이 지역에 프로이센인들이 살고 있었다는 이유로 이곳은 프로이센이라 불리게 되었다. 독일 기사단은 프로이센에 독일 기사단령을 수립했다. 그리고 쾨니히스베르크를 건설한 후 이 도시를 수도로 정했다(1255년).

독일 기사단은 14세기에 말보르크Malbork에 커다란 성을 쌓았다. 말보르크는 폴란드 북부 지역인데 '말'은 '성모', '보르크'는 '마을'이라는 뜻이다. 이곳에 세워진 성은 로마 교회를 믿는 독일 기사단의 상징이 되었다. 지금은 세계문화유산에 등재되어 있다.

뿐만 아니라 독일 기사단은 제후 중에는 유일하게 한자Hansa 동맹에 가입했다. 한자 동맹은 북독일의 발트해와 북해 연안에 상업권을 확보한 도시들이 맺은 동맹이었다. 이리하여 독일 기사단은 순조롭게 성장하는 듯했지만, 이내 커다란 좌절을 맛보게 된다.

말보르크 성

14세기 독일 기사단이 프로이센에 건설한 성으로, 중세 시대 요새 중에는 유럽 최대 규모를 자랑한다. 말보르크의 '말'은 '성모', '보르크'는 '마을'이라는 뜻으로 기사단의 상징이 되었다. 세계문화유산이다.

독일 기사단령 동쪽에는 13세기에 세워진 리투아니아공국이 있었고, 서쪽에는 11세기에 건국된 폴란드왕국이 있었다. 이 두 국가는 세력을 키우기 시작한 독일 기사단령을 경계하고 있었다. 그런데 마침 그때 폴란드의 공주와 리투아니아 대공이 결혼했고, 양국은 혈연으로 엮인 연합 국가가 되었다. 그리고 마침내 이 연합군과 독일 기사단은 폴란드의 북방, 탄넨베르크에서 맞붙었고 독일 기사단은 크게 패했다(1410년).

독일 기사단은 이 전쟁에서 패한 후 폴란드에 종주권을 빼앗겼다. 내정과 외교 모두 폴란드의 지배를 받는 속국이 된 것이다. 독일 기사단령이라는 이름은 이때부터 '프로이센공국'으로 바뀌었다.

30년전쟁이 발발한 해인 1618년, 독일 기사단 총장의 가계가 끊기게 되었다. 프로이센공국은 선제후 호엔촐레른가 측에 뒤를 이어줄 것을 의뢰했다. 원래 독일 기사단은 호엔촐레른가와 마찬가지로 호엔슈타우펜가를 섬겼기 때문에 그 인연으로 부탁했을 것이다. 이리하여 선제후 호엔촐레른가의 왕은 브란덴부르크 변경백과 프로이센 공公을 겸하게 되었다. 폴란드를 사이에 두고 쾨니히스베르크와 베를린이라는 두 도시가 수도가 된 것이다. 하지만 프로이센공국의 종주권은 여전히 폴란드가 쥐고 있었다.

프리드리히 빌헬름 대大선제후가 베를린의 기초를 닦다

30년전쟁이 끝나고 프랑스와 북유럽의 강국인 스웨덴이 세력을 자랑하던 무렵, 호엔촐레른가의 프리드리히 빌헬름이 브란덴부르크 선제후가 되었다(재위 1640~1688년). 쾰른에서 태어난 그는 젊은 시절에는 당시 선진 지역인 네덜란드에서 유학 생활을 하기도 했다. 그는 조세 제도의 개혁과 상비군 정비를 추진하며 국력 증강에 힘썼다. 그리고 30년전쟁에서 개신교파와 로마 교회파가 독일 전체를 무대로 살육전을 벌이는 와중에도 베를린을 굳건히 지켜서 전쟁터가 되지 않도록 했다.

뿐만 아니라 폴란드 · 스웨덴과 싸우기도 하고 손을 잡기도 하면서, 프로이센공국의 종주권을 폴란드로부터 탈환하는 쾌거를 이루기도 했다. 호엔출레른가는 명실상부하게 브란덴부르크 변경백 · 프로이센 공公이 된 것이다(1660년).

또한 프리드리히 빌헬름은 포츠담 칙령을 발표하고 프랑스에서 피난 온 수많은 위그노를 수용하기도 했다(1685년).

앞 장에서도 언급했지만, 루이 14세는 1685년에 앙리 4세가 발표한 낭트 칙령을 전면 폐지했다. 이로 인해 신변의 위협을 느낀 위그노들이 한꺼번에 파리를 떠나갔다. 프리드리히 빌헬름은 그 피난민들을 적극적으로 받아들인 것이다.

지식욕이 왕성하고 부지런히 일하던 위그노들은 높은 기술 수준과 세련된 문화를 베를린에 정착시켰다. 그들은 숲과 강과 호수가 있던 시골 마을을 도시로 탈바꿈시키는 커다란 원동력이 된 것이다. '대大선제후'라는 존칭으로 불린 프리드리히 빌헬름은 베를린을 국제도시로 성장시키는 계기를 만든 최초의 군주였다고 생각한다.

프리드리히 1세가 프로이센왕국의 초대 왕이 되다

1700년, 스페인의 합스부르크가의 카를로스 2세가 세상을 떠났다. 카를로스 2세에게는 자녀가 없었다. 그런데 프랑스 왕 루이 14세의 왕비는 카를로스 2세의 여동생이었다. 두 사람은 슬하에 아들이 있었는데, 그 아들에게도 아들이 있었다. 그가 훗날 펠리페 5세가 되는 인물이다. 루이 14세는 이 손자를 스페인의 왕으로 세우려는 획책을 꾸몄다.

당시 프랑스는 유럽 최대의 강국이었다. 스페인도 신대륙에 광대한 영토를 보유하고 있었다. 두 국가가 하나로 합쳐진다면 유럽에 전대미문의 대국이 탄생하게 되는 것이었다.

'말도 안 된다. 그렇게 둘 수는 없지.'

이렇게 생각한 잉글랜드의 윌리엄 3세가 연합국인 네덜란드와 손잡고 오스트리아·합스부르크가의 신성 로마 황제 레오폴드 1세를 끌어들였다. 그리고 프랑스와 스페인을 향해 선전포고를 했다(1701년). 이 스페인계승전쟁은 신대륙에서 잉글랜드와 프랑스의 전쟁으로도 확대되었다. 이 전쟁은 1713년에 위트레흐트Utrecht 조약을 맺음으로써 종결되었다.

루이 14세의 손자 펠리페 5세는 스페인 왕위에 올랐지만 스페인은 많은 영토를 잃었고, 프랑스는 북미의 광대한 식민지를 잉글랜드에 나누어주었다. 이 전쟁에서 잉글랜드가 가장 큰 이득을 본 반면, 프랑스의 야망은 짓밟힌 것과 다름없었다.

프로이센공국 이야기로 돌아가면, 신성 로마 황제 레오폴드 1세는 스페인계승전쟁을 치를 때 호엔촐레른가의 선제후 프리드리히 3세에게 원군을 파견해줄 것을 요청했다. 하지만 호엔촐레른가는 북동 독일과 프로이센의 비지를 통치하고 있었다. 스페인과 프랑스에 출병을 시킨들 득이 될 것이 없어 보였다. 그래서 우물쭈물하며 답변을 보류하는 동안 레오폴드 1세가 조건을 내걸었다.

"프로이센의 왕위를 내려줄 테니 출병시켜주시게."

프리드리히 3세는 그 자리에서 승낙했다. 그리고 베를린에서 쾨니히스베르크로 한달음에 달려가 대관식을 마친 후 프로이센왕국을 세웠다. 그러고는 약속대로 병사들을 보냈다. 출병의 인센티브로 왕위를 수여한 것은 확실히 효과가 있었다. 하지만 그때까지 공작 정도에 불과했던 호엔촐레른가의 신분을 합스부르크가와 대등한 왕으로 상승시켜버린 결과가 되었다. 이윽고 합스부르크가는 호엔촐레른가로 인해 골머리를 앓게 된다.

프리드리히 3세는 초대 프로이센 왕 프리드리히 1세가 되었다(재위 1701~1713년). 또한 그는 프로이센 공公이었던 시절인 1600년대 말, 베를린에 샤를로텐부르크 궁전을 건설했다. 사랑하는 왕비 조피 샤를로테를 위해 지은, 우아한 분위기를 풍기는 궁전이다. 제2차 세계대전 당시 공습으로 소실되었지만 지금은 복원된 상태다.

발전과 강화를 추구했던 2대와 3대 프로이센 왕

후세에 군인왕이라 불린 프로이센왕국의 2대 왕, 프리드리히 빌헬름 1세(재위 1713~1740년)는 국고를 채우기 위해 근검절약했다. 그리고 징병제를 완성시켜 강대한 군대를 구축했으며 그때까지 방어 목적으로 존재했던 베를린 시가지를 별 모양으로 에워싸는 요새를 철거시켰다. 그 대신 24년이라는 시간을 들여 더 광범위하게 시가지를 둘러싸는 베를린 성벽을 쌓았다.

그리고 베를린에서 서쪽으로 뻗어나가는 큰 길과 벽이 교차하는 곳에 열네 개의 관세의 문을 설치하여 관세를 징수했다. 모든 문의 명칭은 그 길의 끝에 있는 도시 이름을 땄다. 이를테면 '함부르크 문', '포츠담 문', 이런 식이었다. 현대 베를린의 상징적인 존재가 된 브란덴부르크 문도 처음에는 그러한 목적으로 만들어졌다.

3대 프로이센 왕인 프리드리히 2세(재위 1740~1786년)는 아버지인 프리드리히 빌헬름 1세가 육성한 군사력을 배경으로 부국강병책을 펼쳤다. 그는 오스트리아 합스부르크가에서 마리아 테레지아라는 여성이 모든 영토를 상속받자 오스트리아계승전쟁을 일으켰고(1740년), 당시 오스트리아 영토였던 보헤미아의 슐레지엔Schlesien을 점령했다.

정문이 된 브란덴부르크 문을 처음 통과한 인물은 나폴레옹

4대 프로이센 왕인 프리드리히 빌헬름 2세(재위 1786~1797년)는 브란덴부르크 문을 멋지게 만들고 싶어 했다. 베를린에서 이 문을 통해 서쪽으로 가는 길의 끝에는 브란덴부르크가 있다. 브란덴부르크는 호엔촐레른가가 출세한 발판이 된 브란덴부르크 변경백령의 본고장이다. 그러니 호엔촐레른가 사람들에게 이 문은 특별했다.

프리드리히 빌헬름 2세는 1788년부터 3년의 시간을 들여 브란덴부르크 문을 완성시켰다. 문은 도리스식 기둥이 늘어선 고대 그리스 양식이다. 문 위에는 네 마리의 말이 끄는 전차에 올라탄 승리의 여신상이 있다. 프로이센 왕국의 수도에 걸맞은 격조 높은 문으로 완성되었다. 하지만 브란덴부르크 문의 완공식을 채 하기도 전에 프랑스혁명이 일어났다. 그리고 그 후에 나폴레옹 1세가 등장했다.

나폴레옹은 자유 · 평등 · 박애의 깃발을 들고 국민국가(네이션 스테이트)라는 새로운 사상을 내걸었다. 그러고는 통일된 강력한 군사력을 동원해 유럽을 석권했다. 나폴레옹 군대라 해도 실제로는 프랑스 군사 독재 정권의 침략군이지만, 그들이 내건 자유 · 평등 · 박애라는 혁명의 정신은 전 세계에 홍

브란덴부르크 문

베를린을 상징하는 문. 정면은 파리저 광장 동쪽에 면해 있으며 미테구에 있다. 꼭대기에는 승리의 여신상이 있다. 도리스식 기둥이 늘어서 있는 고대 그리스 양식의 선구적 작품이다.

역처럼 퍼졌다.

영국·러시아·프로이센은 1806년에 제4차 대프랑스 동맹을 결성해서 강대해진 나폴레옹 세력을 저지하려 했다. 하지만 너무나도 허무하게 패배했다. 게다가 베를린까지 빼앗겨버렸다. 그리고 백마에 올라탄 나폴레옹이 화려한 군대를 이끌고 완공식도 하지 않은 브란덴부르크 문을 통해 입성한 것이다.

뿐만 아니라 프로이센은 1807년에 나폴레옹과 강화조약(틸지트 조약)을 맺은 후 영토가 반으로 줄었고, 병력에 제한을 둘 것과 막대한 배상금을 납부할 것을 요구받았다. 이 굴욕적인 '나폴레옹 쇼크'는 프로이센 개혁의 계기가 되었다.

내셔널리즘이 불타오르고 산업혁명의 바람이 불다

나폴레옹군의 기세에 압도된 베를린 사람들은 그 강인함의 원인이 자유·평등·박애라는 프랑스혁명의 정신과 국민국가(네이션 스테이트)라는 새로운 사상에 있다는 것을 깨달았다. 그리고 국력을 회복하기 위해 곧바로 움직이기 시작한 사람들이 있었다.

1810년, 언어학자이자 정치가인 훔볼트는 베를린대학(제2차 세계대전 후에는 훔볼트대학으로 개칭)을 창설했다. 베를린대학의 초대 총장이 된 철학 교수 피히테는 프로이센 사람들에게 '독일 국민에게 고함'이라는 연설을 했다. 연설 횟수는 십수 회에 달한다. 그는 걸핏하면 자신들의 전통 있는 영방領邦, 13세기에 독일 황제권이 약화되자 봉건 제후들이 세운 지방 국가에 집착하는 독일인들을 향해 모든 교육은 독일 국민에게 독일어로 해야 한다고 호소했다. 독일을 하나의 국가로 인식하고 단합하는 것이 얼마나 중요한지 설파한 것이다.

나폴레옹으로 인해 불이 붙은 내셔널리즘의 불꽃은 베를린에서 타올랐고, 처음으로 '베를린 석간신문'이 발행되는 등 새로운 국민 의식이 싹트기 시작했다. 그리고 머지않아 잉글랜드에서 산업혁명의 바람이 불어왔다. 석탄이 양산되고 철강업도 꽃피기 시작한 것이다. 이윽고 베를린과 포츠담 사이에 철도가 깔리면서 베를린은 철도의 도시로서 빠르게 발전했다. 19세기 전반 베를린 인구는 40만 명에 육박했고, 런던 · 파리 · 상트페테르부르크의 뒤를 이어 인구가 네 번째로 많은 도시가 되었다.

나폴레옹의 시대는 19세기 전반에 막을 내렸고, 유럽은 빈 회의에서 공화제 국가를 부정하는 시대로 들어섰다. 명색에 불과했던 신성 로마제국은 모습을 감추었고 독일연방과 프로이센왕국, 오스트리아제국이 어깨를 나란히 하게 되었다.

19세기 전반 프로이센의 국왕은 5대 프리드리히 빌헬름 3세(재위 1797~1840년)와 6대 프리드리히 빌헬름 4세(재위 1840~1861년)였다. 두 사

빈 회의 이후 유럽

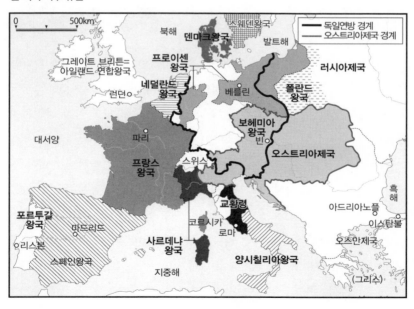

람 모두 반자유주의 · 반입헌주의를 내세운 반동적인 군주였지만 프로이센에 타오른 내셔널리즘의 불은 꺼지지 않았다. 그리고 앞 장에서 말했던 대로 1848년 유럽혁명을 통해 다시 자유 · 평등 · 박애의 불길이 퍼지면서 프로이센에도 3월혁명이 일어났다. 그 결과 프리드리히 빌헬름 4세의 권한은 대폭적으로 축소되었다.

이윽고 프로이센은 7대 군주 빌헬름 1세와 재상 비스마르크가 통치하는 전성기를 맞이하게 된다.

나폴레옹이 베를린에 입성했을 당시 프로이센 왕은 프리드리히 빌헬름 3세였다(5대). 그는 나폴레옹과 패전 조약을 맺을 수밖에 없었다. 그 조약을 맺음으로써 국력이 크게 약해졌다.

당시 프로이센 왕비였던 루이제는 절세의 미녀였다고 한다. 그리고 자신의 미모에 자부심을 가지고 있기도 했다. 그녀는 강화조약을 맺고 비관하는 남편에게 이렇게 말했다.

"내가 나폴레옹을 만나서 조금 더 너그러운 조건을 걸어달라고 부탁해보겠어요. 내게 맡겨요."

그녀는 어느 날 밤 은밀하게 나폴레옹의 방을 찾아갔다. 투명하게 빛나는 듯한 우아한 비단 드레스를 입었을 것이다. 회심의 향수까지 뿌리고.

하지만 나폴레옹은 루이제의 필사적인 유혹을 뿌리치고 일절 타협하지 않았다.

"나폴레옹도 수많은 영웅들과 마찬가지로 호색가야. 침략한 국가마다 염문이 떠돌지. 하지만 역시 사리사욕과 프랑스의 국익을 혼동하는 일은 없었어."

나폴레옹과 관련해서는 이런 일화가 남겨져 있다. 나폴레옹은 루이제를 '프로이센의 암표범'이라고 불렀다고 한다.

베를린이 독일제국의 수도가 되다

프로이센왕국의 7대 왕은 빌헬름 1세다(재위 1861~1888년).

빌헬름 1세에게는 세 명의 뛰어난 부하가 있었다. 자신감 넘치고 완고한 사람이었지만 조국을 무척이나 사랑한 탁월한 재능의 소유자인 재상 비스마르크, 그리고 부국강병책을 추진한 육군 장관 폰 론, 마지막으로 군사 전략의 천재인 참모총장 몰트케였다.

물론 최고의 파트너는 철혈 재상이라 불린 비스마르크였다. 그의 외교상 전략 목표는 세 가지였다. 첫째, 프랑스를 봉쇄하여 고립시키는 것. 둘째, 영국과 대적하지 않는 것. 셋째, 러시아를 봉쇄하면서도 아군으로 삼는 것. 앞

독일제국 선포

프랑스 베르사유 궁전 거울의 방에서 독일 황제로 즉위한 빌헬름 1세. 나폴레옹 1세가 베를린을 유린한 것에 대한 보복이었다는 말이 있다.

장에서도 언급했지만 나폴레옹 3세는 비스마르크의 도발에 넘어가서 프로이센·프랑스전쟁을 일으켰고 자신이 포로가 될 정도로 무참히 패배했다(1871년).

프랑스에 완승을 거뒀을 무렵, 프로이센은 이미 공업력과 군사력으로는 프랑스를 능가하는 대국이 되어 있었다. 또한 프로이센은 승리하기 전에 독일 영방권 내에 있는 대국 오스트리아와 전쟁을 일으켜서 대승한 바 있었다(1866년). 따라서 프랑스를 이겼을 때 프로이센은 유럽 대륙에서 가장 강한 국가가 되었던 것이다. 빌헬름 1세는 1871년, 베르사유 궁전에서 독일제국의 초대 황제에 취임했다. 이때 오스트리아를 제외한 독일 통일을 마침내 실현했다. 그리고 베를린은 독일제국의 수도가 되었다.

하지만 프랑스의 원수라고도 할 수 있는 독일이 구태여 베르사유 궁전에서 황제의 대관식을 거행한 것은, 프랑스 시민들에게 독일을 결코 용서치 않겠다며 절치부심하게 만드는 결과를 낳았다. 훗날 1919년 제1차 세계대전 이후에 베르사유 조약을 맺는데, 그때 프랑스는 독일에 어마어마한 배상금을 물렸다. 아마도 이때의 치욕을 되갚기 위해서였는지도 모른다.

독일제국에 찾아온 이와쿠라 사절단과 모리 오가이 이야기

일본은 1868년 메이지 유신을 통해 근대화에 성공했다. 그래서 막부 말기에 서구 열강 국가들과 체결해버린 불평등조약을 개정하기 위한 사전 협상과, 서구 국가들의 제도 및 국정 시찰을 목적으로 사절단을 파견했다(이와쿠라 사절단). 우대신右大臣인 이와쿠라 도모미가 단장이었고 사절단원 중에는 기도 다카요시·오쿠보 도시미치·이토 히로부미 등 새 정부의 수뇌들이 포함되어 있었다. 사절단은 1871년부터 1873년에 걸쳐 구미 국가 12개국을 방문했다.

사절단이 최초로 방문한 국가는 미국이었다. 그다음으로 차례차례 영국

·프랑스·벨기에·네덜란드를 거쳐 마지막으로 1873년에 프로이센을 찾았다. 이 순서는 운명의 장난이라고 할 수 있을지도 모른다. 근대화를 시작한 민주주의 국가들 순서대로 돈 셈이기 때문이다.

이와쿠라 사절단을 따라간 역사학자 구메 구니다케는 《미구회람실기米歐回覽實記》를 집필했다.

이 실기에 따르면 사절단 일행은 1873년 3월 9일에 베를린으로 갔다. 그리고 운터 덴 린덴Unter den Linden로路의 '호텔 드 롬'에 숙박했다. 운터 덴 린덴로는 보리수나무가 브란덴부르크 문까지 늘어서 있는 아름다운 거리다. 그들은 3월 28일까지 베를린에 머물렀다. 그 동안 독일 황제를 알현하기도 하고 황제의 궁전에서 황후·황태자 부부, 비스마르크, 몰트케 등과 함께 식사도 했다. 그리고 비스마르크가 마련한 초대연에도 참석했다. 그 초대연에서 비스마르크가 했던 연설 내용도 자세히 적혀 있다. 약육강식의 유럽 국제정치 세계에서 살아남기 위해 그들이 얼마나 필사적이었는지가 열정적인 어조로 그려져 있으며, 비스마르크의 연설을 들은 일본인들이 감동했다고도 적혀 있다.

그들은 앞서 방문한 파리에서 파리 코뮌 내전의 상흔을 보기도 했다. 그러면서 아름답고 격조 높은 문화를 지닌 파리에는 감동했지만, 사회주의 세력이 강한 프랑스에 대해서는 선을 그었다고 한다. 베를린에 머무는 약 20일 동안 그들은 놀라울 만큼 적극적으로 베를린의 각 기관, 시설을 두루 견학했다. 전기기구 제작 공장에서부터 병원, 동물원, 수족관까지 그야말로 다방면에 이르렀다.

오쿠보 도시미치와 이토 히로부미는 현지를 시찰하면서 '유럽에서 가장 늦게 통일했음에도 빠르게 근대화를 추진한 독일제국은 쇄국 정책과 봉건제에서 탈피하고 구미를 따라잡기 위해 노력 중인 일본의 좋은 본보기가 되리라'고 확신했을 것이다. 메이지 헌법은 독일제국 헌법 구조를 기본 토대로 하여 만들어졌다. 일본의 육군 또한 독일을 모델로 삼았다.

상황이 이렇다 보니 일본은 독일로 관비 유학생도 많이 파견했다. 미국, 영국 다음으로 많은 수였다. 모리 오가이도 그들 중 한 명이었다. 도쿄대학 의학부를 졸업하고 육군 군의관이 된 그는 독일에 관비 유학을 가라는 명령을 받았다(1884년). 그는 베를린에서 고명한 세균학자 코흐의 연구소에 입소 허가를 받는 등 뛰어난 재능을 보였고, 독일어에 대한 뛰어난 학식과 어학력으로 높은 평가를 받았다.

모리 오가이는 1888년에 귀국했고, 1890년에《무희舞姬》라는 단편소설로 문단에 등단했다. 이 소설은 관비 유학으로 베를린에 간 청년이 번화가에서 춤을 추는 젊은 무희 엘리스와 뜨거운 사랑에 빠지는 이야기다. 유학 중에 외국인과 사랑에 빠져 학업을 소홀히 한 청년은 온갖 우여곡절 끝에 찢어지는 가슴을 부여잡고 엘리스와 헤어진다. 하지만 엘리스는 이별의 슬픔을 견디지 못하고 마음의 병을 얻고 만다. 책의 한 구절처럼 그야말로 '정신은 제 기능을 상실했고 지능은 아기 수준이 되어버린' 것이다. 하지만 청년은 그런 엘리스를 버리고 귀국한다. 그녀의 배 속에 있는 아이와 얼마 되지 않는 돈을 남겨둔 채로. 이 소설은 청년이 귀국길에 오른 배 안에서 써 내려간 형태를 띠고 있다. 청년 오타 도요타로가 '자신은 용서받을 수 없는 죄인의 몸으로 조국에 돌아간다'고 하는 심정도 절절히 전해지지만, 이 소설에 담겨 있는 베를린 빈민가의 모습과 한겨울 차디찬 베를린의 밤을 묘사한 부분들은 당시 베를린의 모습을 떠올리게 해준다.

문호 모리 오가이의 유학 시절이 어땠는지는 차치하고, 당시 일본은 지금 우리가 상상하는 것 이상으로 베를린을 친숙하게 여겼던 것 같다.

제1차 세계대전의 패배, 호엔촐레른가 시대의 종말

독일제국에서는 1888년에 초대 황제 빌헬름 1세가 서거한 후 총명한 장남 프리드리히 3세가 즉위했지만, 병에 걸려 3개월 만에 세상을 떠났다. 그리고 그의 장남 빌헬름 2세가 황제가 되었다(재위 1888~1918년).

독일제국이 융성할 수 있었던 것은 재상 비스마르크가 고도의 외교 전략과 현실적인 국내 정책을 추진한 덕분이었다. 그리고 비스마르크의 난해한 정치 전략을 전적으로 신뢰하고 실현시킨 빌헬름 1세의 뛰어난 도량 덕분이었다.

하지만 3대 황제가 된 스물아홉 살 청년인 빌헬름 2세는 비스마르크의 고도의 국제 전략을 이해할 능력도, 허용할 도량도 가지고 있지 않았다. 그는 비스마르크를 파면했다. 그리고 자신이 신봉하는 외교 · 군사 노선에 신항로 정책이라는 이름을 붙였다. 그 방식은 적잖이 강압적이었으며 다소 얄팍했다.

빌헬름 2세가 즉위했을 무렵 베를린은 인구 80만 명을 넘길 정도의 대도시가 되어 있었다. 1896년이 되자 수송력을 증강하기 위해 지하철도 건설하기 시작했다. 베를린 시내에는 활기가 넘쳤으며 무수히 많은 신문과 잡지가 간행되었다. 베를린은 근대 도시로서 계속해서 발전해 나갔다. 페르가몬 미술관 건설 계획이 시작된 것도 이 무렵인 1907년이었다.

독일제국은 이미 국력으로는 유럽 최강을 자랑하며 세계의 패권 국가인 영국을 위협하고 있었다. 심지어 빌헬름 2세는 자신의 재량과 정치력을 발휘해서 영국을 이기고 싶어 했다. 이 때문에 영국 · 프랑스와의 마찰이 끊이지 않았다. 또한 독일처럼 늦게 발전한 러시아와의 충돌도 잦아졌다.

그러다 오스트리아의 합스부르크가가 시대에 뒤쳐진 어리석은 정치를 펼쳐서 제1차 세계대전이 발발했고, 빌헬름 2세는 바라던 바였다는 듯 전쟁에 돌입했다. 이 대전은 독일 · 오스트리아 · 오스만제국을 주축으로 한 중앙 동맹국과 영국 · 프랑스 · 러시아가 중심이 된 연합국의 전쟁이었다. 양측의 국력을 종합해보면 거의 팽팽하게 맞서는 수준이었는데, 미국은 이미 그 자체로 양쪽에 필적했다. 그러한 미국이 연합국 측에 붙으면서 승패는 판가름 났다.

국가가 아닌 '도시'를 주인공으로 제1차 세계대전(1914~1918년)에 대해 이야기해보면, 그 전쟁은 베를린과 런던에 의한 유럽의 패권 쟁탈전이었고, 파리의 전사자는 사상 최대에 달했으며, 뉴욕은 압도적인 GDP를 바탕으로 전쟁의 귀추를 정했다고 할 수 있다. 그러다 1918년 5월에 미국에서 시작된 스페인독감이 유럽까지 퍼져 많은 사람들이 목숨을 잃었는데, 사망자 수는 1차 세계대전 사망자를 웃돌 정도였다. 스페인독감의 맹렬한 기세는 병사들의 사기를 떨어뜨렸고 그 결과 휴전이 앞당겨졌다.

빌헬름 2세 정부가 휴전 협정을 맺으려 할 때, 전쟁 책임을 회피하고 체제를 유지한 상태에서 휴전하려는 정부에 대항해 발트해의 킬 군항에서 수병 水兵들이 반란을 일으켰다. 그리고 그 여파가 전국으로 퍼지면서 반란이 점점 과격해졌다. 이 사태로 인해 빌헬름 2세는 퇴위했으며, 화물열차에 재산을 한가득 실은 채 네덜란드로 망명했다. 이렇게 오스트리아에 이어 독일도 휴전 협정에 서명하면서 제1차 세계대전은 막을 내렸다(1918년 11월).

하지만 킬 군항에서 촉발된 내란의 파도는 더욱 거세져서 결국 베를린 인민 위원 정부가 수립되는 지경에 이르렀다. 그중 급진적인 좌익 집단이 결성되었으니, 그 이름은 스파르타쿠스단이었다. 이 정치 집단은 제1차 세계대전이 한창이던 때, 폴란드 출신 여성 혁명가이자 경제학자인 로자 룩셈부르크와 독일 출신 혁명가 카를 리프크네히트를 중심으로 결성되었다.

스파르타쿠스단은 인민 위원 정부가 설립된 1918년 말에 독일 공산당 창립에 참여했다. 이렇게 내란은 독일혁명이라 불릴 정도로 확산되었다. 휴전할 당시 중심 세력이었던 사회민주당은 러시아혁명처럼 급진파의 기세가 확산될 것을 우려했고, 부르주아 세력과 구舊군부 관료와 손잡고 혁명을 저지했다. 이 과정에서 로자 룩셈부르크와 카를 리프크네히트가 학살되었다 (1919년 1월). 사회민주당이 이끌던 정부는 바이마르 국민회의를 결성했으며, 파리 강화회의에서 승전국인 영국 · 프랑스 · 미국 3개국의 주도로 결정된 베르사유 조약을 받아들였다(1919년 6월). 같은 해 8월, 바이마르 국민회의는 새로운 바이마르 헌법을 공포했다. 이 헌법은 국민주권을 확인하는 민주적인 내용을 담고 있었다.

베르사유 조약에는 국제연맹과 ILO(국제노동기구)의 설립 등 세계 평화에 공헌하는 사안들이 담기기도 했지만, 본질적인 내용은 영국 · 프랑스의 기득권을 보호하고 독일에 대해 가혹한 강화 조건을 강요하는 것이었다. 독일은 적지 않은 국토와 인구를 빼앗겼고 군비에도 제한을 두어야 했다. 가장 가혹했던 것은 천문학적인 액수에 달하는 배상금이었다.

독일은 전쟁에서 패배했지만 정작 독일에는 한 사람의 군사도 침입하지 않았다. 휴전도 내란이 발단이 되어 하게 된 것이었다. 그런 만큼 독일인들은 베르사유 조약 내용에 격하게 반발했다. 하지만 이런 가혹한 강화 조건과 상도를 벗어나는 배상 금액이 결정된 배경에는 독일을 향한 프랑스의 증오가 있었다.

이렇게 독일제국이 붕괴하면서 베를린을 세계적인 대도시로 성장시킨 호엔촐레른가의 시대도 종말을 고했다.

대大베를린이 되어 '황금의 20년대'로

독일에 부과된 배상금은 1,320억 금마르크였다. 지금의 화폐 기준으로 환산하면 일본인 한 명당 약 1천만 엔의 배상금을 지불해야 하는 것이다.

"우리가 꼬박 100년 동안 일해도 이 돈은 다 못 내."

이러한 한탄이 절대 과장이라 할 수 없는 금액이었다. 당시 독일인은 새로운 시민적 자유가 보장된 헌법을 누리면서도 국가가 짊어지게 한 거액의 빚을 끌어안고 있었다. 자유는 있지만 가난했던 것이다. 이러한 상황 속에서 시민들의 불만을 반영한 급진적인 사회주의 · 공산주의 세력이 커졌고, "누가 전쟁을 멈추었는가?" 하는 물음에서 시작되어 다시 강한 독일이 되기를 원하는 국가주의적 세력이 대두했다. 그러다 1919년 1월에 독일 노동자당이 결성되면서 9월에 아돌프 히틀러가 입당했다. 이듬해인 1920년, 독일 노동자당은 '나치스'로 이름을 바꾸었다. 정식 명칭은 국가사회주의 독일 노동자당이었다. 즉, 제1차 세계대전이 종결된 지 불과 2년 만에 제2차 세계대전의 싹이 피어나기 시작했던 것이다. 두 차례의 세계대전이 사실상 하나로 이어져 있다고 하는 이유는 이 때문이다.

1920년대 베를린은 이렇게 어수선했다. 이러한 상황 속에서 베를린은 주변 시와 마을을 합병하면서 규모를 키웠다. 베를린은 계속해서 증가하는 인구 문제를 해결하고자 예전부터 규모를 키우려 했지만 난항을 겪었었다. 하지만 독일제국이 붕괴하면서 계획을 실행하기가 수월해졌다. 그 결과 대베를린의 인구는 380만 명을 넘어섰고, 런던과 뉴욕 뒤를 잇는 인구수 세계 3위의 도시가 되었다.

베를린은 규모가 커지고 인구도 늘고 자유분방했지만, 정치적으로는 혼란스러웠다. 베르사유 조약의 가혹한 조건으로 인해 자포자기하는 상태가 되어간 것이다. 당시 베를린 분위기는 활기를 띠면서도 퇴폐적인 면이 있었다. 하지만 오히려 그런 면이 베를린을 더 매력적으로 만들었고 다양한 문화의 꽃을 피우는 요인이 되기도 했다. 과일도 고기도 썩기 직전이 가장 맛있지 않은가. 당시 베를린의 모습이 그런 느낌이었을 것이다.

바우하우스(Bauhaus, 예술종합학교)의 창립자이자 교장이었던 건축가 발터 그로피우스, 이론물리학자 알버트 아인슈타인, 소설가 슈테판 츠바이크, 극작가 · 시인 베르톨트 브레히트, 베를린 필하모닉의 상임 지휘자로 활약한 빌헬름 푸르트벵글러 등 기라성 같은 인물들이 베를린을 무대로 활약했다. 브란덴부르크 문 가까이에 있는 아들론 호텔은 불야성이 되어 국내와 해외의 귀빈들의 발길을 끌어당겼다. 이때 베를린의 분위기를 훌륭하게 그려낸 뮤지컬이 〈캬바레Cabaret〉다. 이 작품은 1966년에 브로드웨이에서 처음으로 공개되었고, 1972년에는 라이자 미넬리가 주연을 맡은 영화가 개봉되었다. 라이자 미넬리는 이 영화로 아카데미 여우 주연상을 수상했다.

1924년, 천문학적인 숫자였던 배상금은 미국의 중개로 경감되었다. 그리고 미국 자본이 독일에 들어오면서 독일 경제에 숨통이 트였다. 베를린 거리에는 생기가 넘쳐났고, 외국에서 찾아오는 사람들에 대응하기 위해 베를린 남부 외곽에 템펠호프 국제공항을 건설하기도 했다. 하지만 1929년, 뉴욕 주가 대폭락으로 시작된 세계적인 대공황으로 인해 독일 경제는 다시 악화되었다.

베를린 올림픽이 빛을 발한 제2차 세계대전 전야

세계적인 대공황으로 다시 불황의 늪에 빠진 1932년, 나치스가 제1당이 되었다. 1933년 1월, 대통령 힌덴부르크는 히틀러를 총리로 임명했다. 하지만 나치스당에서 내각의 일원이 된 사람은 세 명뿐이었고 실질적인 지도자는 부총리인 파펜이었다. 결국 히틀러는 강제로 국회를 해산했다.

그런데 그해 2월에 베를린에서 국회의사당 방화 사건이 발생했고, 현장 가까이에서 공산당원이 체포되었다. 이에 히틀러는 곧장 두 개의 긴급 대통령령을 내렸다. 하나는 언론의 자유를 제한하는 것, 다른 하나는 공산당을 비합법화하는 것이었다. 게다가 총선거 실시 이후에 열린 국회에서 히틀러에게 전권을 위임한다는 법이 가결되면서, 이때부터 히틀러의 독재 정권이 수립되었다. 바이마르공화국은 막을 내린 것이다. 히틀러는 1934년에 힌덴부르크 대통령이 사망하자 후계자의 칭호를 '총통'이라고 명명했다. 총통, 즉 퓌러Führer는 지도자를 의미한다. 특히 히틀러를 칭할 때 사용되는 용어이기도 하다. 이로써 히틀러의 제3제국이 시작되었다. 신성 로마제국, 비스마르크의 독일제국에 이은 세 번째 제국이라는 뜻이다. 참고로 오늘날에는, 앞에서 이야기한 공산당원이 저지른 국회의사당 방화 사건은 나치스가 꾸며낸 짓이었다는 설이 유력시되고 있다.

히틀러는 베르사유 체제에 불만을 가진 대중의 마음을 이용해서 나치즘의 길로 내닫기 시작했다.

1936년 8월에는 베를린 올림픽이 개최되었는데 이는 히틀러의 권위를 전 세계에 알리는 절호의 기회였다. 그는 베를린 올림픽 기록 영화 〈민족의 제전〉과 〈미의 제전〉(레니 리펜슈탈 감독 · 각본 · 제작)을 완성시켰고, 전 세계로부터 참신한 영상미라는 찬사를 받았다. 1937년 히틀러는 베를린시에 속하는 쾰른의 이름이 1237년 고문서에 등장한 것을 기념하여 베를린 700주년 제전을 개최했다. 그에 맞추어 천재적인 건축가 알베르트 슈페어에게 명령해서 게르마니아Germania라는 이름의 도시계획을 추진했다. 당시 베를린의 네다섯 배나 큰 게르마니아라는 새로운 수도를 만들자는 발상이었다. 과대망상에 가까운 이 발상은 결국 실현되지 못했지만, 이 무렵이 히틀러의 의욕이 절정에 달했던 때였을지도 모른다.

이듬해인 1938년 11월 초순에는 시너고그synagogue, 유대교 회당와 유대인 상점 및 거주지가 파괴되는 사건이 빈번히 발생했다. 이 사건은 '크리스탈나흐트Kristallnacht, 수정의 밤'라 불렸는데, 이 이름은 거리에 흩어져 있는 깨진 유리 파편에서 유래했다.

그리고 1939년에 나치 독일이 폴란드를 침공했고, 이에 영국 · 프랑스가 히틀러에 선전포고하며 제2차 세계대전이 시작되었다.

히틀러의 자기 파괴적인 광기

1941년, 그때까지 제2차 세계대전에 직접 개입하지 않고 한 발짝 물러나 있던 미국이 명확하게 연합국 편을 들기 시작하면서 무기 대여법을 제정했다. 이로써 전국戰局은 연합국 측의 승리로 기울었다. 이러한 상황에서

1942년 1월, 베를린 외곽에 있는 반제Wannsee 공원과 가까운 귀족 별장에서 반제 회의가 열렸다. 나치 친위대 사령관이었던 라인하르트 하이드리히가 중심이 되어 열린 회의였는데, 이 자리에서 유대인 홀로코스트(대학살) 계획이 결정되었다.

히틀러와 나치는 제3제국 초반부터 유대인에 대한 혐오감을 드러내왔다. 때문에 베를린의 황금기인 20년대에 모여들었던 유대인 과학자와 예술가들은 모두 미국으로 도피했다. 이때부터 미국의 노벨상 수상자가 급증한 것으로 알려져 있다. 사실 당초에는 유대인들 스스로가 살기 힘들다고 생각하게끔 괴롭혀서 독일에서 쫓아내자는 정도였지 살해가 주목적인 것은 아니었다. 하지만 전쟁이 생각대로 흘러가지 않자 히틀러는 유대인의 피를 말려야겠다고 결심하게 된다. 그리고 반제 회의 이후로 유대인 수용소가 풀가동되기 시작했다.

히틀러는 파리에서 후퇴할 때 "파리를 불태우라"고 외쳤고, 베를린이 함락당할 때는 "독일 전역의 기계를 부수라"고 명령했다. 그는 파괴적인 광기를 가진 성격이었던 것이다. 결국 히틀러는 애인과 함께 자살했고 1945년 5월에 독일은 무조건 항복했다.

패전으로 인해 도시가 분단된 베를린

제2차 세계대전 말기부터 소련 중심의 공산주의 진영과 미국 중심의 자유주의 진영의 대립이 심각해지고 있었다.

그러다 1945년에 독일이 패전하면서 미국·영국·프랑스·소련의 분할 통치가 시작되었다. 독일의 동쪽은 소련이, 서쪽은 미국·영국·프랑스가 점령했다. 수도 베를린의 위치는 동독일 쪽에 있었지만 베를린도 동서로 분할되었고 서베를린 지구는 미국·영국·프랑스 땅이 되었다. 이 지구는 3개국이 점령하고 있다는 뜻에서 '트라이 존'이라 불렸다.

1. 스탈린이 서베를린을 봉쇄하다

1947년, 미국은 유럽 경제의 부흥을 원조하는 계획인 마셜 플랜Marshall Plan을 세우고 이 계획을 서베를린 지구(트라이 존)에서도 실행하려 했다. 이에 반발한 스탈린은 서독일에서 서베를린으로 통하는 도로와 철도를 완전히 봉쇄했다.

하지만 미국은 단호한 공수 작전으로 대항했다. 다행히도 20년대에 문을 연 템펠호프 공항이 서베를린 지구에 있었던 것이다. 미국은 수 분 간격을 두고 서독일 지구에서 템펠호프 공항으로 식료품 등의 생활필수품을 계속해서 공수했다.

하늘을 통해 지원한다는 발상과 미국의 단호한 결의는 승리를 가져다주었고, 1949년에 소련은 봉쇄를 해제했다.

2. 서베를린에 베를린 자유대학이 탄생하다

베를린대학은 동베를린 지구에 있었다. 하지만 공산주의 체제하에서 강한 통제와 억압이 자행되자 학생과 교수들은 저항 운동을 벌였다. 공수 작전이 한창이던 때 이 운동도 최고조에 이르렀고, 탄압을 피해 서베를린으로 넘어온 학생과 교수들이 1948년에 베를린 자유대학을 설립했다. 이 학교는 학비도 저렴했고 서쪽에서 온 우수한 선생들도 교수진에 포함되어 있었다. 공산주의권에서도 고립된 섬이나 다름없던 베를린에 자유대학이 생기면서 수준 높은 학문의 장이 갖추어지자 세계적으로도 높은 평가를 받았다. 내가 학생이었던 1960년대 후반에는 다들 '베를린 자유대학이라니, 멋있다'라고 생각했었다. 베를린 자유대학은 동쪽에 고립되어 있는 베를린대학을 대신해서 서쪽 문화의 쇼윈도 역할을 했다. 베를린 공수가 서쪽 물자 문명이 얼마나 풍부한지 보여주었던 것처럼 말이다.

베를린 장벽 붕괴, 냉전 종결, 동독과 서독 통일

저마다 강력한 핵무기를 보유한 미국과 소련이 주축이 되어 동서로 나뉘었던 1900년대 중후반. 양 진영은 서로 힘을 겨루면서도 무기 없는 전쟁을 펼치는 시대를 만들어냈다. 미국 평론가인 리프만이 이러한 대립 상태를 '냉전cold war'이라고 표현한 것은 1947년의 일이었다. 베를린 공수 작전도 그 차가운 전쟁 중 하나였다. 냉전 체제는 독일 외에도 베트남과 한반도에 분단국가를 만들었지만, 세계대전은 일으키지 않는 상태로 지속되었다. 이러한 정세에서 서쪽에는 본Bonn을 수도로 삼은 독일연방공화국이 들어섰다 (1949년 5월). 그리고 이에 대항하듯 동쪽에 독일민주공화국이 세워졌다. 수도는 동베를린이었다(1949년 10월).

1961년 1월, 미국에서는 케네디가 대통령이 되었다. 같은 해 4월 소련은 인류 최초로 유인 우주 비행에 성공했다. 스탈린의 사망 후 지도자가 된 소련 공산당 제1서기 흐루쇼프는 떠오르는 해처럼 기세를 떨쳤고, 소련의 국력이 미국을 앞지를 날이 멀지 않았다고 호언장담했다. 하지만 미국보다 한발 앞선 것은 우주 개발과 원자력 개발 부분이었을 뿐, 국민들의 생활수준은 낮았으며 소비재에 대한 정책도 뒷전이었다. 결과적으로 동독은 빈곤에서 벗어나지 못했고 생계를 위해 동베를린에서 서베를린으로 넘어가는 시민들 수만 계속해서 증가했다.

1961년 6월, 흐루쇼프와 케네디는 처음으로 빈에서 회담을 가졌다. 이때 동독에서 서독으로 도망가는 사람들에 대한 이야기도 나왔는데, 케네디는 서독을 끝까지 지키겠다고 선언하며 동쪽에서 유입되는 도망자들을 묵인했다. 이에 같은 해 8월, 동독 정부는 흐루쇼프의 명령을 받아 베를린에 장벽을 쌓아올리기 시작했다. 동서 베를린의 경계선에 총 길이 155킬로미터에 달하는 벽을 세우고 주요 도로에는 검문소도 설치했다.

이동의 자유를 막는 벽이 생기자 동쪽에서 서쪽으로 유입되는 인구수도 감소했다.

1985년, 소련 공산당 서기장에 취임한 고르바초프는 페레스트로이카(개혁)와 글라스노스트(정보 공개)를 슬로건으로 내걸고 대담한 개혁을 추진했다. 그리고 예전처럼(헝가리 동란이나 프라하의 봄) 동유럽 국가들의 민주화 운동을 무력으로 방해하지 않겠다고 발표했다(1989년 '유럽 공통의 집' 선언). 고르바초프의 이 발언을 믿은 사람들이 잇달아 동유럽혁명을 일으킨 끝에 공산당 정권이 무너졌다. 그런데 고르바초프의 선언대로 소련의 전차는 나타나지 않았다.

상황이 이렇게 되자 동베를린 시민들이 베를린 장벽으로 몰려들었고, 서베를린 쪽에서도 사람들이 밀어닥쳤다. 결국 1989년 11월에 동독 정부가 베를린 장벽을 개방하자 시민들은 벽을 무너뜨렸다. 고르바초프와 조지 부

베를린 장벽

고도의 경제 성장을 이룩한 서베를린으로 도망가는 사람들이 많았다. 그러자 소련의 명령으로 동베를린이 1961년에 경계선을 봉쇄하고 서베를린을 에워싸는 형태로 벽을 만들어 교통을 차단했다. 1989년에 철거되었다.

시(George H. W. Bush, 아버지 부시) 대통령은 12월에 냉전 종결을 선언했다 (몰타 회담). 그리고 1990년 10월, 동독과 서독이 통일되면서 국가명은 '독일연방공화국'이 되었다. 수도는 베를린이었다.

20세기 베를린, 21세기 베를린

독일은 연방공화국이다. 즉, 독립성이 강한 열여섯 개의 주(이름 앞에 '자유한자도시'를 붙이는 브레멘과 함부르크 포함)가 하나의 국가 주권으로 통합되어 있는 형태의 국가인 것이다. 특히 독일에서는 제후들이 다스리던 시대의 전통도 남아 있어서 중앙집권이 강하지 않았다. 예를 들어 남쪽 지방인 뮌헨에 가면 시민들은 "우리는 바이에른이다"라고 말하고, 북쪽 함부르크에 가면 차량 번호가 HH로 시작한다. HH는 '자유한자도시 함부르크'의 앞 글자를 딴 것이다.

제2차 세계대전 중 독일은, 도시가 공습으로 파괴되더라도 베를린의 지시를 기다리지 말고 지자체의 의향에 따라 복구하도록 했다. 참고로 일본은 태평양전쟁 말기에 대본영大本營, 전시에 천황 직속으로 두었던 최고 통수부의 발표만 기다려야 했고, 어딘가가 파괴되더라도 도쿄의 명령 없이는 지자체가 스스로 할 수 있는 일이 없었다.

비스마르크 시대 때 참모총장이었던 몰트케는 하사관급 교육을 철저히 시켰으며, 그 덕분에 부하들은 스스로 생각해서 스스로 전투를 지휘하는 능력을 키울 수 있었다. 이것이 중앙정부의 명령 없이도 사태를 해결할 수 있는 대응력을 키우는 데에 큰 역할을 했다고 생각한다. 그렇지만 애초부터 독일은 자립성이 높은 지방이 서로 경쟁하는 형태로 오늘날까지 이어져 온 국가이기도 하다.

런던과 파리에 비해 새로운 도시인 베를린은 그 성격도 런던·파리와 다르다. 현재 유럽에서는 EU 체제가 흔들리고 있다. 다발하는 테러와 밀어닥치는 시리아 난민들로 고민이 깊어지는 상황 속에서, EU의 동향에 커다란 영향력을 행사하는 국가가 바로 독일이다.

20세기 전쟁의 시대 때 뜻밖에도 주역이 되어버린 도시가 베를린이다. 이 베를린이 21세기 유럽에서 어떻게 독일과 EU를 통합시켜서 평화의 중심에 설 것인지 주목할 때다.

베를린 관련 연표

서기(연도)	사 건
1157	호엔슈타우펜왕조의 프리드리히 1세가 브란덴부르크 변경백에 아스카니어 가문의 알브레히트 백작을 임명
1197	슈판다우라는 지명이 고문서에 등장(1232년에 도시 특권 부여)
1237	슈프레강 모래톱에 쾰른이라는 도시명이 문헌에 등장
1244	슈프레강 오른쪽 강변에 베를린이라는 도시명이 문헌에 등장
1255	십자군 국가인 독일 기사단, 프로이센인이 사는 프로이센에 기사단령을 수립
1307	베를린과 쾰른이 쌍둥이 마을로 통합, 브란덴부르크 변경백령 도시가 됨
1320	아스카니어 가문의 혈통이 끊기고 비텔스바흐 가문이 변경백령을 이어받음
1356	룩셈부르크가의 카를 4세, 금인칙서로 일곱 명의 선제후를 결정. 1373년, 변경백령 매수
1380	베를린 대화재. 시청과 교회가 소실됨
1410	탄넨베르크 전투에서 독일 기사단이 폴란드 · 리투아니아 연합군에 패배. 기사단령은 폴란드가 지배하는 프로이센공국이 됨
1415	호엔촐레른가의 프리드리히 1세, 브란덴부르크 변경백이 됨
1417	베를린이 변경백령의 수도가 됨
1567	베를린과 슈판다우 사이에서 곤봉전쟁이 일어남
1618	개신교파와 로마 교회파의 30년전쟁 발발
1640	프리드리히 빌헬름, 브란덴부르크 변경백이 됨(~1688년). 베를린이 국제도시로 탈바꿈하기 시작함
1701	스페인계승전쟁 발발(~1713년). 프로이센왕국이 탄생하고 프리드리히 3세가 왕위에 오름(프리드리히 1세)
1791	프리드리히 빌헬름 2세가 베를린의 상징인 브란덴부르크 문을 완성
1806	나폴레옹이 베를린을 점령
1810	언어학자이자 정치가인 훔볼트, 베를린대학(현재 훔볼트대학)을 설립
1871	프로이센 · 프랑스전쟁(1870년~)에서 프로이센이 승리. 빌헬름 1세, 베르사유 궁전에서 초대 독일 황제에 취임. 베를린은 독일제국의 수도가 됨
1914	제1차 세계대전 발발(~1918년). 전쟁이 끝난 후 독일제국 붕괴. 호엔촐레른가 시대의 종말
1919	스파르타쿠스단 봉기. 바이마르 헌법이 공포됨
1920	베를린, 주변 시와 마을을 합병하여 '대베를린'을 만듦. 런던, 뉴욕에 이어 세계 인구 3위 도시가 됨. 같은 해, 전년도에 성립된 독일 노동자당이 나치스로 개칭함
1934	히틀러가 스스로 총통이라 칭하며 제3제국 시작
1936	베를린 올림픽 개최
1939	제2차 세계대전 발발(~1945년)
1945	미 · 영 · 프 · 소 4개국이 독일을 분할 통치. 베를린도 동서로 나뉨
1949	서쪽에 독일연방공화국(수도: 본), 동쪽에 독일민주공화국(수도: 동베를린)이 들어섬
1961	동독, 동서 베를린의 경계선에 베를린 장벽 건설
1989	동독, 경계선의 벽을 개방. 베를린 장벽이 무너짐
1990	동독과 서독 통일되고 베를린을 수도로 삼은 독일연방공화국이 탄생

• 베를린의 세계문화유산(구조물)

뮤제움스인젤(Museumsinsel, 박물관섬) / 베를린 모더니즘 주택단지 / 포츠담 · 베를린의 궁전과 공원 / 야그드슐로스 글리에니케(Jagdschloss Glienicke, 수렵용 별장)

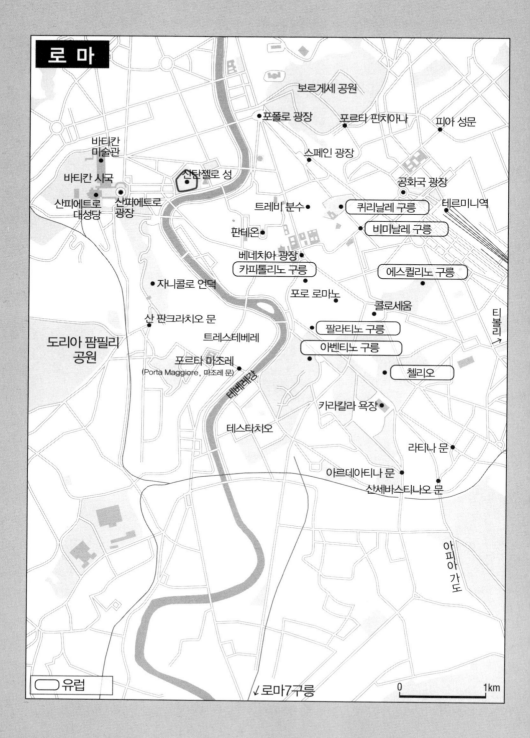

로 마

보르게세 공원

포폴로 광장

포르타 핀치아나

피아 성문

바티칸
미술관

스페인 광장

바티칸 시국

산탄젤로 성

공화국 광장

산피에트로
대성당

산피에트로
광장

트레비 분수

퀴리날레 구릉

테르미니역

판테온

비미날레 구릉

베네치아 광장

카피톨리노 구릉

에스퀼리노 구릉

자니콜로 언덕

포로 로마노

콜로세움

산 판크라치오 문

팔라티노 구릉

도리아 팜필리
공원

트레스테베레

아벤티노 구릉

티볼리↗

포르타 마조레
(Porta Maggiore, 마조레 문)

첼리오

테베레강

카라칼라 욕장

테스타치오

라티나 문

아르데아티나 문

산세바스티나오 문

아피아 가도

유럽

로마7구릉

0   1km

제10장

예나 지금이나 영원의 도시
로마

고대 로마 때부터 이어진 유럽의 동경과 긍지

이 도시를 가깝게 느낄 수 있게 해준 영화 〈로마의 휴일〉

1953년, 미국에서 할리우드 영화 〈로마의 휴일〉이 개봉되었다. 일본에서는 1954년에 상영되었고, 한국에서는 1955년에 상영되었다.

영화의 내용은 이렇다.

유럽 어느 유서 깊은 왕국의 앤 공주가 유럽 각국을 예방한다. 그리고 마지막 방문국인 이탈리아의 로마에 갔을 때, 빡빡한 일정과 형식적인 행사에 싫증난 그녀는 거리로 뛰쳐나간다. 하지만 그녀는 피로 회복과 심신의 안정을 위해 진정제를 복용한 상태였기 때문에 어느 벤치에서 잠들고 만다. 마침 그곳을 지나가던 미국인 신문기자 조 브레들리가 그 모습을 보고 그냥 내버려 둘 수 없어 보살피다가 결국 자신의 아파트로 데려와 재우게 된다. 다음 날 아침, 그녀의 정체를 알게 된 조는 카메라맨인 친구 어빙과 둘이서 공주의 비밀스러운 로마 체험을 특종기사로 내보내자는 작전을 세운다. 조는 직업을 속이고 그녀를 스쿠터 뒷자리에 태워 로마의 명소를 돌았고 어빙이 그 모습을 카메라에 담는다.

앤 공주와 신문기자 조가 펼치는, 자유롭고 즐거운 로마의 휴일에 일어난 일들이 이 영화의 시나리오다.

당시 무명 신인에 불과했던 오드리 햅번이 앤 공주 역을, 신문기자 조는 당대의 대스타였던 그레고리 펙이 맡았다. 이 영화는 그 무렵의 미국 영화에서는 보기 드물게 거의 모든 장면을 로마에서 직접 촬영했다. 주요 촬영 스태프들도 이탈리아 영화계 종사자들이었고 영화에 등장하는 스쿠터나 자동차도 이탈리아 제품이었다.

20세기 후반에 미국과 일본에서 로마의 인기를 드높인 〈로마의 휴일〉은 무엇보다도 로마의 훌륭한 명소와 유적을 안내해준다는 점에서 큰 주목을 받았다. 애당초 로마는 그 자체로 이미 관광 명소다. 도시를 한 번 돌기만 해도 관광 명소가 즐비하다. 판테온, 콜로세움, 산탄젤로 성, 진실의 입, 산피에트로 대성당, 트레비 분수, 스페인 광장. 여기 나열한 곳들 중 진실의 입까지가 로마제국 시대, 산피에트로 대성당은 르네상스의 중심지가 로마로 옮겨왔던 시대, 남은 두 곳이 17~18세기 바로크 시대에 만들어졌다. 여기에서 바로크란 '모양이 고르지 않은 진주'라는 뜻으로, 자유로우면서도 형식에 얽매이지 않는 화려한 조형미를 표현하는 말이다.

그런데 로마라는 도시는 로마제국의 수도로서 화려하게 꽃피었던 시대가 있기 때문에 로마제국과 개념이 혼동될 수 있다. 하지만 사실 이 둘은 상당히 다르다. 디오클레티아누스(재위 284~305년)는 로마제국을 동서로 크게 나눈 지 얼마 되지 않아 사분 통치(테트라키)를 실현했고 동쪽의 황제가 되어 니코메디아로 천도했다(293년). 이때 서쪽 황제가 다스리던 땅의 수도는 밀라노였다. 이때 이후로 로마가 제국의 수도가 되는 일은 없었다. 그리고 330년부터는 콘스탄티노플이 새로운 로마가 되었다.

로마시와 로마제국의 발자취는 결코 같지 않다. 이번 장에서는 '도시' 로마의 역사를 살펴보려 한다.

로물루스와 레무스의 건국 전설이 만들어졌을 무렵

지금의 로마 부근에 사람이 살기 시작한 것은 기원전 9세기에서 8세기 무렵부터였다. 유라시아 대륙에서 이동해온 사람들이 동유럽에서 소아시아·발칸반도를 거쳐 차례대로 남하해왔다. 이렇게 모여든 다양한 민족들이 로마 쪽에 터를 잡았다. 그들은 유럽의 고어인 라틴어를 구사했기 때문에 그들을 통틀어 '라틴 민족'이라고 부르게 되었다. 라틴 민족이라는 이름을 가진 민족이 따로 있었던 것은 아니다.

전설상으로는 트로이의 영웅 아이네이아스의 자손 중 쌍둥이 형제인 로물루스Romulus와 레무스Remus가 늑대의 젖을 먹고 자라서 훗날 로마시를 건국했다고 전해진다. 이 두 사람이 처음 로마를 건국하려고 생각했던 장소는, 로마시를 가로지르는 테베레강 하구에서 25킬로미터 정도 거슬러 올라간 왼쪽 강변 지역이었다고 한다. 오늘날 로마7구릉이라 불리는 곳이다.

그런데 이 왼쪽 강변 지역은 템스강·센강과 마찬가지로 저습지땅이 낮고 축축한 곳였다. 그 안에 작은 언덕들이 산재해 있었던 것이지 일곱 개의 큼지막한 언덕이 자리 잡고 있었던 것은 아니다. 이야기로서 '로마7구릉'이 전승되었다고 생각하면 될 것이다.

일곱 개의 구릉지를 정복한 로물루스와 레무스는 어떤 언덕을 거주지의 중심으로 삼을지 논의했지만 결정을 내리지 못했다. 그래서 새를 이용해 점을 쳤다. 풀어준 새가 날아가는 방향에 있는 언덕에 살기로 한 것이다. 그렇게 정해진 곳이 '팔라티노구릉'이었고, 로물루스와 레무스 일족은 그곳에 자리를 잡았다. 하지만 쌍둥이 형제는 결국 극심하게 대립하는 관계가 되고 말았고, 최종적으로는 형인 로물루스가 레무스를 살해한 뒤 스스로 로마의 건국자가 되었다.

이 팔라티노구릉 북쪽으로 펼쳐진 지역을 포로 로마노Foro Romano라고 부르는데, 이곳에 가면 고대 로마 시대의 유적이 많이 남아 있다.

포로 로마노와 콜로세움

포로 로마노는 로마에 있는 고대 로마 시대 유적이다. 콜로세움은 로마 제정기에 건축된 원형 경기장으로, 세계
적으로 유명한 관광 명소다.

나는 중학생 시절 로마 건국 연도가 기원전 753년이라고 배웠다. '기원전
시치고산七五三, 일본에서 3세 · 5세 · 7세가 되는 어린이의 성장을 축하하는 행사'이라고 외운 기
억이 있는데 실제로는 그전부터 사람들이 살고 있었다는 사실이 밝혀졌다.
그들의 외교와 전쟁을 통해 로마의 모습이 갖추어진 것이다.

사비니전쟁과 루크레티아 사건을 계기로 로마공화국이 탄생하다

로물루스와 부하들은 팔라티노구릉에 자신들의 마을을 만들고자 했지만,
다음 세대를 낳고 길러줄 여성의 수가 절대적으로 부족했다. 그래서 로마의
남성들은 북동 지역에 있는 사비니Savigny 지역을 습격하여 사비니족의 젊은
여성들을 납치했다. 이에 분노한 사비니 남성들은 3년 동안 수의 차림으로

지내며 복수 혈전을 준비하다가 마침내 로마를 공격했다.

이러한 전쟁을 몇 번이나 반복하는 동안 로마에 납치된 여성들에게서 아이가 태어났다. 그러자 그녀들은 자신의 남편과 아버지, 오빠가 서로 죽이는 싸움을 필사적으로 말리게 되었다. 이때의 이야기는 피터 파울 루벤스, 니콜라 푸생, 자크 루이 다비드를 비롯한 수많은 거장들이 〈사비니 여인들의 납치〉, 〈사비니 여인들의 중재〉 등의 작품으로 그려냈다.

사비니전쟁(기원전 752년)은 사비니족이 로마와 합병되는 과정에서 일어난 사건이라 할 수 있다. 이 전쟁 전후로 250년 남짓한 시간 동안 로마의 왕정 시대가 이어졌다. 왕정이라고는 해도 큰 규모 부족의 수장 정도에 불과했지만 말이다. 그리고 루크레티아 사건이 일어났다.

로마가 다른 부족과 전쟁을 치를 때 루크레티아라는 아름다운 부인이 전

사비니의 여인들

사비니의 여인들이 로마인과 싸우는 사비니 남자들 사이에 끼어들어 필사적으로 전쟁을 말리려고 하는 모습을 그린 다비드의 그림. 루브르 박물관이 소장하고 있다.

장에서 남편(콜라티누스)이 돌아오기를 기다리고 있었다. 하지만 그녀의 미모에 반한 로마 왕의 아들 섹스투스가 집에 몰래 잠입하여 그녀를 능욕했고, 루크레티아는 아버지와 남편에게 복수를 부탁한 후 자살했다. 그녀의 죽음에 관한 작품 또한 많이 남겨져 있다. 이렇듯 고대의 로마는 유럽 회화에 수많은 소재를 제공했다.

다시 본론으로 돌아오면, 로마 사람들은 로마의 야만적인 행동에 분노하여 왕가 일족을 7구릉에서 추방했다. 이 사건으로 로마의 왕정이 막을 내렸다(기원전 509년).

그런데 250년 동안 이어진 왕정 시대에서 군주의 이름을 분석해보니, 최초의 네 명이 라틴·사비니 계열 사람들이고 나머지 세 명은 에트루리아 계열이었다는 사실이 밝혀졌다. 선진국이었던 에트루리아 사람들이 로마를 지배하던 시절이 있었는데, 로마인이 세력을 확대하면서 에트루리아인을 동화시켰고 스스로 권력을 쥐게 된 것이 아닐까 하는 추측이 있다.

에트루리아인은 기원전 1000년경부터 이탈리아반도 중서부에 있는 토스카나 지방에 살고 있었던 것으로 추정된다. 미적 감각이 돋보이는 그들의 금속 가공 기술과 토목 기술은 로마인들에게도 영향을 끼쳤다.

로마에 내재하던 모순이 드러나기 시작하다

부족이 모여 사는 마을 수준이었던 로마는, 왕가 일족을 추방한 무렵부터 일곱 개의 언덕을 중심으로 도시국가로 성장했다. 그들은 이때 공화정 체제를 도입했다(기원전 509년).

이때부터 SPQR이라는 로마 약호가 등장한다. 'SPQR'은 'Senatus Populusque Romanus(로마의 원로원과 대중)'의 약자다. 로마는 대중(시민)과 원로원으로 구성된다고 명시하고 있는 것이다. 구체적으로는 자작농으로 살아가는 평민과 건국 전통을 보유한 귀족들이 서로 경쟁하고 그것을 원로원이 조율해 나가는 정치를 추진하는 것이 공화정이었다. 원로원은 귀족 출신 지식인과 자산가들의 집단이었다.

공화정 체제가 된 로마는 기원전 390년에 갈리아인의 침략을 받고 알리아 강변에서 싸우게 되었다. 로마는 이 알리아 전투에서 패배한 후 무참히 약탈당했지만 간신히 적을 쫓아냈고, 북쪽의 침략에 대비하여 성벽을 세웠다. 그리고 도로와 수도를 만들기 시작했다. 수도 건설은 동방의 세계제국인 아케메네스왕조 페르시아의 도로망을 본떴고 토목 기술은 에트루리아인에게 배운 것이었다.

로마에서 사방으로 뻗어 나가는 도로가 건설되었다는 것은, 이 도시국가의 세력이 이탈리아반도 전역에 미치기 시작했다는 것을 의미한다.

점차 강대국이 되어간 로마는 기원전 264년경부터 지중해의 패권을 걸고 페니키아인과 전쟁을 벌였다. 페니키아인은 오늘날 시리아와 레바논을 본거지로 두었던 해양 민족으로, 당시 거점은 지금의 튀니지 북부에 있는 카르타고였다. 이 전쟁이 바로 그 유명한 포에니전쟁이다. 포에니란 라틴어로 페니키아를 뜻하는 말이다. 포에니전쟁은 세 차례에 걸쳐 일어났고(기원전 264~146년), 전장은 이탈리아반도에서 아프리카 북부에 이르렀다. 로마는 포에니전쟁 이후 마케도니아전쟁도 치렀다(기원전 215~148년). 마케도니아는 발칸반도 그리스 북방에 있던 그리스인의 대국이었다. 알렉산더 대왕이 등장하여 세계제국 아케메네스왕조를 멸망시켰던 그 나라다(기원전 330년). 마케도니아전쟁은 네 차례에 달했고, 그 전장은 발칸반도였다.

로마는 이 두 전쟁에서 승리를 거두고 비약적으로 영토를 확장시킴으로써 지중해의 대국이 되었다.

그런데 SPQR의 로마는 그리스 같은 도시국가였다. 도시국가에서는 원칙적으로 시민권을 가진 남자들은 모두 병역의 의무를 져야 했다. 그리스의 철학자 소크라테스도 전쟁터에 나간 바 있다. 이러한 병사들 대부분이 평소에는 자신의 농지를 일구는 자작농이었다.

평소에는 자작농으로 생활하다가 전쟁이 터지면 병사가 되는 것이다. 로마 시민들은 그렇게 싸워가며 SPQR을 강화해 나갔다. 그런데, 예를 들어 전장이 북쪽 포Po강 부근이거나 남쪽의 코르시카Corsica섬이라면 농지를 떠나 있는 기간도 짧다. 하지만 카르타고는 북아프리카, 마케도니아는 그리스에 있었다. 자작농이 그렇게 멀리까지 간다면 어떻게 될까? 돌아와서 보면 방치된 농지가 엉망이 되어 있기도 하고, 심하면 누군가에게 약탈당하는 등 피해가 만만치 않았다.

자작농인 시민 모두가 병사가 되는 목가적인 제도는, 전장이 멀어서 원정 기간이 길어지면 붕괴될 수밖에 없다. 로마가 전쟁에서 승리를 거두어 대국이 되자 로마를 지탱하는 평민층(중간층)이 무너지기 시작했고, 결국 다들 토지를 처분해버렸다. 그러면서 토지는 대귀족의 손에 들어갔고 중간층은 농업 노동자가 되었다. 빈부 격차는 이렇게 발생하기 시작했다.

평민층의 몰락이 내란 시대를 불러일으키다

중간층이 무너지는 것을 막기 위해 일어선 이들이 있었으니, 그들은 바로 그라쿠스 형제였다. 그라쿠스 형제는 토지를 독점한 귀족들에게서 토지를 다시 빼앗아 평민들에게 나누어주는 정책을 추진하려 했다. 그 정책을 통해 평민이자 병사이기도 한 중간층의 부활을 꾀한 것이다.

하지만 이 정책은 원로원과 귀족들의 맹렬한 반대에 부딪혔다. 결국 형인 티베리우스가 암살되었고(기원전 133년), 형이 못다 이룬 뜻을 이어받은 동생 가이우스도 죽음을 맞이했다(기원전 121년).

그 이후에도 중간층을 구제하는 것이 아닌, 군제 그 자체를 개혁함으로써 공화정 로마를 위기에서 구해내려 한 정치가가 등장했다. 평민 출신의 군인 정치가 마리우스였다.

그는 농노로 몰락하는 중간층(평민)을 중심으로 지원을 받아 병사를 채용했고 군제 개혁을 추진했다(기원전 107년). 그런데 이 지원병들에게는 임금을 지불해야 했다. 그 결과 임금을 지불할 능력을 가진 귀족들은 앞다투어 사병私兵을 보유하게 되었다. 사병을 보유하는 속내는 자신이 로마를 제압하기 위해서였다.

이러한 귀족의 전형을 보여준 사람이 술라였다. 그는 마리우스의 부관직에서 출세한 야심 있는 사내였다. 그는 평민 측에 선 마리우스와는 반대로 귀족의 이익을 중시했다. 필연적으로 두 사람은 대립할 수밖에 없었고, 로마 시내에서 두 파가 서로 투쟁하는 사태에 이르렀다.

마리우스와 술라가 펼친 시가전은, 마리우스가 병사하고(기원전 86년) 그의 뒤를 이어받은 킨나도 사고사하면서(기원전 84년) 술라가 독재관의 지위를 얻는 것으로 끝이 났다(기원전 81년). 기원전 78년에 술라가 병으로 사망한 후에야 로마는 사투私鬪의 공포에서 벗어날 수 있었다.

로마를 변화시킨 카이사르, 유지를 이어받은 옥타비아누스

술라가 죽고 수년이 지난 후, 검투사 스파르타쿠스를 수령으로 한 검투사 노예 집단의 대반란이 일어났다(기원전 73~71년). 이 반란을 제압한 이가 귀족이었던 폼페이우스와 크라수스였다. 이 두 사람, 그리고 천재적인 군략가이자 평민 병사들로부터 절대적인 지지를 받은 율리우스 카이사르까지 합세해서, 융통성이 없어 실정을 거듭하던 원로원을 제압해 삼두三頭정치 체제를 만들었다(기원전 60년).

이 무렵부터 카이사르 · 옥타비아누스의 치세 시절까지 이어지는 역사는 로마제국사 중에서도 가장 다채롭다. 그래서 이미 많은 이야기들이 전해져 내려오고 있다. 여기에서는 굵직한 역사의 흐름만 다루어보기로 하자.

삼두정치가 무엇인가 하면, 광대한 로마를 세 명이 분할해서 지배하는 체제를 말한다. 카이사르는 서쪽(갈리아 지방 중심), 폼페이우스는 이탈리아반도와 북아프리카, 크라수스는 동쪽 파르티아를 통치했다. 하지만 삼두정치는 크라수스가 전사하면서 붕괴되었다. 폼페이우스는 갈리아를 중심으로 유럽에서 대규모 병력을 거느리고 있던 카이사르를 경계했는데, 끝끝내 원로원을 아군으로 끌어들여 카이사르와의 협력 관계를 끊어버린 것이다. 갈리아에서 이 사실을 알게 된 카이사르는 결연한 태도로 루비콘강을 건너와 로마를 제압했다(기원전 49년).

카이사르는 이집트로 도망간 폼페이우스를 추격했고, 이집트 왕이 폼페이우스를 암살한 것을 알게 된 후 독재관의 자리에 올랐다(기원전 46년, 이집트 왕은 폼페이우스의 망명을 받아주면 카이사르의 화를 자초할 것이고, 폼페이우스의 요청을 거부했다가는 훗날 앙갚음을 할지도 모른다고 생각하여 그를 암살했다). 종신 임기인 독재관이 되었다는 사실만 보면, 사병을 동원해서 종신 독재관이 된 군벌 정치가 술라와 마찬가지라 할 수 있다.

카이사르가 의도한 것은 무엇이었을까? 그는 시민 개병을 전제로 한 직접민주제의 도시국가 체제로는 지중해를 제패한 대국 로마를 통치할 수 없다는 사실을 깨달았을 것이다. 로마를 통치하려면 국가 중심부에 군주가 있고, 관료 조직과 전문 군인 조직이 갖추어진 중앙집권 체제가 필요하다고 생각했으리라. 페르시아의 아케메네스왕조처럼 말이다.

하지만 그는 그 목표를 이루기도 전에 원로원의 브루투스 일파에 의해 암살당했다. 그리고 그가 죽은 후 두 번째 삼두정치 체제가 시작되었다(기원전 43년). 핵심 멤버는 카이사르의 부하 장군이었던 안토니우스, 카이사르 조카의 아들이자 카이사르의 양아들이었던 옥타비아누스였다. 남은 한 자리는 역량이 다소 떨어지는 정치가였던 레피두스가 맡았다. 원로원은 이 세 사람에게 국가 재건을 맡겼지만, 여기에서도 안토니우스와 옥타비아누스가 대립하면서 제2차 삼두정치도 오래가지 못했다.

율리우스 카이사르

공화정 로마 때의 정치가. 제1차 삼두정치를 펼친 후 종신 독재관이 되었다. 공화정 일파에 의해 암살되었다.

프톨레마이오스왕조의 이집트 공주 클레오파트라 7세와 결혼한 안토니우스는 발칸 반도 연안에 가까운 악티움 앞바다에서 일어난 전쟁에서 옥타비아누스에 패배했다(기원전 31년). 이듬해 안토니우스는 자살했고 그 소식을 전해들은 클레오파트라도 스스로 목숨을 끊었다. 옥타비아누스의 승리가 확정되면서 이집트는 로마 영토가 되었다.

그라쿠스 형제가 암살된 이래, 로마를 들끓게 하던 내란의 한 세기는 이로써 막을 내렸다.

원로원은 옥타비아누스에게 '아우구스투스(존엄왕)'라는 호칭을 주었고 공화정의 거의 모든 권한을 옥타비아누스에게 위임했다. 로마공화국의 명칭은 이때부터 SPQR이었지만, 실질적으로는 제정 시대가 시작된 것이나 다름없었다. 그리고 그는 초대 로마제국 황제 아우구스투스라 불리게 되었다(기원전 27년).

돌이켜 생각해보면, 많은 토지를 소유한 귀족들과 원로원의 권력을 꺾고 중간층을 탄탄하게 만들겠다는 정책 그 자체는, 그라쿠스 형제에서 마리우스로 이어져서 카이사르가 더욱 계획적으로 실행했다는 것을 알 수 있다. 그리고 카이사르가 죽은 후에는 뛰어난 자질의 소유자인 아우구스투스가 '로마제국'으로 재탄생시켰다.

참고로 카이사르·마리우스·술라는 깊은 인연으로 이어져 있었는데, 여기서는 로마라는 도시를 중심으로 이야기하고 있기 때문에 제국의 수도 로마 이야기로 다시 돌아가기로 하자.

폭군 네로가 포로 로마노를 재정비하다

로마제국의 5대 황제인 네로(Nero, 재위 54~68년)는 '폭군'이라는 이명異名을 남겼다. 하지만 전해져 내려오는 지독한 행위들이 모두 다 사실이었던 것은 아닌 듯하다. 그가 황제였을 때 로마의 중심부인 포로 로마노가 전대미문의 불길에 휩싸이는 바람에 대부분의 가옥이 소실된 사건이 있었다. 이를 보고 네로는 인가가 지나치게 밀집해 있던 포로 로마노를 정리할 수 있겠다고 생각했고, 지역의 재정비에 힘을 쏟았다. 오늘날 포로 로마노의 원형은 그렇게 생겨났다. 80년에는 황제 티투스가 지금도 유명한 원형 경기장인 콜로세움을 포로 로마노 지구의 동쪽에 완성시켰다.

참고로 포로 로마노에서 '포로'는 '포럼'의 어원이다.

이 포로 로마노에 인접한 수많은 유적 중에는 판테온(만신전)이 있다. 로마 건축의 구조와 양식을 알 수 있는 것으로 유명한 이 건축물은 세계 최대 규모의 석조 건축물(로만 콘크리트 병용)이기도 하다. 현존하는 판테온(2대 째)은 반¥원구 돔으로 되어 있고, 둥근 천장의 채광창을 통해 자연광이 들어온다. 연간 강우량이 적은 로마이기에 가능한 구조라고 할 수 있다.

로마를 영원의 도시라고 부른 황제 하드리아누스

네로 시대로부터 약 30년의 시간이 흘렀을 무렵, 로마제국은 오현제 시대라 불리는 평화의 시대를 맞이했고 이는 100년 가까이 이어졌다.

여기에서 주목할 만한 점은 이 다섯 황제가 모두 양아들이었다는 것이다. 옛날 일본 상가(장사하는 집안)에서도 뒤를 이을 만한 자손이 마땅치 않으면,

딸을 상점 지배인과 결혼시켜서 후계자로 삼는 경우가 있었다.

로마제국의 영토는 오현제 중 두 번째인 트라야누스(Trajanus, 재위 98~117년) 시대 때 가장 넓었다.

세 번째인 하드리아누스(Hadrianus, 재위 117~138년)는 광활해진 영토를 전부 다스리기를 포기하고 방위와 정비에 힘을 쏟았다. 생애의 대부분을 로마제국 순행巡幸으로 보냈던 그에게, 그의 벗이자 시인인 플로루스는 이렇게 풍자했다.

"저는 황제가 되고 싶지 않습니다. 브리타니아를 떠돌거나 결국엔 얼어붙고 마는 스키타이의 서리 속에서 무릎에 스며드는 오한을 느끼고 싶지 않습니다."

하드리아누스 또한 이에 지지 않고 시로 답변했다.

"나는 플로루스가 되고 싶지 않소. 술집을 기웃대면서 파이와 완두콩을 먹고 와인 가게를 돌면서 벼룩에 감염되고 싶지 않소."

로마의 상류 계급들은 미녀와 넘쳐나는 음식에 둘러싸여 하루하루를 보낸다는 이미지가 있다. 하지만 사실 로마의 상류 계급은 그리스 이래 스토아학파의 철학을 생활의 규범으로 삼고 있었다. 검소한 차림으로 인민을 지키는 것이 지도자의 역할이라는 이념을 가지고 있었던 것이다. 금욕적이었고 특정 종교에 치우치는 일도 드물었다. 하드리아누스도 그런 황제 중 한 명이었다.

하드리아누스는 로마의 북동쪽 외곽에 있는 티볼리Tivoli에 별장을 가지고 있었다. 티볼리는 로마와 가까운 편인데, 지금도 아름다운 녹음과 분수를 자랑하는 작은 도시다. 하드리아누스는 이 별장 한쪽에 그가 순행했던 로마제국 내의 다양한 건축물 미니어처를 전시했다. 오늘날 테마파크와 비슷한 느낌이었을 것이다. 그는 자기만의 작은 로마에 '영원의 도시'라는 이름을 붙였다. 로마가 '영원의 도시'라 불리게 된 이유는 여기에서 유래했다.

이야기가 다시 앞으로 돌아가는데, 아까 언급했던 판테온을 마지막으로 완성시킨 사람이 이 하드리아누스였다. 그리고 로마의 테베레강 오른쪽에는 지금도 커다란 성이 있다. 산탄젤로 성(카스텔 산탄젤로)이라 불리는 이 성은 원래 하드리아누스의 영묘로 쓰기 위해 그가 직접 세운 것이었다. 이 산탄젤로 성과 로마 교황의 바티칸 궁전은 가까운 거리에 있는데, 사실 이 두 건물은 비밀 통로로 이어져 있어서 위기에 처했을 때 로마 교황이 이 통로를 통해 성으로 피신했다고 한다. 참고로 산탄젤로 성에서 '산탄젤로'는 '성천사聖天使'라는 뜻이다. 이 이름은 6세기 후반 흑사병이 맹위를 떨치던 때에 이 성의 상공에 천사가 나타났다는 일화에서 붙여졌다.

하드리아누스는 훗날 유르스나르의 걸작《하드리아누스의 회상록》을 통해 영원의 생명을 얻었다. 그의 뒤를 이어받은 안토니누스 피우스는 23년에 걸친 긴 치세 시절 동안 한 번도 이탈리아를 떠나지 않았다. 특필할 만한 사건도 발생하지 않았다. 따분한 시대라고 야유하는 목소리도 없지 않지만, 거꾸로 말하면 로마제국이 그만큼 오랜 기간 평화를 누렸다는 뜻이기도 하다. 그야말로 '인류 역사상 가장 행복했던 시대'(에드워드 기번)가 펼쳐졌던 것이다.

'세계의 재건자'라 불린 황제 아우렐리아누스

오현제 시대 때 로마가 평화로울 수 있었던 큰 요인은 당시 유라시아의 기후가 온난했기 때문이다. 하지만 2세기 중반 무렵부터 기온이 내려가기 시작했고, 북방에 살던 민족들이 남쪽으로 내려오면서 광대한 로마제국의 치안에 영향을 끼치기 시작했다.

지금의 터키 남동부에 있는 에데사Edessa 지역에서 사산조 페르시아군의 습격을 받은 로마 군대는, 당시 황제인 발레리아누스가 포로가 될 정도로 처참히 패배했다(259년).

갈리아 지방을 다스리고 있던 로마제국의 장군은 황제가 포로로 잡혔다는 사실을 알고 스스로 황제라 칭하며 마음대로 독립해버렸다. 또한 팔미라 Palmyra왕국의 제노비아 공주도 로마제국의 속국 처지에서 독립했고, 그녀의 아들을 아우구스투스(황제), 자신은 아우구스타라고 부르게 했다. 팔미라왕 국은 지금의 시리아와 팔레스타인 지방에 있었다.

로마제국은 3세기 중반에 이렇게 세 국가로 나뉘는 형태가 되어버렸는 데, 이때 등장한 로마 황제가 바로 명군 아우렐리아누스(Aureliauns, 재위 270~275년)다. 그는 팔미라로 진군했고, 수세에 몰려 유프라테스강을 건너 피신하려던 여왕 제노비아를 체포했다(272년). 뿐만 아니라 갈리아에도 가 서 스스로 갈리아 황제라 칭하던 장군을 항복시켰다(274년). 이리하여 아우 렐리아누스는 단기간에 로마제국을 재통일했다. 원로원은 기뻐하며 그에게 '세계의 재건자'라는 칭호를 부여했다.

아우렐리아누스는 그 후로도 이민족들이 침입하는 것을 막기 위해 로마 를 에워싸는 성벽을 쌓아올렸다. 그 성벽은 지금까지도 남아 있다. 아우렐리 아누스도 하드리아누스처럼 스토아학파의 철학을 신봉했고, 실제로도 강건 하게 살았으며, 황제의 직무에도 최선을 다하는 제왕이었다. 하지만 규율을 엄격하게 따진 것이 화가 되었는지 부하에게 암살당해 생을 마감했다. 재위 기간이 5년에 불과한, 그야말로 혜성 같은 생애였다.

로마제국이 로마를 버린 후 교황이 '로마 시장'이 되다

아우렐리아누스의 분투를 통해 한때는 세력을 만회한 로마제국도 이민족 들이 난입하자 국력이 쇠약해질 수밖에 없었다. 디오클레티아누스는 로마 제국을 분할 통치함으로써 국력을 회복하려 했지만 실현하지 못했으며, 콘 스탄티누스는 콘스탄티노플을 새로운 로마로 삼고 중심을 동방으로 옮겨서 제국 전체의 재건을 시도했다(330년).

이때, 로마에 살고 있던 귀족·관료·상인들은 모두 콘스탄티노플로 이

주했다. 하지만 로마 교회는 그대로 남았다. 일본에서도 고대 수도인 헤이조쿄(현재의 나라)에서 헤이안쿄(현재의 교토)로 천도했을 때, 나라 불교 사원의 두목 같은 존재였던 고후쿠지는 남아 있었다. 그 이유는 조정의 실질적인 지배자였던 후지와라 일족이 그들의 수호신을 카스가다이샤 신사에 모시고 있었는데, 그 신사가 나라에 있었던 것이다. 고후쿠지는 훗날 화를 입을까 두려워 움직이지 못했다. 로마 교회 또한 이와 마찬가지로 종교적인 이유 때문에 남았다. 예수의 첫 번째 제자인 베드로의 무덤을 지키는 것은 로마 교회의 소임이었기 때문에 터전을 옮길 수 없었던 것이다.

일본이 수도를 교토로 옮긴 이후 나라는 그저 옛 수도에 그쳤지만, 로마는 로마 교회의 지도자인 교황이 프랑크왕국의 무력을 이용하는 등 갖은 노력을 통해 세력을 만회했다. 로마 황제가 떠난 후에는 로마 교황이 지금의 시장 같은 역할을 하며 쇠퇴해져 가는 로마를 다시 살렸다고 할 수 있다.

그러면 로마 황제가 떠난 이후, 로마를 통치해온 로마 교황들 중 주목할 만한 인물을 중심으로 이야기를 해보기로 하자.

'대교황'이라 불린 두 교황 이야기

로마제국은 콘스탄티노플로 천도한 후에 이탈리아를 통치의 거점으로 삼고 라벤나Ravenna에 총독부를 설치했다(395년). 라벤나는 이탈리아반도의 동해안에 있는 곳인데, 해로를 이용하면 로마에서 가는 것보다 더 빨리 콘스탄티노플까지 갈 수 있었다. 오늘날 라벤나에 가면 산비탈레 성당 내부의 아름다운 모자이크 작품들을 통해 당시 번영을 누렸던 로마의 모습을 엿볼 수 있다.

당시 로마제국은 이탈리아반도의 라벤나를 주축으로 삼았기 때문에 로마(도시)는 더욱 쇠퇴해갔다. 초대 로마 황제 아우구스투스 시대에 100만 명이었던 것으로 알려졌던 로마 인구는 수만 명 정도로 급감했다.

로마 교회는 적은 수의 신도들과 함께 로마에서 근근이 포교 활동을 이어
갔다. 그러던 어느 날 다른 부족이 로마를 습격했다.

452년에 훈족의 왕인 아틸라가 로마를 공격하려 했을 때 교황이었던 레
오 1세(재위 440~461년)가 그를 설득하여 침략을 단념시켰다는 이야기는 제
8장에서 언급한 바 있다. 하지만 실은 당시 이탈리아에 역병이 돌고 있었
던 탓에 아틸라가 침략을 포기했다고 한다. 왜냐하면 레오 1세가 재임하던
때 반달족이 쳐들어왔고 이때 로마가 약탈당했기 때문이다(455년). 게다가
546년에는 동고트족도 로마를 약탈했다.

로마는 역사상 다섯 차례의 커다란 공격을 받았다. 우선 기원전 390년에
있었던 갈리아인의 침략, 그리고 410년 서고트족, 455년 반달족, 546년 동
고트족, 마지막이 합스부르크가家 카를 5세 휘하의 독일군 용병이 자행한

로마제국의 최대 영토

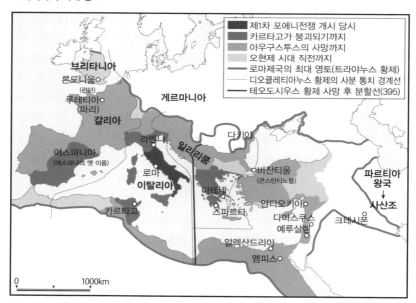

'로마의 약탈Sacco di Roma'이라 불린 사건이다(1527년). 이 다섯 차례의 약탈 중 세 차례가 5~6세기에 집중되어 있다. 로마는 이때 힘겨운 시대를 맞이했던 것이다. 이러한 때에 훈족을 설득했다는 전설이 남겨진 레오 1세는 실질적으로 초대 로마 교황이라 불린 인물이었다. 로마 교회에서는 그를 '대교황'이라 부른다. 바꿔 말하면 레오 1세 때부터 로마 교황은 로마 시장과 같은 역할을 하기 시작했다고 할 수 있다.

이쯤에서 '교황'이라는 호칭에 대해 이야기해보자. 고대 기독교에는 5대 교회가 있었다. 콘스탄티노플, 안티오키아, 알렉산드리아, 예루살렘, 그리고 로마다. 로마를 제외한 네 교회가 콘스탄티노플로 천도한 로마제국 측에 있었다. 다섯 교회 중 가장 높은 권위를 지녔던 곳은 황제 가까이에 있는 콘스탄티노플 교회였다. 이 교회들의 수장은 대주교라고 불리는 것이 일반적이지만, 알렉산드리아 교회와 로마 교회에서는 지도자를 교황(라틴어로는 Papa)이라고 부르는 관습이 있었다.

레오 1세 다음으로 로마 교회의 역사에서 대교황이라는 호칭을 받은 인물은 그레고리우스 1세(Gregorius, 재위 590~604년)였다. 예나 지금이나 교회에는 포교를 직업으로 하는 사제들이 있다. 그들은 생산적인 직업에 종사하지 않는다. 그러니 생계를 이어 나가기 위해서라도 신자를 늘려서 헌금을 모을 필요가 있었다. 하지만 당시 로마제국 동쪽의 선진 지역은 콘스탄티노플 교회가 신자들을 꽉 잡고 있었다. 그레고리우스 1세가 포교 활동을 할 만한 곳은 프랑크족을 비롯하여 미개한 민족이 지배하는 서유럽밖에 없었다.

그레고리우스 1세는 글을 읽지 못하는 서유럽 사람들에게 그림 연극으로 예수의 전기를 보여주거나 노래로 만들어서 포교 활동을 했다. 오늘날 그레고리오 성가聖歌의 원형은 그가 생각해낸 것이다.

하지만 로마 황제와 콘스탄티노플 교회는 이러한 로마 교회의 노력을 매서운 눈으로 감시하고 있었다. 동쪽에서 포교 활동을 하려고 하거나 '베드로

그레고리우스 1세

대교황이라 불린 로마 교황. 그림과 음악을 이용해 서유럽에서 포교 활동을 했다. 그레고리오 성가의 원형을 만들었다.

의 뜻을 이어받은 자'로서 강한 어조로 의견을 말하기라도 하면, 콘스탄티노플에서 사찰단 같은 사람들이 찾아와서 교황을 포박해 콘스탄티노플로 납치하기도 했다. 그레고리우스 1세는 그러한 사태를 면했다.

로마 교회를 위해 모략을 구사한 교황 스테파노 3세

751년, 북이탈리아를 지배하고 있던 랑고바르드족이 라벤나의 로마제국 총독부를 점령했다. 콘스탄티노플을 공격하는 이슬람군 때문에 골치를 썩이던 로마제국은 이탈리아 근거지를 버리고 동쪽으로 철수했다.

한편, 서유럽의 프랑크왕국에서는 창시자인 메로빙거왕조가 751년에 왕가의 궁재(宮宰, 메로빙거왕조의 최고 궁정직)인 피핀 3세에게 왕위를 찬탈당하면서 카롤링거왕조로 교체되었다. 그런데 서유럽의 호족들은 메로빙거왕조의 권력을 빼앗은 카롤링거왕조의 권위를 좀처럼 인정하려 하지 않았다.

그리고 752년, 로마 교회에서는 스테파노 3세(재위 752~757년)가 교황이 되었다. 그는 카롤링거왕조가 실력은 있지만 프랑크왕국 내에서 권위가 부족하다는 정보를 입수했다. 그리고 그러한 상황과 랑고바르드족이 로마제국의 라벤나 총독부를 점령한 사건을 결부시켜 대책을 강구했다. 그는 피핀 3세에게 제안했다.

"내가 로마 교황으로서 카롤링거왕조를 인정할 테니 라벤나를 점령한 랑고바르드족을 내쫓아주시지요."

피핀 3세는 로마 교황의 종교적 권위를 이용해 카롤링거왕조의 정통성을 보장해주겠다는 이 제안을 받아들였다. 스테파노 3세는 곧장 파리의 성지 생드니로 향했고 그곳의 성당에서 피핀 3세와 그의 아들 샤를마뉴(훗날 카를 대제)의 권위를 신의 이름으로 높여주었다. 이후 피핀 3세 부자는 대군을 이끌고 라벤나로 진군하여 랑고바르드족을 쫓아냈다.

1. 스테파노 3세는 영토를 소유한 교황이 되었다

랑고바르드족을 쫓아낸 피핀 3세는 빼앗은 영토를 스테파노 3세에게 기증했다. 로마 동쪽에서 라벤나까지 이르는 띠 모양으로 된 지역이었다.

이때부터 로마 교황은 교회의 수장임과 동시에 세속적인 영주가 되었다. 그리고 이렇게 두 얼굴을 갖게 된 로마 교황청은 1861년 이탈리아왕국이 들어설 때까지 이탈리아 통일 운동을 반대하게 되었다. 하나의 대국이 아닌 소국들이 산재해 있어야 교황의 종교적인 권위도 더욱 강하게 행사할 수 있었기 때문이다.

2. '콘스탄티누스 기증장'이라는 기묘한 편지

스테파노 3세가 죽은 후 로마 교황 레오 3세는 피핀 3세의 뒤를 이어받은 샤를마뉴(카를 대제)에게 서로마 황제로서의 대관식을 거행했다(800년). 이 소식을 전해 들은 동로마 황제는 격노했다. 로마 황제는 본인뿐이라고 생각했기 때문이다. 하지만 레오 3세는 꿈쩍도 하지 않았다. 정통성을 주장할 수 있는 문서를 가지고 있었기 때문이다.

그것은 콘스탄티누스가 콘스탄티노플로 천도하던 당시 로마 교회 측에 건넨 편지였다. '나는 서방 세계를 로마 사교에게 모두 넘기고 나와 동등한 권력을 부여한다. 그리고 나는 콘스탄티노플에서 조용히 살겠다.'

스테파노 3세는 이 '콘스탄티누스 기증장'이라 불린 문서를 근거로 피핀 3세와 협상했고, 피핀 3세가 넘겨 준 영토도 망설임 없이 받았던 것이다. 피핀 또한 이 문서를 신뢰했을 것이다. 그리고 레오 3세도 당당하게 샤를마뉴에게 대관식을 해주었다.

그런데 르네상스 시대인 15세기 때 인문학자인 로렌초 발라에 의해 콘스탄티누스 기증장이 가짜라는 사실이 밝혀졌다. 알고 보니 이 문서는 스테파노 3세 때 제작되었던 것이다. 가장 정교하게 만들어진 위조문서의 전형적인 사례로 이름을 남겼다. 이 문서가 가짜라는 사실은 스테파노 3세도 당연히 알고 있었을 것이다.

로마 교황을 뛰어넘는 존재가 된 황제

'로마 황제에게 대관식을 거행해 권위를 주는 대신 프랑크왕국의 무력으로 교황령을 보호받는다.' 로마 교황이 제안한 이 거래는 유감스럽게도 순조롭게 흘러가지 않았다.

교황이 생각한 이상理想은 왕관을 씌워준 황제들이 교황의 말을 순순히 듣는 것이었다. 그리고 동로마제국과 야만족들에 충분히 맞설 수 있을 정도의 힘을 갖게 되는 것이었다. 하지만 프랑크왕국의 군주들은 처음에만 로마 황제의 대관을 기뻐했고 세습으로 굳어지면서부터는 점점 무덤덤해졌다. 대관식을 해주었다는 이유만으로 로마 교황이 이러쿵저러쿵 간섭하는 것에 싫증이 난 것이다. 그들은 점점 교황을 가볍게 여기다가 어느새 권위를 무시하게 되었고, 거슬리는 교황은 해고해버리기도 했다.

838년에 있었던 일이다. 지금도 로마의 외항으로 그 역할을 다하고 있는 항구 마을 치비타베키아Civitavecchia를 이슬람교도들이 점거하더니 끊임없이 로마를 공격해왔다. 로마 교황들은 아우렐리아누스 성벽 덕분에 어찌어찌 침략을 막아내면서, 수차례에 걸쳐 프랑크왕국의 수도인 아헨(독일 동부)에 원군을 보내주기를 독촉했다. 하지만 원군의 그림자도 보이지 않았다. 이런 상태가 백 년 가까이 이어졌다.

이러한 일로 인해 로마제국 황제의 대관식은 한동안 중단되었다. 그러다 10세기에 마자르족의 침입으로부터 유럽을 구해낸 작센왕조의 영웅 오토 1세가 독일 왕이 되면서 로마 황제의 왕관을 받았다(962년).

하지만 오토 1세 또한 만만한 인물이 아니었다. 그는 로마 교회의 조직을 국가를 통치하는 데에 활용하려고 생각했다. 황제는 예수의 대리인이지만 교황은 베드로의 대리인에 불과하다는 것이 그 명분이었다.

결국 로마제국의 황제도, 프랑크 왕과 작센왕조의 군주도 로마 교회의 뜻대로 움직이지 않았고 로마 교회의 시련은 계속되었다. 참고로 1054년에는 로마 교황과 콘스탄티노플 대주교가 서로 파문破門을 하면서 동서 교회가 분열되어버렸다(동서 교회 분열).

교황의 권력 강화를 위해 서임권 투쟁을 전개하다

역대 독일 왕의 횡포에 대해 로마 교회는 다양한 대응책을 고안해냈다.

그중 하나가 '로마 교황이 될 수 있는 자는 추기경으로 선출된 사람뿐이다'라는 규정이었다(1059년 규정). 추기경이란 로마 교회의 최고 성직자를 칭하는 말이다. 이 규정을 규칙으로 못 박은 후로부터 황제가 내키는 대로 교황을 교체하는 일이 줄었다.

또 한 가지가 서임권 투쟁이었다. 서임권 투쟁의 계기가 된 것은 '세 신분 사상'이었다.

10세기경부터 지구는 중세 온난기라 불리는 시대로 접어들었고, 기온이 따뜻해지면서 농업 생산력도 향상되었다. 그 사회 현상을 설명하기 위해 로마 교회의 정통 신학인 삼위일체하나의 신이 성부, 성자, 성령의 세 가지 위격을 취한다고 믿는 교리. 위격이란 신적 존재를 통합하고 있는 본질적인 것을 가리킨다를 모방한 '세 신분 사상'이 생겨났다. 신분을 '기도하는 자, 싸우는 자, 경작하는 자', 이렇게 셋으로 구분한 것이다. 이것은 원래 농민 착취를 정당화하기 위한 사상이었다. '경작하는 자여, 적이 처들어오면 싸우는 자가 지킬 것이며 불행에 대해서는 기도하는 자가 신에게 빌 것이다. 그러니 아무 걱정 말고 일하라'라는 내용이었다. 이 사상이 퍼지자 다음과 같은 소박한 의문이 제기되었다.

"싸우는 자의 수장이 군주라는 것은 잘 알겠다. 하지만 '세 신분'이라면 기도하는 자의 수장(사교 등)을 정하는 권리는 교황이 가져야 하지 않겠는가."

듣고 보니 맞는 말이었다. 기존에는 예수의 대리인인 황제가 각지의 사교를 임명했다. 이 의문이 지지를 얻게 되면서 서임권 투쟁으로 발전했다. '기도하는 자, 싸우는 자, 경작하는 자'라는 사상은 이해하기 쉬웠기 때문에 세월이 흐르면서 서서히 퍼져 나갔던 것이다. 세 신분 사상이 확산되자 로마 교회의 권력도 강해졌다. 마침내 교황은 동방으로 십자군을 파견하기에 이르렀다.

참고로 서임권 투쟁 끝에 교황이 사교의 서임권을 쥐고 있다는 사실을 인정하기로 타결된 것은 1122년의 일이었다.

로마에서 교황이 사라진 사건

서서히 세력을 넓혀가던 로마 교회로 유럽 각지에서 헌금이 모여들었다. 옛날부터 종교계는 세금을 내지 않았다. 지배자들이 교회의 돈을 빼앗았다가는 신에게 화를 입지 않을까 두려워했기 때문이다.

하지만 군주 중에는 그 사실을 용인하지 못하는 사람도 있었다. 프랑스의 필리프 4세는 잉글랜드 등 다른 나라와 전쟁을 치를 때 군자금이 부족하다는 것을 느꼈다. 그리하여 눈을 돌린 곳이 프랑스 국내에서 로마 교회로 흘러가는 대량의 헌금이었다. 그는 그 헌금에 세금을 부과하려 했다. 하지만 로마 교황은 이를 거절했다. 그리하여 필리프 4세는 로마로 헌금을 보내는 것을 중지시켰다. 지금으로 말하면 해외로 자본이 유출되는 것(자본도피capital flight)을 막은 것이다.

그런데 당시 교황인 보니파시오 8세는 머리가 잘 돌아가는 사람이었다. 프랑스에서 돈을 보내지 못한다면 프랑스에 있는 신자들을 로마로 오게 하면 된다고 생각한 것이다. 그리하여 '성년聖年'이라는 제도를 고안했다. 이는 유대교에 있는 제도를 따라한 것이었다. 특정 해에 성지로 와서 기도를 드리면 100번 기도를 드린 것과 마찬가지의 효과를 얻을 수 있다는 행사였다. 그

산피에트로 대성당

바티칸의 남동쪽 끝에 있는 로마 교회의 총본산. '산피에트로'는 '성 베드로'라는 뜻으로, 이 성당은 성 베드로가 순교한 곳에 지어졌다. 세계 최대 규모의 성당 건축물이다.

리고 1300년을 성년으로 선포했다. 이 아이디어는 대성공을 거두었다. 산피에트로 대성당에 수많은 사람이 몰려들어 헌금을 냈을 뿐만 아니라, 모두 로마에서 숙식을 해결했기 때문에 로마라는 도시 자체가 성황을 이룬 것이다.

필리프 4세는 격노했다. 자금 유출은 막았지만 헌금을 가지고 로마로 가는 사람들을 막을 방법은 없었다. 그는 너무나도 분노한 나머지 사절단을 파견했고 로마 교외에서 피서 중이던 보니파시오 8세를 습격한 후 감금했다. 보니파시오 8세는 사흘 뒤 주민의 도움으로 구출되었으나 수 주일 후 로마에서 사망했다(1303년). 필리프 4세의 극단적인 행동은 이에 그치지 않았다.

애초에 교황이 로마에 있으면 안 된다고 주장하며 로마 교황청을 아비뇽으로 옮긴 것이다(1309년). 아비뇽은 프랑스 남동부에 있는 지역이었다. 그로부터 약 70년 동안 로마 교황은 아비뇽에서 생활했다. 이렇게 로마는 다시 쓸쓸해져버렸다. 하지만 로마 교황령의 영주이기도 한 로마 교황을 아비뇽에 두는 것은 어차피 무리였기 때문에 교황은 다시 로마로 돌아올 수 있었다. 이리하여 '아비뇽 유수幽囚'라 불린 시대는 1377년에 종지부를 찍었다. 하지만 이내 새로운 문제가 발생했다. 교황청이 아비뇽에 있던 70년간 교황청에서 일하던 사람이 한둘이 아니었기 때문이다. 그들은 교황청이 로마로 돌아간다 해도 생활의 기반을 두고 있던 아비뇽을 쉽게 떠날 수 없었다. 그들은 결국 1378년에 독자적인 교황을 내세워 제2의 교황청을 아비뇽에 만들어버렸다.

로마 교황과 아비뇽 교황이 동시에 존재하는 '대분열 시대'가 시작된 것이다. 우여곡절 끝에 대분열 시대가 막을 내리고 로마에만 교황이 존재하는 상태로 돌아온 것은 40년 만의 일이었다(1417년).

로마 재건에 힘을 쏟은 두 교황

아비뇽 유수와 두 교황이 군림하던 시대를 거쳐 다시 한 명의 교황이 존재하는 시대로 돌아왔지만, 이때는 로마 교황의 본거지인 바티칸 교황청과 대본산인 산피에트로 대성당, 그리고 로마 시가지까지도 활기를 잃은 시기였다. 하지만 보니파시오 8세의 아이디어였던 성년이 대성공을 거두었기 때문에 로마 교황청의 재정은 풍족해졌다. 심지어 처음에는 100년에 한 번이라고 했던 성년이 25년에 한 번으로 단축되었다. 당시 평균수명이 약 30세였기 때문에 누구든 생애 한 번은 로마에 올 수 있도록 한 배려였다. 물론 속내는, 성년 수입이 막대하기 때문이었다.

성년은 로마 교황청이 다시 살아날 수 있는 방책이 되었고, 재정 상태도 좋아져서 용병을 고용하는 여유까지 생겨났다. 이렇게 부유해지기 시작했던 이 시기에, 오랜 시간 교황이 부재한 탓에 황폐해진 로마를 재건하고자 노력한 두 교황이 있었다. 때는 15세기, 피렌체에서 이탈리아 르네상스의 꽃이 피어나기 시작한 무렵이었다.

먼저 등장한 이는 니콜라우스 5세였다(Nikolaus, 재위 1447~1455년). 그는 무너질 위험에 처한 산피에트로 대성당을 보수했다. 또한 바티칸 궁전 내부를 아름답게 꾸미기 위해 피렌체에 있던 화가 프라 안젤리코를 초대했다.

다음으로는 식스투스 4세(Sixtus, 재위 1471~1484년)가 바티칸 궁전에 시스티나 성당을 건설했다. 지금은 미켈란젤로의 벽화 〈최후의 심판〉으로 유명한데, 그 그림은 훗날 율리우스 2세 때 완성되었던 것이다. 완공 당시 시스티나 성당은 새하얀 모습이었다. 식스투스 4세는 로마 시내의 다리와 시가지도 보수했다. 하지만 이교도를 가혹하게 대했던 그는 스페인 왕권으로 보장된 종교재판소의 개설을 허용하기도 했다. 또한 메디치 가문과도 대립하여 내란을 불러일으키기도 했다.

세 명의 로마 교황이 르네상스를 더욱 번영시키다

1492년, 피렌체에서 메디치 가문의 로렌초가 사망하자 르네상스의 중심이 로마로 옮겨왔다.

로렌초는 메디치 가문의 부를 이용해 피렌체에 르네상스를 꽃피운 인물로 알려져 있는데, 당시 메디치 은행은 왕년의 기세를 떨치지 못하는 상태였기 때문에 그는 피렌체시의 돈을 예술 진흥과 축제 비용으로 돌려썼다.

그가 죽은 후 피렌체의 지도자가 된 인물은 사보나롤라라는 도미니코 수도회의 수도사였다. 그는 로렌초 시대가 사치와 타락의 시간들이었다고 비난했고, 시민들에게 신의 종이 되어 신에게 기도해야 한다고 강조했다. 뿐만 아니라 르네상스가 탄생시킨 아름다운 회화와 조각을 파괴하거나 불태우기 시작했다.

피렌체 시민들이 사보나롤라의 과도한 신권 정치에 비명을 지르기 시작했을 때, 그를 실각시키고 사형에 처한 교황이 알렉산데르 6세였다(Alexander, 재위 1492~1503년). 이탈리아 르네상스는 이러한 경위를 거쳐 로마로 옮겨오게 되었다. 그곳에서 로마 르네상스의 황금기를 이끈, 강한 개성을 지닌 세 명의 교황이 차례로 등장한다.

그 첫 번째 인물이 바로 알렉산데르 6세였다. 이탈리아에 보르자왕국을 건설하려 한 체사레 보르자는 그의 아들이다. 알렉산데르 6세는 호색한이었던 터라 사랑의 여신 비너스가 교황청을 통치했다는 조롱을 듣기도 했다.

이어서 율리우스 2세가 등장했다(Julius, 재위 1503~1513년). 그는 정치와 전쟁을 무척이나 좋아했기 때문에 군신軍神 마르스라고 불렸다. 그는 강하기로 소문난 스위스 용병을 고용했다. 지금도 바티칸 궁전은 스위스 근위병이 지키고 있다. 또한 산피에트로 대성당의 재건축에 착수했고, 시스티나 성당의 천장을 미켈란젤로의 그림으로 채웠다. 미켈란젤로는 이후 교황청에서 그림을 그려달라는 의뢰가 쇄도하여 거의 혹사당할 정도였다.

세 번째로 등장한 교황이 레오 10세다(재위 1513~1521년). 종교 조직인 로마 교황청도 전쟁만 생각하던 율리우스 2세에게 질려버렸는지, 다음 후계자는 문화를 중요시하던 메디치 가문에서 선출했다. 이렇게 로렌초의 차남이자 추기경을 맡았던 조반니가 레오 10세가 되었다. 그는 문예와 미술을 사랑했고, 축제도 성대하게 개최했기 때문에 미네르바(지혜 · 미술공예의 여신)라고 불렸다. 그가 교황이던 시절, 미켈란젤로와 라파엘로의 눈부신 활약으로 로마 르네상스는 황금기를 맞이했다.

하지만 레오 10세는 돈을 물 쓰듯이 썼다. 그래서 율리우스 2세 때 못했던 산피에트로 대성당의 재건축도 늦어지고, 자금 융통에도 문제가 생기기 시작했다. 이러한 상황을 타개하기 위해 독일에서 판매한 것이 바로 면죄부였다. 면죄부란, 쉽게 말해서 '구입하면 죄가 경감된다'는 편리한 문서였는데, 이 면죄부 판매를 강하게 비판한 이가 바로 마르틴 루터였다(1517년). 마르틴 루터는 신 이외에 면죄부를 줄 수 있는 사람은 없다고 주장했고, 면죄부 판매 논쟁이 고조된 끝에 종교개혁이 시작되었다.

면죄부에 좋은 평가를 줄 수는 없겠지만, 레오 10세 시절에 로마 르네상스가 무르익었다는 것은 사실이었다. 그를 비롯한 역대 교황 시대에 만들어진 세계적인 예술품들은 바티칸 궁전 내에 있는 바티칸 미술관, 산피에트로 대성당, 시스티나 성당에서 만나볼 수 있다.

독일의 산악 농민 용병들이 로마를 약탈하다

레오 10세가 사망한 1521년 무렵, 유럽에서는 프랑스 왕 프랑수아 1세와 합스부르크가의 카를 5세가 세력을 다투며 수차례의 전쟁을 반복하고 있었다. 1523년, 로마 교황의 자리에 오른 메디치 가문의 클레멘스 7세는 프랑스 왕 프랑수아 1세와 결탁했다. 카를 5세 휘하의 독일군 용병이 이를 비난하며 로마로 쳐들어왔다(1527년). 그들은 독일의 산악 농민들로 이루어진 보병(란츠크네히트Landsknechte)이었다.

이 용병들 대부분은 마르틴 루터가 주도한 종교개혁의 영향을 받은 개신교도였다. 그 때문에 '로마'라고 하면 성경의 가르침을 지키지도 않고, 타락한 교황을 중심으로 풍기가 문란한 생활을 한다고 상상했을 것이다. 시골에서 소박한 생활을 하던 그들 눈에는 르네상스의 화려함이 남아 있는 로마가 마귀 소굴처럼 보였던 것인지, 그들의 약탈과 폭력은 걷잡을 수 없을 정도였다. 이 사건은 후세에 '로마의 약탈'이라는 오명을 남겼다.

'로마의 약탈'로 인해 로마 재정은 악화되었고 시가지는 파괴되었다. 이러한 상태의 로마를 재건한 교황이 식스투스 5세였다(재위 1585~1590년).

그는 우선 교황청의 재정을 재정비하여 자금을 축적한 후 로마 재건에 투자했다. 산피에트로 대성당의 돔을 완성시키는가 하면 바티칸의 수많은 건축물을 복원했다. 또한 산피에트로 대성당 앞에 이집트의 오벨리스크고대 이집트왕조 때 태양신 상징으로 세워진 기념비를 세우고 로마 수도를 복구시키는 등 실로 무수한 복원 사업을 실시했다. 식스투스 5세의 재위 기간은 5년에 불과했다. 그의 업적은 역시 5년 만에 로마의 재통일을 달성하고 사망한 '세계의 재건자'라 불린 아우렐리아누스 황제에 필적하는 것이었다.

스페인 계단과 트레비 분수가 완성되다

식스투스 5세가 로마를 복원하고 30년 남짓한 시간이 흐른 후 우르바노 8세가 교황이 되었다(재위 1623~1644년). 그는 로마 교회가 예배당을 꾸미지 않고 법의도 소박하게 바꾸는 등 자숙하는 것에 강하게 반대했다. 로마 교회는 루터의 종교개혁이 로마 교회의 타락을 비판한 것을 의식하고 있었던 것이다.

그는 로마 교회의 교회당은 아름답고 장엄해야 하며, 신도가 천국을 연상할 수 있는 곳이어야 한다고 주장했다. '성경으로 돌아가라'는 개신교도의 항의에 주저해서는 안 된다는 것이 그의 의견이었다. 그리고 로마를 반反종교개혁의 쇼윈도로 만들겠다는 결의를 다졌다.

그래서 우르바노 8세는 천재라고 평가받던 건축가 베르니니를 기용하여 적극적으로 로마 미화 작업을 추진했다. 산피에트로 대성당의 광장을 둘러싸듯 줄지어 늘어선 호화로운 기둥들을 세우고, 바르베리니 광장에 트리토네 분수를 만드는 등 지금까지도 남아 있는 수많은 건조물을 건축했다. 뿐만 아니라 우르바노 8세는 프랑스에서 역사화와 종교화의 거장 니콜라 푸생과 풍경화의 거장 클로드 로랭을 초청했고 그들의 작품으로 로마를 장식했다.

　우르바노 8세의 본래 의도가 어찌되었든 간에, 로마는 기독교 신자들과 여행자 모두가 매력을 느낄 수 있는 바로크 도시로서의 모습을 갖추게 되었다. 또한 그는 종교재판을 열어 갈릴레오 갈릴레이의 지동설을 철회시킨(1633년) 교황이기도 했다.

　우르바노 8세 시대로부터 약 100년이 지난 후에는 스페인 계단이 탄생했다(1725년). 로마 주재 스페인 대사관이 있던 곳 부근에 있는 광장에서 트리니타 데이 몬티 교회까지 이어지는 계단이다. 영화 〈로마의 휴일〉에서 공주 앤이 아이스크림을 먹었던 장소다. 하지만 지금은 음식 섭취가 금지된 상태다.

　1762년에는 트레비 분수가 완공되었다. 트레비 광장에 면해 있는 폴리 궁전의 한쪽 벽면에 포세이돈(바다의 신) 동상과 함께 만들어진 로마 최대 규모의 분수다. 로마제국 시대에 지방에서 끌어온 로마 수도의 말단 부분을 샘과 분수로 만든 것인데, 당시에는 수도의 말단 부분을 샘으로 만드는 것이 일반적이었다.

　스페인 계단 · 트레비 분수와 어깨를 나란히 하는 관광 명소인 '진실의 입'은 7세기에 세워진 산타 마리아 인 코스메딘 성당의 벽면에 있다. 금속 원반에 새겨진 해신 트리톤의 입이 '진실의 입'이라 불리게 되었다.

　우르바노 8세 시대에 시작된 바로크 건축과 현대 로마를 장식하는 명소는 대부분 17세기 전반부터 18세기 후반에 걸쳐 완성되었다. 그로부터 머지않아 프랑스혁명이 일어났고, 나폴레옹이 자유 · 평등 · 박애의 정신을 내걸고 유럽 전역을 석권했다.

나폴레옹의 대관식을 위해 파리로 출장 간 교황 비오 7세

나폴레옹이 로마를 점거하고 교황령을 지배하던 시기가 있었다. 이때 나폴레옹은 프랑스혁명 이래 단절된 프랑스와 로마 교회의 관계를 회복시키기 위해 콘코르다트(정교 조약)을 맺었다(1801년). 당시 교황은 비오 7세였다 (Pius, 1800~1823년).

이 조약 내용이 교황의 뜻대로 쓰이지 않은 것도 탐탁지 않을 일이었지만, 그보다 더욱 화가 나는 일이 있었다. 나폴레옹이 황제의 자리에 오른 후 파리 노트르담 대성당으로 와서 대관식을 해달라는 연락을 해온 것이다 (1804년).

옛날이었다면 군주가 직접 로마로 와서 대관식을 했을 텐데, 로마가 점령당하자 이제 교황이 파리로 불려가게 된 것이다. 무척이나 굴욕적인 일이었다. 나폴레옹의 열렬한 추종자이자 화가였던 다비드의 〈나폴레옹의 대관식〉이라는 그림에는 씁쓸한 표정을 짓고 있는 비오 7세의 모습이 담겨 있다.

이후 나폴레옹은 전투에서 패배한 후 세인트헬레나에서 유배 생활을 하다 사망했다(1821년). 하지만 나폴레옹이 뿌린 자유·평등·박애라는 사상의 씨앗은 유럽 각지에 뿌리를 내렸고, 19세기 중반이 되자 수많은 독립 운동이 전개되기에 이르렀다. 이탈리아도 예외는 아니었다.

지중해의 사르데냐Sardegna섬과 북이탈리아 서부의 토리노를 지배하에 둔 사르데냐왕국의 비토리오 에마누엘레 2세와 재상 카불이 독립 운동의 중심이 되었다. 이 둘은 19세기 후반 유럽에서 일어난 전란에 편승하여 이탈리아반도의 영토를 합스부르크가에서 탈환한 다음, 에마누엘레 2세가 이탈리아왕국을 건국하고 초대 이탈리아 왕 자리에 올랐다(1861년). 수도는 토리노였다. 게다가 1870년, 사르데냐의 이탈리아군은 로마를 점령하고 교황령을 합병했다. 그리고 로마는 이탈리아왕국의 수도가 되었다(1871년).

이렇게 모든 로마 교황령이 소멸하면서 이탈리아 통일이 완성된 것이다. 로마 교회에 남겨진 것은 바티칸 성당과 궁전뿐이었다. 당시 로마 교황은 비오 9세였다(재위 1846~1878년). 이 교황은 취임 당시 근대화를 이해하기도 했고, 역대 교황들이 인정하지 않았던 철도 개설도 허용했다. 그렇게 만들어진 역이 오늘날 로마의 현관이라 할 수 있는 테르미니역이다(Termini, 1862년 완공). 하지만 비오 9세가 근대화를 이해한 것은 어디까지나 로마 교황이 로마를 지배한다는 전제가 있는 상황에서였다. 사르데냐왕국이 이탈리아 통일 운동을 주도하자 비오 9세는 돌연 완강하게 반대하는 태도를 취했다.

그는 이탈리아왕국이 건국되자 '근대주의자의 오류 목록Syllabus Errorum'을 공표했다(1864년). 나폴레옹 시대 이후의 합리주의와 자유 · 평등 · 박애의 정신은 모두 잘못되었고 오로지 신이 만든 것만이 올바르다 주장하며 오류의 일람표를 만들어 발표한 것이다. 뿐만 아니라 그는 이탈리아왕국이 교황령을 합병하자 이탈리아 정부와 국교를 단절했고, 스스로를 '바티칸의 죄수'라 칭하며 궁전에 틀어박혔다. 그리고 그대로 죽음을 맞이했다. 그는 임기 25년을 넘긴 첫 교황이었다.

21세기에도 로마는 세계의 휴일?

궁전에 틀어박힌 비오 9세 다음으로 즉위한 교황들도 이탈리아왕국과 국교를 재개하지 않았다. 국교 단절 기간은 60년 가까이에 달했다. 이탈리아 정부에 등을 돌린 로마 교황이 이탈리아의 수도 한복판에 있는 바티칸에서 두문불출하며 지냈던 것이다.

이러한 문제를 해결한 사람이 1922년에 이탈리아왕국의 총리가 된 무솔리니였다. 그는 당시 교황 비오 11세와 라테란 협정을 맺음으로써 이탈리아 정부와 교황청의 단교 상태에 종지부를 찍었다(1929년).

라테란 협정의 내용은 로마 교황청이 교황령에서 손을 떼는 대신 바티칸 궁전과 네 개의 교회가 있는 구역을 독립 국가 '바티칸 시국'으로 인정한다는 것, 그리고 교황이 그 바티칸 시국의 원수가 된다는 것이었다. 규모는 작지만 어엿한 국가이기 때문에 영토 내에 철도를 깔아서 나름대로의 체재도 유지하고 있다. 이 조약의 핵심은 무솔리니가 교황령을 잃은 교황청 측에 배상금을 지불했다는 것이다. 배상금 액수가 상당했던 터라 지금의 바티칸 은행 자금원이 되었다는 이야기도 있다.

무솔리니는 파시즘 체제의 독재자가 되어 한때는 절대적인 권력을 행사했는데, 히틀러와 함께 무모한 전쟁에 가담했다가 게릴라 세력에 의해 총살당했다(1945년).

로마 외곽에는 에우르EUR라는 신도시가 있다. 이 도시는 무솔리니가 베를린 올림픽을 개최한 히틀러를 따라 만국박람회를 열기 위해 1935년부터 건설하기 시작한 곳이다. 하지만 제2차 세계대전 때문에 그 꿈을 실현하지 못했다. EUR은 에우로파, 즉 유럽을 의미한다.

이탈리아는 무솔리니를 끌어내린 후 레지스탕스 운동을 통해 독일군을 격퇴하고 조국을 해방시켰다. 그리고 1946년, 국민 투표로 군주제를 폐지하고 공화국이 되었다.

2000년 성년에 26대 교황인 요한 바오로 2세는 기나긴 로마 교회 역사의 흐름 속에서 그들이 유대인과 이슬람교도를 박해한 것 등 가톨릭의 실수를 반성하는 메시지를 발표했다. 로마 교회의 이념과 행위가 완벽하지 않았음을 고백한 것이다.

로마시는 바티칸 시국을 안에 끌어안은 형태로 이곳을 찾는 세계 각국의 사람들에게 황홀한 휴일을 선사하고 있다. 이 영원의 도시가 다시 세계의 중심에 서는 날이 올지 궁금하다.

로마 관련 연표

서기(연도)	사 건
기원전 9~8세기	유라시아 대륙에서 이동해온 사람들이 로마에 터를 잡기 시작함(라틴 민족). 전설 속 쌍둥이 형제인 로물루스와 레무스가 로마시를 건국함
기원전 752	로마인과 사비니족 사이에서 사비니전쟁이 일어남
기원전 509	루크레티아 사건을 계기로 로마 왕정이 막을 내리고 공화정 체제가 시작됨
기원전 390	공화정 로마, 알리아 전투에서 갈리아인에게 패배함. 갈리아인이 로마를 약탈함
기원전 264	대對카르타고와 포에니전쟁 시작(~146년)
기원전 133	그라쿠스 형제의 개혁(~기원전 121년). 원로원과 귀족의 반발로 인해 죽음을 맞이함
기원전 107	평민 출신 군인 정치가 마리우스의 군제 개혁. 귀족 측인 술라와 격렬한 권력 투쟁을 계속함
기원전 60	제1차 삼두정치(카이사르, 폼페이우스, 크라수스)가 시작됨
기원전 49	카이사르가 갈리아에서 돌아와 로마를 점령. 기원전 46년, 독재관에 취임
기원전 27	옥타비아누스, '아우구스투스(존엄왕)'라는 칭호를 얻고 로마제국의 초대 황제가 됨
64	로마 대화재. 네로 황제, 로마 구획 재정비를 시작함
80	콜로세움 완공(티투스 황제 치세 시절)
96	오현제 시대(~180년)
270	아우렐리아누스가 황제가 되어(~275년) 분열된 제국을 재통일
330	콘스탄티누스, 비잔티움으로 천도. 콘스탄티노플로 이름 변경
395	라벤나에 총독부 설치. 서방의 수도가 되면서 로마가 쇠퇴하기 시작함
410	이민족들의 로마 약탈(410년 서고트족, 455년 반달족, 546년 동고트족)
590	그레고리우스 1세가 로마 교황이 됨(~604년). 서유럽 포교 활동에 전념함
756	프랑크왕국(카롤링거왕조)의 피핀 3세, 로마 교황 스테파노 3세에게 랑고바르드족에게서 빼앗은 영토를 기증(피핀의 기증)
800	교황 레오 3세, 샤를마뉴(카를 대제)에게 로마 황제 대관식 거행
1300	교황 보니파시오 8세가 첫 '성년'을 제정. 로마가 번영함
1309	로마 교황청을 프랑스의 아비뇽으로 이전(아비뇽 유수, ~1377년).
1447	니콜라우스 5세가 교황에 즉위(~1590년). 산피에트로 대성당 복원
1513	레오 10세가 교황이 됨(~1521년). 미켈란젤로와 라파엘로의 활약
1527	로마 약탈. 합스부르크가의 카를 5세, 프랑스와 결탁한 교황 클레멘스 7세와 대립. 카를 5세 휘하의 용병군이 로마에 침입하여 시가지를 파괴함
1585	식스투스 5세가 교황에 즉위(~1590년). 로마 재건에 힘씀
1623	우르바노 8세, 교황이 됨(~1644년). 건축가 베르니니를 비롯한 종교화가와 풍경화가를 기용해 로마의 미화 작업을 추진함
1762	로마 최대의 분수인 트레비 분수 완공
1861	비토리오 에마누엘레 2세가 이탈리아왕국 건국(수도 토리노)하고 초대 왕에 오름
1870	이탈리아왕국, 교황령을 합병하여 이탈리아 통일 완성. 1871년에 로마를 수도로 정함
1929	라테란 협정을 맺고 이탈리아 정부와 교황청이 화해함. 독립국인 바티칸 시국 탄생
1946	국민투표를 통해 군주제가 폐지되고 공화국이 됨

• 로마의 세계문화유산(구조물)

포로 로마노 / 콜로세움 / 콘스탄티누스의 개선문 / 산 조반니 인 라테라노 대성당 / 산타 마리아 마조레 대성당 / 산 파올로 푸오리 레 무라 대성당 / 카라칼라 욕탕

지적 욕구를 채워주는
흥미로운 도시 이야기

남영우 (고려대학교 명예교수)

문명의 중심, 도시

인류의 역사는 세계 전체를 무대로 하지만, 지구의 모든 구석구석에서 골고루 펼쳐지는 것이 아니라 점과 선으로 구성된 3차원 세계에서 전개된다. 점은 도시를 가리키며 선은 교통로나 교역로를 뜻한다. 또 어떤 경우에는 침략 루트가 되기도 한다. 점과 선의 관계는 위상수학位相數學에서 그래프이론으로 그 솔루션을 찾는다.

영국 시인 윌리엄 쿠퍼William Cowper가 말한 것처럼 신神은 자연을 만들었고, 인간은 도시를 만들었다. 인류가 창출한 것 중 도시는 선택된 땅 위에 인간의 두뇌와 손재주가 발휘된 결과물이다. 이 책《도시의 세계사》에서 거론된 도시는 아시아의 델리 · 사마르칸트 · 베이징, 유럽의 이스탄불, 런던 · 파리 · 베를린 · 로마, 아메리카의 뉴욕, 아프리카의 카이로가 포함된 10개 도시에 불과하지만, 이들 도시는 대부분 고대문명과 중세문명의 중심이었거나 현재도 중심을 이루는 땅이다.

덧붙여 말하자면 이스탄불은 비잔티움문명, 카이로는 이집트문명, 사마르칸트는 이슬람문명의 중심이었고, 런던과 파리 및 베를린은 근대 유럽문명이 꽃핀 중심이었다. 그리고 로마는 천년 로마제국의 고도古都였다.

역사의 늪에 빠트리기에 충분한 도시 이야기

이 책에는 이들 도시에 관한 이야기만 전개되는 것이 아니라, 인접국과의 교류와 침략사로 점철된 내용이 담겨져 있다. 그러므로 앞에서 지적한 것처럼 점과 선이 뒤얽힌 위상공간에서 전개된 문명사가 응축되어 있다.

구체적으로 이스탄불의 경우, 이 땅을 건설하고 침공하거나 교역을 행했던 그리스의 아테네와 스파르타, 서로마의 여러 황제와 페르시아의 다리우스와 사산조, 그리고 이슬람제국의 우마이야왕조와 오스만제국의 이야기가 등장한다. 독자들을 역사의 늪에 빠뜨리기에 충분한, 흥미진진한 이야기가 전개되는 것이다.

이야기는 그것으로 그치지 않는다. 오스만제국의 성쇠와 더불어 러시아와 나폴레옹이 등장하고, 영국과 프랑스가 끼어든 크림전쟁으로 이어진다. 이스탄불의 이야기는 찬란했던 테오도시우스의 콘스탄티노플로부터 이스탄불 언덕 위의 블루 모스크와 쉴레이마니예 모스크의 우뚝 솟은 돔과 첨탑에 검은 그림자가 드리울 때까지 이어진다. 그런 관점에서 다분히 위상수학적이라고 평가하고 싶다.

파티마왕조의 장군 조하르가 카이로를 건설한 이야기는 역사적이며, 소그드인들이 사마르칸트를 건설하고 칭기즈칸이 이 도시를 파괴했으나 티무르에 의해 재건된 대목은 역사적일 뿐만 아니라 대단히 지리적이다. 몽골의 영토 확장에 따라 필요한 인재를 중시한 티무르의 천재성에 관한 설명과, 영토의 광역화로 생긴 시차時差를 이해한 몽케의 총명함에 관한 이야기는 독자들의 지식에 대한 갈증을 해소해주기에 충분하다.

흥미로운 도시 이야기는 델리 · 카이로 · 사마르칸트와 로마를 비롯한 뉴욕 · 런던 · 파리에서 동과 서로, 또 남과 북으로 연속되어 독자들을 점과 선의 세계로 인도한다.

도시의 흥망성쇠는 문명의 부침이었고 도시 시설의 파괴는 물질문명의 파괴로 이어졌지만, 인류의 정신문명은 면면이 이어져 오늘의 우리에게 유전되어 왔다.

살아 있는 세계사 이야기

도시의 역사를 아는 것은 문명의 역사를 아는 것이라 했다. 이 책은 고대문명과 중세문명, 그리고 현대문명을 대표하는 도시들의 민낯을 통해 풀어낸 살아 있는 세계사 이야기라고 할 수 있다. 독자들의 지적 욕구를 채워주는 것은 물론이고 흥미롭기까지 한 이 책은 기획력이 돋보이는 보기 드문 책이다.

이 책의 구성을 각 도시의 특징과 곁들여 말하자면, 세계 제국의 도시라 불리는 이스탄불에서 시작하여 인도를 비추는 도시 델리, 영웅들의 꿈과 좌절이 녹아 있는 도시 이집트의 카이로, 초원으로 빛나는 푸르른 도시 우즈베키스탄의 사마르칸트, 세 명의 거인이 완성시킨 도시 중국의 베이징, 명실상부한 현대의 세계 도시 미국의 뉴욕, 상인과 의회의 도시 영국의 런던, 유럽에 활짝 핀 꽃의 도시 프랑스의 파리, 20세기를 연출한 도시 독일의 베를린, 그리고 예나 지금이나 영원의 도시 로마에 다다른다.

오늘날 전 세계 각 도시의 사람들은 과거의 가혹했던 역사에서 살아남아 이 시대를 살아가고 있다. 아름다운 폭포를 보기 위해서든, 전쟁의 상흔을 보기 위해서든, 아니면 다른 이유든 상관없이 이 작은 나라를 떠나보는 것이 어떨까. 각각의 역사와 전통을 갖고 살아가는 세계를 좀 더 큰 시야로 보기 위해서 말이다. 지구촌이라 불리는 세계 속에서 살아가는 우리에게 필요한 것은 그런 것이 아닐까.

그럴 수 없다면 이 책을 통해서 경험하기를 권한다. 이 책은 다소 딱딱할 수도 있는 도시에 얽힌 역사 이야기를 우리가 잘 아는 어느 인물에 대해서 이야기하듯 다정하게 들려준다. 또한 저마다의 도시가 희비를 겪으며 오늘날까지 성장해온 이야기를 선생님이 학생에게 설명하듯 친절하게 가르쳐준다.

이 책의 저자는 시대정신을 대변하는 전 세계 10개 도시들의 민낯을 파헤침으로써, 공간적 페티시즘을 거부하고 역사적 장소에 초점을 맞춰 독자들의 지적 욕구를 채워주려 애썼다.

전 세계 1,200개가 넘는 도시를 다녔다는 저자의 이야기를 들으며, 문득 떠오르는 생각이 있다. 이 저자는 각각의 도시를 찾아다니면서 주로 무엇을 보았을까? 그 도시에 숨어 있는 역사를 둘러보며 어떤 마음이었을까? '도시의 역사'를 온전히 전하고 싶다는 일념이 돋보이는 이 책의 저자에게 응원을 보낸다.

천박한 자본주의에 물든 세상 사람들에게 인문학적 정신을 고양시켜주기에 부족함이 없는 값진 성과를 거둘 것으로 기대한다.

아주 특별한
열 개의 도시 이야기

거대한 시간의 강, 역사

소설 《신의 카르테 2: 다시 만난 친구》 중에는 이런 구절이 있다.

'순간의 기적도 찰나의 감동도 거대한 시간의 강 속에서는 없는 것과도 같다. 은하수 안에서는 영웅의 별자리조차 보이지 않게 되는 것처럼, 시간의 강 속에서는 사람의 생명조차 촌각의 꿈에 불과하다. 하지만 그 순간에 모든 것을 쏟아붓기 때문에 사람은 사람일 수 있다.'

이 책을 옮기는 내내 이 구절이 머릿속에 맴돌았다.

기원전 고대에서부터 오늘날에 이르기까지 그야말로 역사는 거대한 시간의 강이었다. 이 책은 그 강 속에서 찰나에 불과한 순간들을 살아가며 저마다 모든 것을 쏟아부은 사람들, 그리고 그 사람들을 통해 흥망성쇠를 오가는 도시의 모습들을 담아냈다.

친구에게 이야기하듯 저자의 지식을 편안하게, 함축적으로 써 내려간 이 책은 세계사의 포인트를 '도시'에 두었다는 점이 특별하다. 이 책을 읽고 나면 파리·뉴욕·런던 등 관광으로 다녀오거나 각종 매체를 통해 접했던 그 도시들이 색다르게, 그리고 친근하게 느껴진다. 이를 테면 별생각 없이 '월스트리트' 또는 '월가'라고 불렀던 그 이름이 과거 네덜란드가 마을을 지키기 위해 쌓은 성벽(월Wall) 때문에 지어진 이름이라는 사실을 알게 되면 눈이 동그래지는 식이다.

각 장의 제일 마지막에는 그 장에 해당하는 각 도시의 연표가 있어서 한 번 더 정리하며 머릿속에 확실히 담아둘 수 있어서 좋았다.

미처 몰랐던 도시 이야기

나는 어린 시절 '이야기'를 무척이나 좋아했다. 그래서 그런지 제일 좋아하는 과목이 역사였다. 유적지에 가면 수백 년도 더 전에 선인들이 이곳과 이 땅을 밟았을 모습을 상상하며 신기해하기도 하고 들뜨기도 했다. 과거를 살았을 사람들의 흔적을 현시대에도 느낄 수 있다는 것은 매우 가슴 벅찬 일이라고 생각했기 때문이다.

그래서였을까. 지명을 찾기 위해 지도를 검색해보고, 인명을 찾다가 특정인의 일대기를 접하기도 하고, 문헌·사진·그림 등 온갖 자료를 뒤적이면서 내가 미처 몰랐던 '이야기'를 알게 되는 일련의 과정이 무척이나 즐거웠다. 도시 하나하나가 독자적으로 변천해온 것이 아니라 여러 도시들이 거미줄처럼 얽히고설켜서 오늘날에 이르렀다는, 지극히 당연한 사실을 새삼스레 느끼면서 나의 무지가 부끄러워지는 순간도 있었다.

하지만 든든한 조력자인 나의 남편이 언젠가 이런 이야기를 했다.

"모를 수도 있지. 모른다는 건 잘못이 아니야. 누군가에게는 상식처럼 느껴지는 무언가가 다른 사람에게는 그렇지 않을 수도 있어. 각자 상황이 다르고 사고가 다르잖아. 몰랐다는 걸 알았을 때 어떻게 대처하고 알아 가느냐가 중요하지 않을까."

나는 그 말에 수긍할 수밖에 없었다. 그리고 스스로와 타인의 '무지'에 더 관대해지기로 했다.

그럼에도 나는 감히 바란다. 이 책을 손에 드는 독자가 각 도시를 향한 저자의 애정을 느끼고 도시의 역사를 음미해가는 여정에, 나의 미천한 재주가 조금이나마 보탬이 되었기를.

시간이라는 강은 지금 이 순간에도 유유히 흐르고 있다. 우리가 부지런히 살아내는 무수한 오늘들은 먼 훗날 어떻게 기록되고 기억될까.

참고 문헌

《세계의 도시 이야기》, 분슈분코

존 줄리어스 노위치John Julius Norwich,《비주얼판 세계의 역사 도시》, 슈후샤

오르한 파묵Orhan Pamuk,《이스탄불》, 후지와라쇼텐

나가바 히로시,《이스탄불》, 게이오기주쿠대학 출판회

쿠시완트 싱Khushwant Singh,《수도 델리》, 벤세출판

아라 마쓰오,《다중 도시 델리》, 츄코신쇼

야기 구미코,《자비로운 신의 식탁》, 도쿄외국어대학 출판회

가와구치 다쿠지,《티무르제국》, 고단샤센쇼메치에

구라사와 스스무 · 이국경,《베이징》, 츄코신쇼

하루나 아키라,《베이징》, 이와나미신쇼

다다 아사미 · 장취안,《옛 베이징의 골목길》, 쇼분샤

가메이 슌스케,《뉴욕》, 이와나미신쇼

O. 헨리Henry,《뉴욕 소설집》, 치쿠마분코

가미오카 노부오,《뉴욕을 읽다》, 츄코신쇼

조지 오웰George Orwell,《파리 · 런던 방랑기》, 이와나미분코

나가타니가와 다카코,《와카메 짱이 계속 파리에 사는 이유》, 베스트셀러즈

로제 그르니에Roger Grenier,《파리는 우리 마을》, 미스즈쇼보

호리코시 고이치,《파리 주민의 일기 I, II》, 야사카쇼보

안토니 비버Antony James Beevor,《베를린 함락 1945》, 하쿠스이샤

에릭 라슨Erik Larson,《제3제국의 애인》, 이와나미신쇼

인드로 몬타넬리Indro Montanelli,《로마의 역사》, 츄코분코

가와시마 히데아키,《로마 산책》, 이와나미신쇼

질 샤이예Gilles Chaillet,《영원의 도시 로마 이야기》, 니시무라쇼텐

데구치 하루아키,《세계사 속 10인》, 분게이슌주

데구치 하루아키,《전 세계사 강의 I, II》, 신초샤

데구치 하루아키,《일에 써먹을 수 있는 교양으로서의 세계사 I, II》, 쇼덴샤

옮긴이 _ **김수지**

이화여자대학교 통역번역대학원에서 통역학 석사 학위를 받았다. 현재 통역사 겸 번역가로
활동 중이다. 옮긴 책으로는《신의 카르테 2: 다시 만난 친구》,《오늘 밤, 로맨스 극장에서》등
이 있다.

도시의 세계사

1판 1쇄 2019년 6월 10일
1판 3쇄 2019년 9월 16일

지은이 데구치 하루아키
옮긴이 김수지

펴낸이 임지현
펴낸곳 (주)문학사상
주 소 경기도 파주시 회동길 363-8, 201호(10881)
등 록 1973년 3월 21일 제1-137호

전 화 031)946-8503
팩 스 031)955-9912
홈페이지 www.munsa.co.kr
이 메 일 munsa@munsa.co.kr

ISBN 978-89-7012-999-0 03900

이 도서의 국립중앙도서관 출판예정도서목록(CIP)은 서지정보유통지원시스템 홈페이지
(http://seoji.nl.go.kr)와 국가자료공동목록목록시스템(http://www.nl.go.kr/kolisnet)
에서 이용하실 수 있습니다. (CIP제어번호 : CIP2019019578)